U0905692

考古中国

重大项目成果（2018～2020）

国家文物局 主编

文物出版社

图书在版编目（CIP）数据

考古中国重大项目成果 ：2018 ~ 2020 / 国家文物局主编 . -- 北京 ：文物出版社，2021.12

ISBN 978-7-5010-7280-4

Ⅰ . ①考… Ⅱ . ①国… Ⅲ . ①考古发现 – 中国 – 2018–2020 Ⅳ . ① K87

中国版本图书馆 CIP 数据核字（2021）第 226838 号

考古中国重大项目成果（2018 ~ 2020）

主　　编：国家文物局

责任编辑：黄　曲　崔叶舟　孙　丹

书籍设计：特木热

责任印制：苏　林

出版发行：文物出版社

社　　址：北京市东城区东直门内北小街 2 号楼

邮　　编：100007

网　　址：http://www.wenwu.com

经　　销：新华书店

印　　刷：北京荣宝艺品印刷有限公司

开　　本：787mm × 1092mm　1/16

印　　张：15.25

版　　次：2021 年 12 月第 1 版

印　　次：2021 年 12 月第 1 次印刷

书　　号：ISBN 978-7-5010-7280-4

定　　价：180.00 元

ARCHAEOLOGY CHINA

ACHIEVEMENTS OF MAJOR PROJECTS (2018～2020)

NATIONAL CULTURAL HERITAGE ADMINISTRATION

Cultural Relics Press

序言

考古学研究是文物工作的重要组成部分，是文物事业可持续发展、重要遗址合理保护利用的前提与基础，也是深刻认识中华文明的悠久历史和宝贵价值、促进世界文明交流互鉴的重要途径。党的十八大以来，党中央、国务院高度重视文物考古工作，2018 年 10 月中共中央办公厅、国务院办公厅印发《关于加强文物保护利用改革的若干意见》，明确要求“开展考古中国重大研究，实证中华文明延绵不断、多元一体、兼收并蓄的发展脉络”，将“考古中国”重大项目纳入文物保护利用改革的战略布局。2020 年 9 月 28 日中共中央政治局就我国考古最新发现及其意义为题举行第二十三次集体学习，习近平总书记发表重要讲话，强调努力建设中国特色、中国风格、中国气派的考古学，更好认识源远流长、博大精深的中华文明，为考古学科建设和考古工作开展提供了根本遵循。

2018 年以来，国家文物局积极推动各级文物部门、考古机构和高校谋划人类起源、文明起源、国家起源和统一多民族国家形成发展的重大研究项目，印发《“考古中国”重大项目申报管理指南（2020-2035 年）》，明确“考古中国”重大项目总体目标、重点任务，聚焦考古事业发展和考古学科建设 5 大关键领域 11 个重点方向，统筹推进“夏文化研究”“河套地区聚落与社会研究”“长江下游区域文明模式研究”“长江中游地区文明进程研究”“中原地区文明化进程研究”“海岱地区文明化进程研究”“川渝地区巴蜀文明进程研究”以及新疆、西藏等边疆地区考古项目，陕西石峁遗址、湖北石家河遗址、山西碧村遗址、河南二里头遗址、新疆通天洞遗址、西藏夏达错遗址、青海热水墓群等考古工作取得重要发现。

2018 年至 2020 年，国家文物局陆续召开了 8 期“考古中国”重大项目重要工作进展会，共通报了“考古中国”启动以来取得重要工作进展和发掘成果的 30 个项目，让社会各界及时了解考古工作成果。

2021 年是“十四五”开局之年，国家文物局将认真贯彻落实习近平总书记 2020 年 9 月 28 日在中共中央政治局第二十三次集体学习时的重要讲话精神和中办、国办《关于加强文物保护利用改革的若干意见》，加强顶层设计和统筹谋划，制订国家考古工作“十四五”规划，围绕中华文明起源、中华民族共同体和统一多民族国家形成发展等重大历史问题，系统实施“中华文明起源与早期发展综合研究”和“考古中国”重大项目，以考古发现实证五千多年中华文明发展历程。同时，2021 年是中国考古学诞生一百周年，为全面展现百年来中国考古事业的辉煌成就，国家文物局将加强与新闻媒体合作，多渠道定期通报“考古中国”重大项目重要进展，促进考古成果社会共享，更好展示中华文明起源和发展的历史脉络、灿烂成就以及对世界文明的重大贡献。

目 录

夏文化研究项目

河南省洛阳市二里头遗址 / 010
河南省周口市时庄遗址 / 016
河南省叶县余庄遗址 / 023
山西省襄汾县陶寺遗址大型建筑基址 / 029
安徽省蚌埠市禹会村遗址 / 036

河套地区聚落与社会研究项目

陕西省神木市石峁遗址皇城台地点 / 042
陕西省府谷县寨山遗址 / 049
内蒙古清水河县后城咀石城 / 056

海岱地区文明化进程研究项目

山东省滕州市岗上遗址 / 064

长江中游地区文明进程研究（新石器时代）项目

湖北省沙洋县城河遗址王家塝墓地 / 072
湖北省天门市石家河遗址 / 079
湖南省华容县七星墩遗址 / 084
河南省南阳市黄山遗址 / 090

长江中游地区文明进程研究（夏商周时期）项目

湖南省澧县孙家岗遗址 / 098
湖北省随州市枣树林春秋曾国贵族墓地 / 105

甘肃吐谷浑墓葬群考古研究项目

甘肃省天祝县唐代慕容智墓 / 116

新疆考古研究项目

新疆尉犁县克亚克库都克烽燧遗址 / 130

其他研究项目

甘肃省夏河县白石崖溶洞遗址 / 138
浙江省余姚市井头山遗址 / 143
河北省康保县兴隆遗址 / 152
山西省闻喜县酒务头商代墓地 / 162
陕西省澄城县刘家洼东周芮国遗址 / 174
湖北省荆州市龙会河北岸战国墓地 / 180
湖北省荆州市胡家草场墓地 / 185
陕西省西安市北里王汉代积沙墓 / 192
陕西省西安市南郊焦村十六国墓葬 / 199
青海省都兰县热水墓群 2018 血渭一号墓 / 205
青海省乌兰县泉沟吐蕃时期壁画墓 / 214
辽宁省医巫闾山辽代帝陵遗址 / 223
“南海Ⅰ号”沉船的打捞和发掘 / 235

夏文化研究项目

夏文化是中国考古学研究的重大命题，也是实证中华文明五千多年历史的关键环节，备受国内外学者关注。经过六十余年的努力，夏文化探索取得重大进展，但从厘清中华文明连绵不断的发展脉络和独特的文化基因等角度看，仍然存在一些瓶颈和问题：夏文化考古工作的深度、广度仍然不够，许多重要线索有待进一步考古研究；考古证据与文献记载、考古学文化同古代族属的关系需要理论创新；符合我国早期文明进程特点的考古学理论和方法尚未完全建立，等等。因此，2020 年 4 月，国家文物局将“夏文化研究（2020 ~ 2024 年）”纳入“考古中国”重大研究项目。

本项目旨在全面复原公元前 2300 年至公元前 1600 年间夏文化的诞生背景、社会历史、文明成就、政治结构、国家体系，解决夏文化在中华文明多元一体化总进程中的历史地位和作用等重大学术问题。研究内容主要包括以下几个方面：

1. 通过对典型遗址的考古发掘、考古学文化谱系研究、系列样品高精度碳十四年代学研究，建立夏文化及与之对应的考古学文化谱系和精确的年代框架。

2. 探索夏文明核心区域的宏观聚落形态、核心遗址的微观聚落形态及社会组织结构、社会复杂化的特征。

3. 多学科综合研究重点区域和遗址的环境、资源与生业经济状况。

4. 对重点遗址出土的人类遗骸，开展人口性别与年龄构成、亲属关系以及人种构成、健康状况、饮食结构、人群迁移状况等人类生存状况的研究。

5. 对夏文化的特征、来源、形成和发展，所体现的早期国家诞生模式和动力，以及夏文化在中华文明进程中的历史地位和作用等问题进行综合研究。

目前，项目涉及的主要遗址取得了重要收获。河南偃师二里头遗址新发现中心区主干道路及两侧夯土墙垣，揭示出二里头遗址分区而居、区外设墙、居葬合一的布局，深化了夏文化都邑规划、社会结构、统治格局等方面的研究。河南淮阳时庄遗址发现目前为止我国年代最早的粮仓城，为探索夏文化的来源和夏代早期国家的管理模式提供了新证据。河南叶县余庄遗址首次发现的中原地区龙山文化大型墓葬，揭示了中原龙山文化严格的墓葬制度、严重的社会分化及早期夏文化的新特征。山西襄汾陶寺遗址宫城内发现目前为止史前时期最大的大型夯土建筑，结构复杂、布局规整，影响深远。安徽省蚌埠禹会村遗址是目前为止发现的淮河中游地区最大的龙山文化城址，是当地城市化的典型代表。

河南登封王城岗城址发现大面积夯土遗迹群，河南禹州瓦店遗址揭露龙山文化晚期建筑基址，山西绛县西吴壁遗址发现二里头时期至二里岗时期青铜冶炼作坊遗址，对研究这一时期的社会发展状况具有重要价值。河南新密新砦、山西芮城寺里—坡头、山西夏县东下冯、陕西西安老牛坡等遗址的勘探和资料整理工作也有新进展。

项目取得的成果，将推动对早期国家的城址与聚落形态、埋葬制度与习俗、经济形态与技术、宗教观念与精神生活等问题的研究，为进一步勾勒夏文化、夏王朝国家形态的整体轮廓并充实其细节奠定了良好基础。

■ 撰稿：赵海涛、梁法伟

河南省洛阳市二里头遗址

工作单位：中国社会科学院考古研究所二里头工作队

一、工作缘起

夏文化研究是中国考古学研究的重大课题，也是实证中华文明五千多年历史的关键环节。2020年国家文物局设立“考古中国”之“夏文化研究”项目（2020～2024年），二里头遗址是其中最为关键的遗址。二里头遗址位于河南省洛阳市偃师区翟镇二里头村，地处洛阳盆地中部、古伊洛河北岸台地上。遗址现存面积300万平方米，主体文化堆积属于二里头文化，绝对年代在公元前1750年至公元前1530年间，大致相当于夏商王朝时期。

从聚落形态的角度探索二里头聚落布局，可以研究当时的社会结构、等级划分、规划思想、礼仪制度、统治模式等，这些重大问题对于历史研究至关重要。自1959年以来，中国科学院（中国社会科学院）考古研究所对二里头遗址进行了数十次发掘，确认遗址现存面积约300万平方米，是当时中国最大的聚落，可分为中心区和一般活动区。中心区发现有中国最早的“井”字形城市主干道路网络，形成“九宫格”式宏大格局。“井”字形道路围起的空间属于宫殿区，面积近11万平方米，其中发现有中国最早的中轴线布局的大型“四合院”式宫室建筑群和多进院落宫室建筑群。官营手工业作坊区和祭祀区分别位于宫殿区南、北侧，作坊区内发现有铸铜作坊和绿松石器加工作坊，祭祀区内主要包括圆形的地面建筑和长方形的半地穴建筑及附属于这些建筑的墓葬。二里头遗址迄今未发现大型墓地，但多数墓葬的布局仍呈现出相对集中、分区分片的特征。同一个墓区集中分布、排列有序的墓葬当大体属于同一个家族。宫殿区和官营作坊区外侧发现有围墙。

近几年，中国社会科学院考古研究所二里头工作队继续以探索二里头都城的布局、结构为中心工作。我们推测二里头遗址“井”字形道路网络形成的“九宫格”除宫殿区和作坊区外，其他7个区域或为不同家族、群体的居住区和墓葬区，各个区域的外围或有墙垣。为逐步解决此学术问题，我们在“井”字形道路西南路口发掘，取得了一些重要收获。

二、主要收获

1.新发现道路及其两侧墙垣，揭示二里头都城为多网格式布局

新发现“井”字形道路西南路口、作坊区围垣的西北角、宫城西墙南段和南墙西段。沿宫城南、北的东西向道路追寻，目前已可确认作坊区

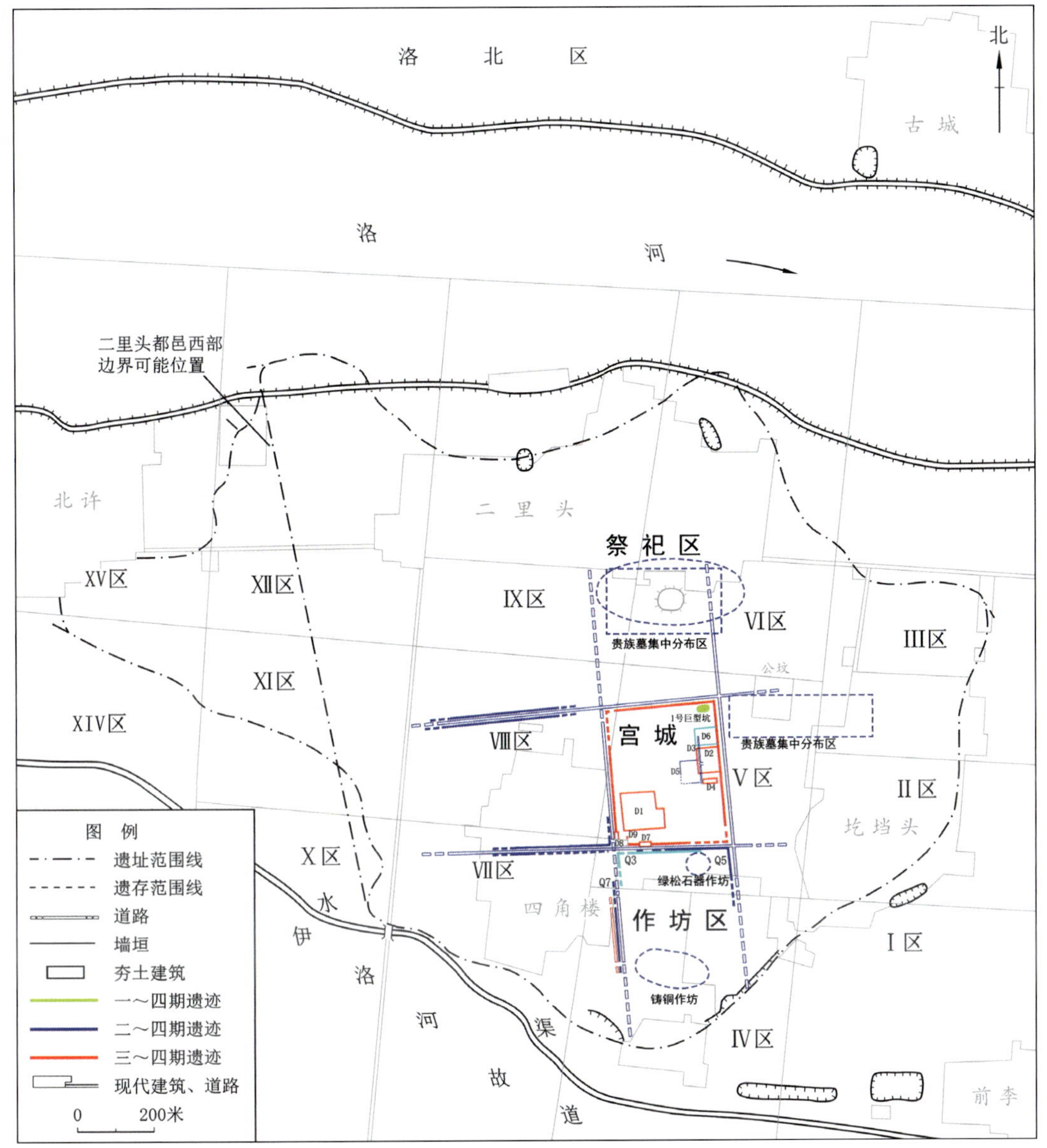

二里头遗址平面示意图

以西区域的东侧、北侧围垣，宫殿区以西区域的南侧、东侧、北侧围垣及东南拐角，以及祭祀区以西区域的南侧围垣（为行文方便，以“宫西路”指代宫殿区西侧的南北向干道，其他方向以此类推）。鉴于宫南路、宫北路及其两侧墙垣自宫西路向西延伸分别达470余米、410余米，均超过宫城的东西宽度（295米左右），我们推测作坊区、宫殿区、祭祀区以西至少各存在一个分区。这些新发现的道路和墙垣把二里头都城分为多个方正、规整的网格区域，宫城位居正中。

2. 祭祀区以西发现贵族居住区、墓葬区、制陶作坊区

祭祀区以西的网格新发掘900平方米，揭露出3座中型夯土基址、9座墓葬和50多座灰坑，时代均为二里头文化四期。现有的发掘尚未找到夯土基址边界，正在继续探索其范围。灰坑

和墓葬的时代为二里头文化二期至四期。发现一座随葬青铜容器的墓葬，并首次发现一座多人乱葬的合葬墓以及多座墓主被截肢、砍头的墓葬。

在祭祀区西侧、宫西路以西300米左右的多条解剖沟中，发现较丰富的与制陶有关的遗存，包括原料、泥坯、烧土、变形陶器、陶垫、炉渣、窑壁和较多碎陶片等，涵盖了制陶工艺的各个流程。根据发掘出土遗存及附近钻探的情况，这里可能存在一处面积较大的制陶作坊。这是二里头遗址首次发现较丰富的制陶遗存。

3. 实验室清理高规格墓葬

在二里头遗址宫殿区5号基址院内发现并整体套取一座高规格墓葬（2017VM11），已清理出多件陶器、漆器、玉蝉形器和绿松石蝉形器、多组绿松石串珠、彩绘陶器等器物。蝉形玉器出土于墓葬中部，长近4厘米，与湖北省天门市肖家屋脊遗址出土的肖家屋脊文化玉蝉相似，可能与该文化的影响有关。有专家推测，玉蝉可能与古人认为昆虫“蜕变”和“羽化”便于与神祇沟通的信仰有关。已见到较多绿松石嵌片，推测该墓葬内会有大型绿松石嵌片类

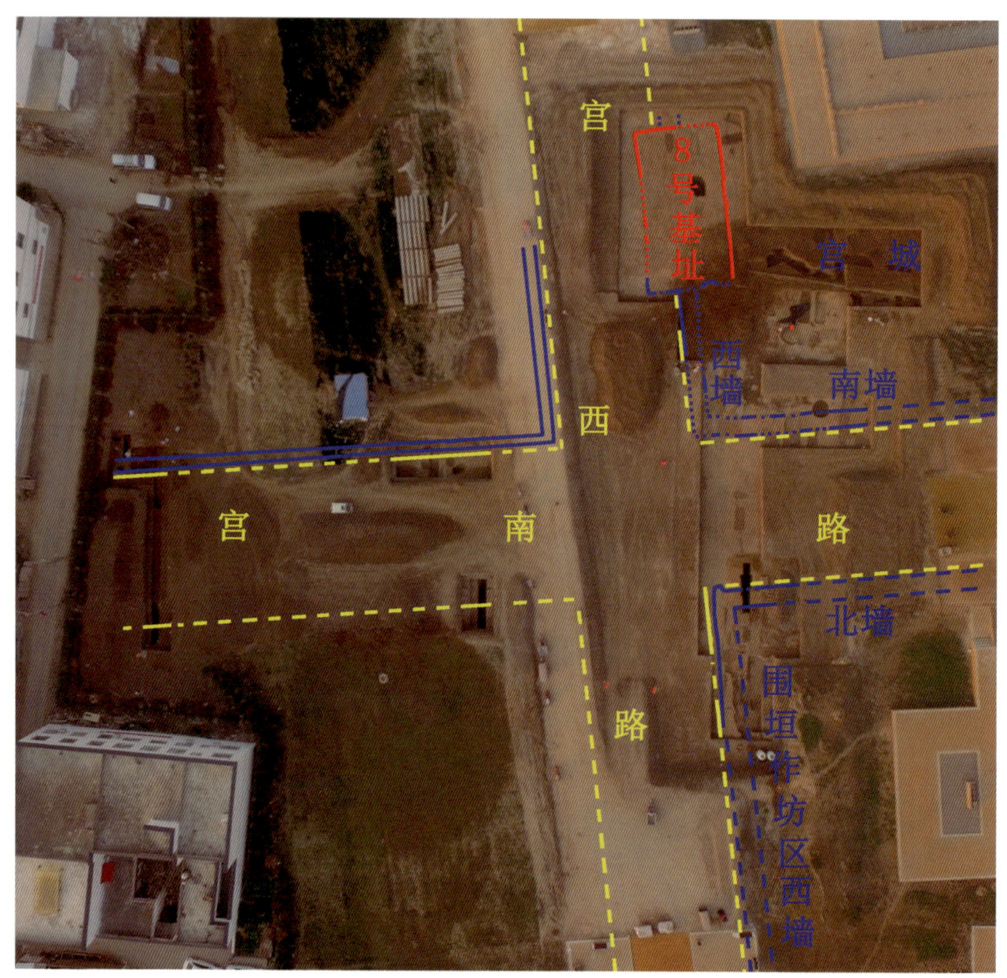

中心区西南路口

器物。

三、结语

中心区的道路和墙垣把二里头都城分为多个方正、规整的网格区域，表明二里头都城有了严格、清晰的规划。宫殿区居于核心，显示了王权的至高无上、权力中心的高度集中。祭祀区、官营作坊区、贵族居住区和墓葬区等重要区域环绕在宫殿区的周围。包括宫殿区、作坊区在内的多个区域外侧也以围墙间隔、防护。历年来，在其中多个网格内发现不同等级的建筑和墓葬，每个网格应属不同的人群居住，表明二里头都城极可能已出现了分区而居、区外设墙、居葬合一的布局。这样严格、清晰、规整的规划布局，显示当时的社会结构层次明显、等级有序，统治格局秩序井然，暗示当时有成熟发达的统治制度和模式，是进入王朝国家的重要标志。

居葬合一的布局结构，在偃师商城、郑州商城、安阳殷墟、宝鸡周原的殷人聚落都有类似发现，表明这种制度被商、周王朝延续，体现了二里头文化、二里头王国在中国历史上的开创地位，以及对商、周文明的引领作用。二里头都城的这种布局，也为探索先秦时期其他都邑遗址的布局、

祭祀区西侧非正常埋葬的墓葬

结构提供了有益的参考。

祭祀区以西的重要新发现，丰富了二里头都城的内涵。其中夯土建筑、贵族墓葬共同出现，表明该区域为贵族居住区和墓葬区，且居住区和埋葬区同在一处。多人乱葬和墓主被砍头、截肢等非正常墓葬在该区域的发现，表明当时存在较多暴力行为。这些墓葬中都随葬有陶器，表明墓主也非最低身份的人群；与夯土建筑和随葬有青铜容器的贵族墓葬同处一区、相距不远，表明该区域人群包括贵族和平民。该区域的布局及历时性变化情况、自身特征、与其他区域的区别和联系等问题有待继续探索。

以往二里头都城的制陶遗存发现较少，仅发现数件陶垫和十余座陶窑，但这些陶窑分属三个时期，且较为分散，并未形成陶窑集中分布群。此次祭祀区以西发现了制陶有关遗存，随着今后发掘和研究工作的进展，将有助于了解和探讨二里头遗址制陶作坊的分布情况、制陶手工业的操作工艺和流程、社会关系和社会分工等问题。

实验室清理的墓葬比出土绿松石龙形器的 3

2017 V M11

2017 V M11 局部

2017 V M11 出土蝉形玉器

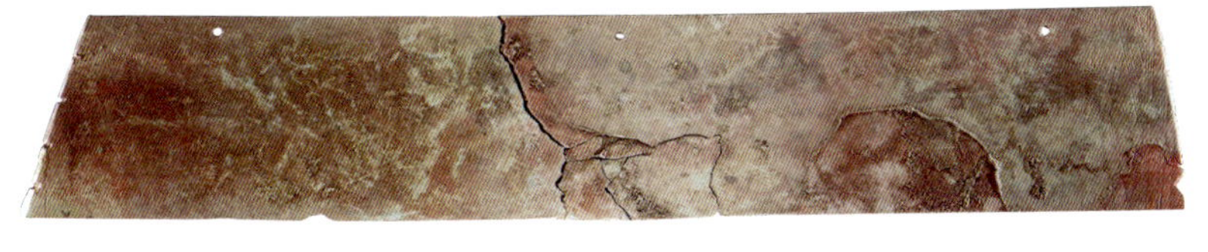

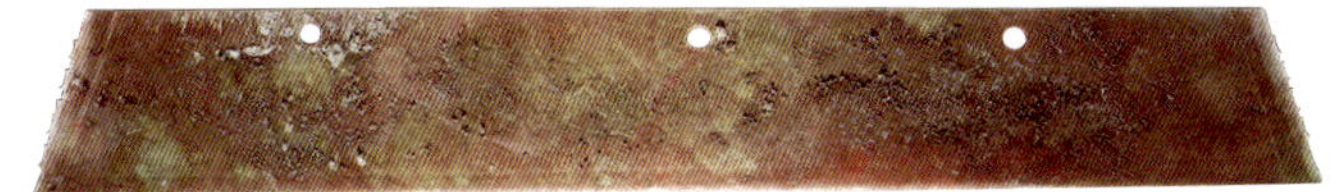

玉刀（2019 年清理）

骨贝（2020 年出土）

兽面纹骨匕（2020 年出土）

号墓葬更靠近宫殿区中部，保存得比 3 号墓葬更好，规模略大，属于第一等级墓葬之列。墓葬内已清理出的随葬品种类之丰、规格之高、数量之多已较可观，加上其下方尚未清理的堆积，随葬品总厚度超过已往发现的所有墓葬，极有可能是二里头遗址迄今为止发现的随葬品最为丰富的一座。这对探索二里头文化的墓葬制度、礼仪观念、工艺水平、统治制度等问题有重要价值。

■ 撰稿：赵海涛、许宏

河南省周口市时庄遗址

工作单位：河南省文物考古研究院、北京大学考古文博学院、周口市文物考古所

一、工作缘起

时庄遗址位于河南省周口市淮阳区四通镇时庄村，地处豫东黄泛区平原，是我国四大粮仓之一的华北平原的腹心地带。时庄遗址于 2019 年 4 月进行钻探时发现，经过两年的考古工作，在遗址南部共揭露 3600 平方米。在国家文物局的大力支持下，该项目于 2020 年被纳入“考古中国”之“夏文化研究”项目。

二、遗址介绍

时庄遗址总面积约 10 万平方米。钻探和发掘表明，遗址的南部是一处夏代早期的粮仓城。

1. 粮仓

在面积约 5600 平方米人工垫筑台地的外围有宽浅的围沟，宽度超过 30 米。在台地上已发掘

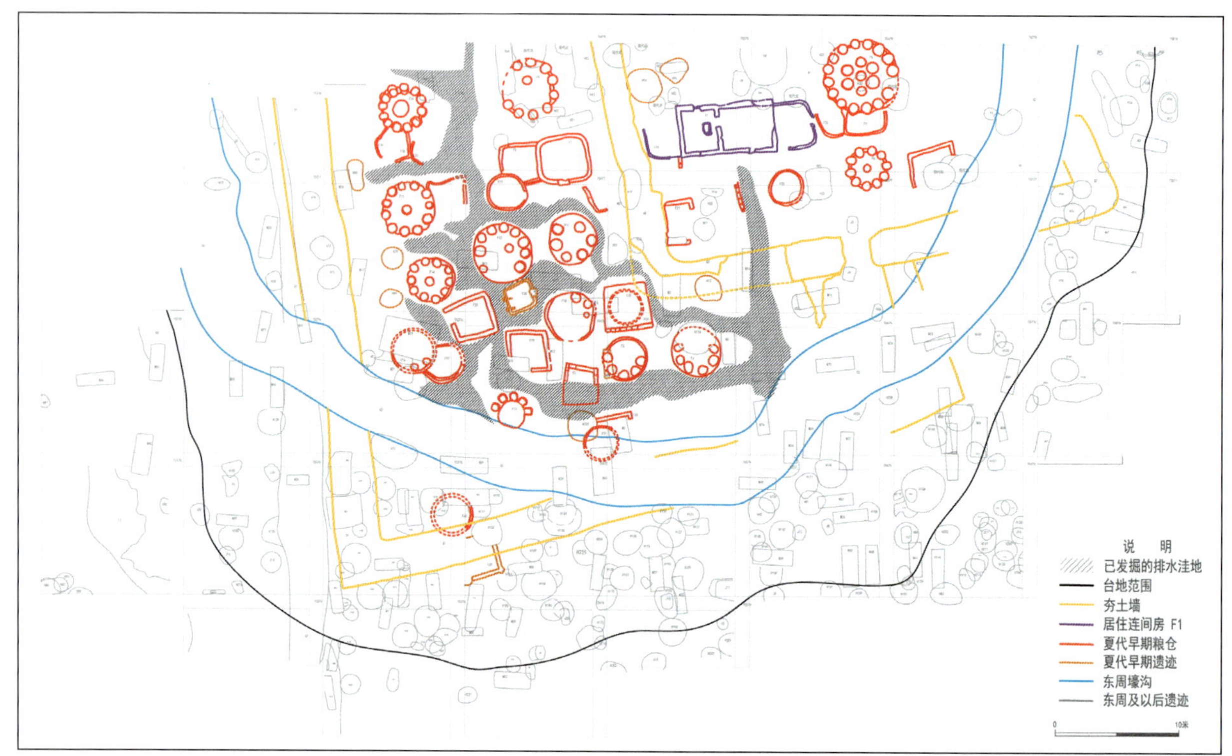

时庄遗址遗迹总平面图

的 2850 平方米范围内发现了 29 座仓储遗迹，分布集中，形制多样。这些仓储设施建造时大多先平整垫高地面，然后以土坯建造土墩或墙体，外侧涂抹细泥。根据建筑形制可以分为两类。

第一类为地上建筑，共 13 座。平面形状为圆形。从发掘情况看，其外围由多个高出地面的“土墩柱”和“柱间墙”围合成近圆形，根据遗迹大小的不同，圆形的中部往往还有数量不等的“土墩柱”作为支撑柱。这些“土墩柱”由土坯错缝平铺叠砌后修整成近圆柱形，直径 0.5 ~ 0.9 米。土坯之间由黏土作为黏合剂。“柱间墙”局部也能看到土坯垒砌的痕迹。“土墩柱”和“柱间墙”共同构成了这类建筑的基础。基础之上铺垫木板作为上部建筑的底部，再以土坯、藤席类材料围砌成圆形，上部封顶。整个建筑类似吊脚楼的结构。通过对土壤微结构的观察，在建筑底部的地面上发现较多的土壤形成物，包括地表结皮、铁结核、钙质胶膜、黏土胶膜等，说明此处曾经存在一个开放的稳定的面，因而土壤能够发育，这也佐证了建筑底部架空的结构。这类建筑面积最小的 5.5 平方米，最大的 21.6 平方米，其他在 8 ~ 14 平方米之间。其中 5 号遗迹是唯一一个有两圈同心圆结构，也是面积最大的一座，直径达 5.4 米。

第二类为地面建筑，共 16 座。平面形状为圆形和近方形，前者 7 座，建筑面积 5 平方米左右；后者 9 座，建筑面积 9 ~ 12 平方米。建筑方式是以土坯直接垒砌墙体，无“土墩柱”结构，建筑的底面直接依托于地面。

从发掘过程观察到的现象和据此复原的建筑形制，我们可以清晰地看到，这两类遗迹许多都

时庄遗址遗迹分布图

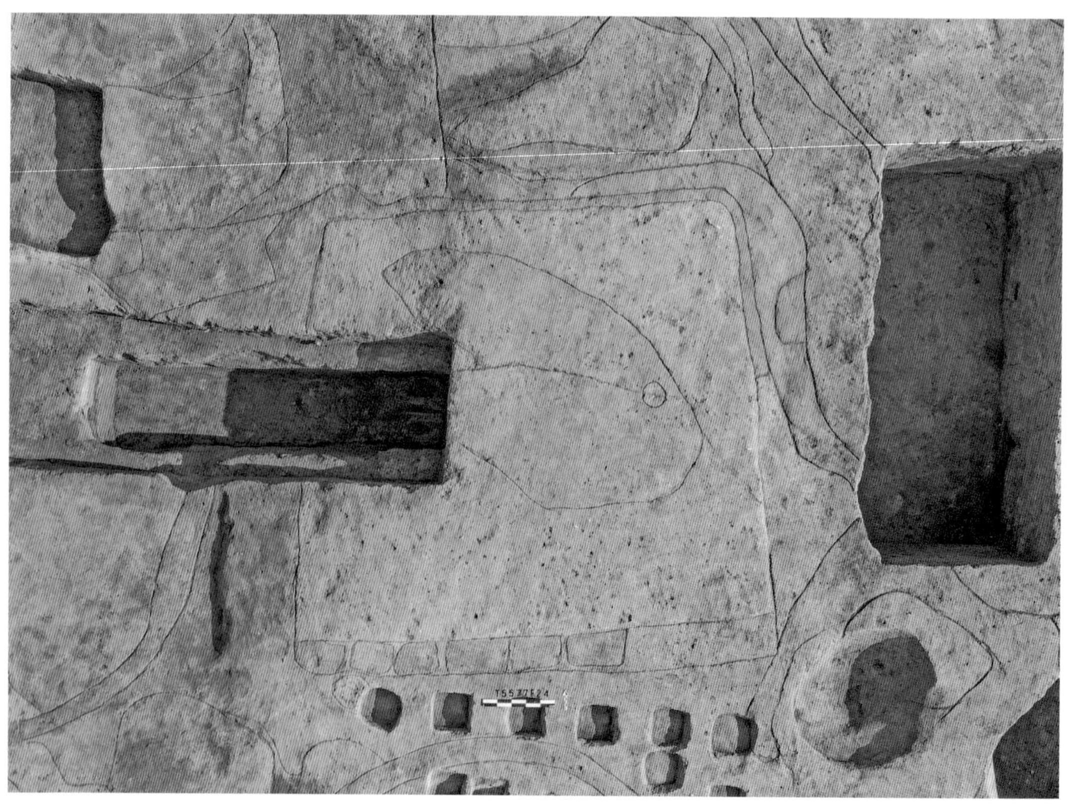

地面式方形粮仓 F24

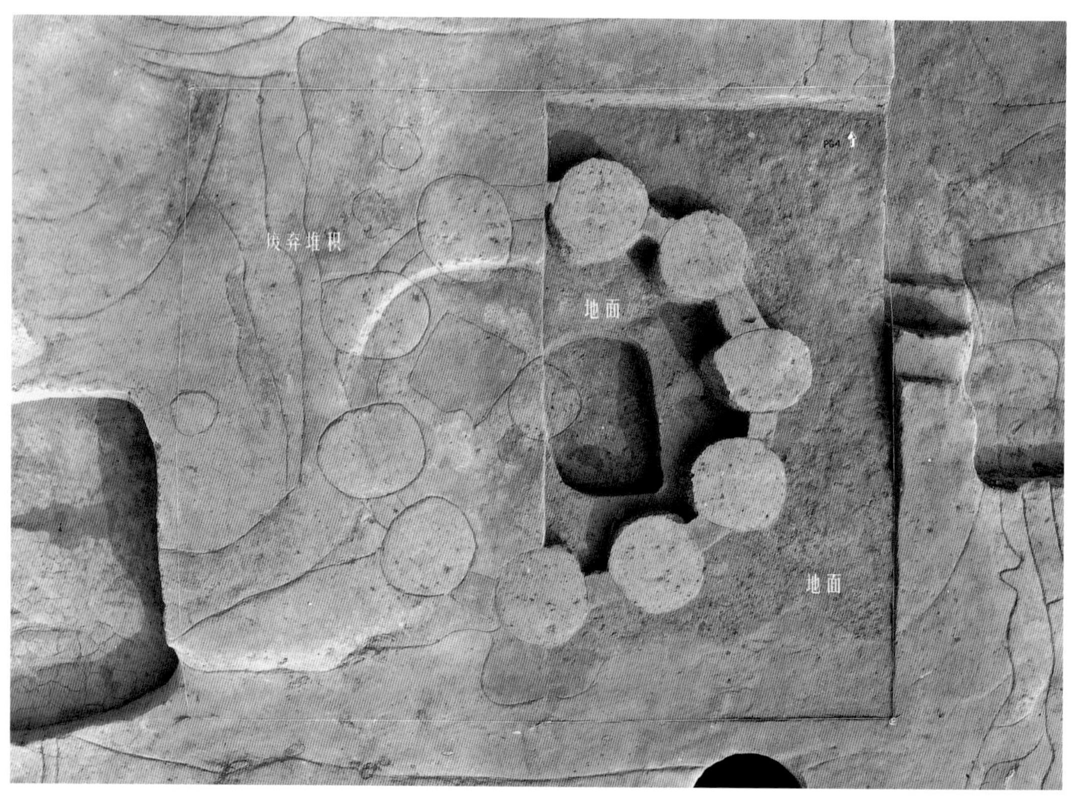

“土墩”型仓储建筑

是完全封闭的平面形状，缺少门道、灶坑、居住面等居住型房屋的基本要素，与同时期同区域的用于居住的连间排房存在显著的差异。推测它们不是居住的房屋，而具有较为特殊的功用，应为古代的粮仓。原因有以下三个方面。一是经过查阅大量的考古报告、专业论文和文献记载，并结合民俗材料、对比出土的文物模型，这种建筑和各类粮仓十分相似。二是对田野发掘过程中区分出来的遗迹建造、使用和废弃三个阶段的堆积，进行了详细的、系统的、有针对性的采样和分析之后，检测到大量的植物遗存。通过对发掘区土壤的分析，在这些特殊遗迹的内部及附近，检测到“黍素”的成分，尤以建筑底部使用堆积中含量最高，说明这里曾经有过黍、粟的存在。浮选得到的大量植物大遗存鉴定结果显示，仓底的堆积中，除了粟、黍和伴生的黍亚科炭化种子之外，几乎不见其他农作物遗存。此外，在多处保存较好的建筑底部堆积中检测出的植硅体组合较为单一，且与其他堆积明显不同，主要来自粟、黍类作物。根据观察到的粟、黍不同部位的植硅体，可以判断是整穗存储。三是这两类特殊遗迹均具备作为粮仓特定要求的防潮能力。通过对下挖剖面堆积的观察和取样实验室分析，发现建筑基础部分垫土的选择十分科学。土壤微结构的观察和专业的室内常规土工试验数据均说明，它们颗粒较粗，目的是降低地下水在毛细作用下上升的高度；上层垫土质地细腻，可以有效地阻断地下水。其次，建筑本身的土墩立柱和墙体外侧涂抹细腻的黏土对土墩立柱和土坯墙起到保护和防潮的作用。另外，建筑的外围明显较低，且呈沟状洼地，互相连通，形成排水网络，可以将地面水快速地

土坯垒砌的土墩结构

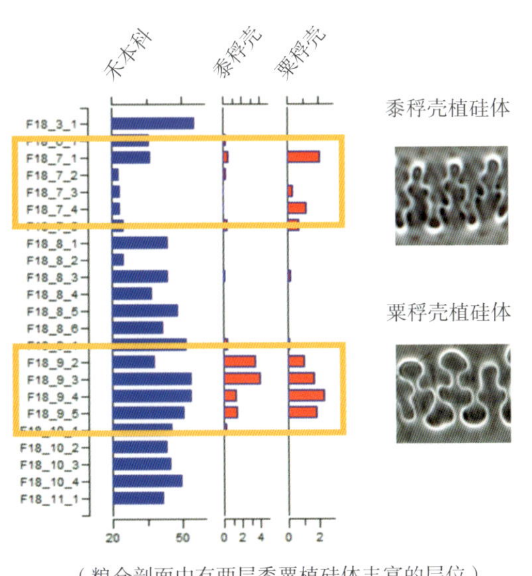

（粮仓剖面中有两层黍粟植硅体丰富的层位）

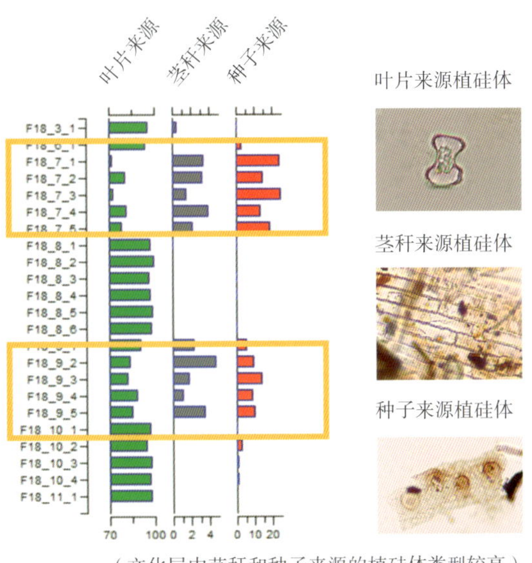

（文化层中茎秆和种子来源的植硅体类型较高）

地上式粮仓 F18 植硅体分析统计图

陶钵（H13 出土）
陶盆（H13 出土）
陶碗（H95 出土）
陶器盖（F10 东南解剖沟出土）
陶豆（H54：1）
陶罐（T5477 堆积 13 出土）
陶罐（G13 堆积 3 出土）
陶罐（F28：1）

出土器物

排出，保持建筑周围的干燥。以上三个方面共计7点的证据，使我们有理由将其判断为粮仓。

2. 年代

从出土陶器反映的时代特征看，该遗址大致相当于嵩山地区的“新砦期”阶段。系列碳十四样品测年数据也显示，上述遗存的年代为距今4000～3750年左右，按照夏商周断代工程的结果，已经进入了夏代早期的纪年。

3. 聚落

粮仓遗迹所处的台地上发现东、西两圈同时期的夯土围墙。发掘和钻探表明，东、西夯土围墙均平地起建，层层夯筑。已发掘区域内东围墙宽1.9～2.8米，残存高度0.75～1.2米，内部圈围面积近1100平方米；西围墙宽3～3.5米，残存高度0.45～1.3米，内部圈围面积1200余平方米。东围墙建造年代略早于西围墙，东、西围墙在台地的东南部有较为明显的缺口，应为进出的通道。粮仓和夯土围墙建在用外围生土垫筑的台地之上，台地的边缘处有堆筑的护坡，具备“台城”的特点。

聚落中同时期的遗存以粮仓遗迹最多，极少见灰坑、房址和墓葬等其他类型的遗迹。一座具有居住功能的连间房F1位于台地中间，粮仓遗迹围绕在F1外围，且集中分布于夯土围墙保护范围之内。聚落整体布局结构清晰，功能专一，是一处以储粮为主要功能的特殊围垣聚落，也可以称之为粮仓城。

考古工作表明，遗址经历了从早期兼具仓储和居住功能，到中期功能专一的粮仓城，再到晚期废弃的过程。

为了进一步弄清楚这处粮仓城在较大范围内的地位和功能，我们围绕时庄遗址，在周边进行了100米“井”字布孔规格的全覆盖式钻探，力求不会有遗址遗漏。大面积的覆盖式考古钻探表明，在时庄遗址周围150平方千米的范围内，还存在至少13处同时期的聚落。它们共同构成了区域性聚落群，是时庄遗址专一功能性聚落发展的依托，同时时庄粮仓城又是区域聚落发展的重要支撑。

三、价值与意义

时庄遗址夏代早期粮仓城的考古新发现，具有多方面的重要价值和意义。

首先，它是目前发现的我国年代最早的粮仓城。在此之前，所知的我国古代最早的粮仓城是位于甘肃、建成于汉代的“大方盘城”。时庄夏代早期粮仓城的发现将这一历史提前了近两千年。不同形制、数量较多的粮仓集中发现，为研究我国古代北方地区旱作农业的发展水平、粮食存储技术和建仓史找到了新的起点。

其次，粮仓城的出现体现了早期国家的治理、管理能力。中国农耕文化源远流长。《礼记·王制》中论述：“国无九年之蓄，曰不足；无六年之蓄，曰急；无三年之蓄，曰国非其国也。”粮食自古以来就是人们生存的立根之本，粮食安全也是国之根本。“粮仓系国脉，民心定乾坤。”掌握了粮食就掌握了古代社会最为重要的资源，是古代最高权力的体现。粮仓城的出现昭示着早期国家在粮食储备、统一管理、可能存在的贡赋制度和社会组织管理等方面的国家治理能力，可以看作是物化的早期国家符号。

第三，时庄遗址布局清晰、功能专一的围垣聚落，是中原地区新出现的小型化、专门化聚落，是一种崭新的聚落形态。从时间上看，这种以方形围垣和单一功能遗迹为组合的聚落布局模式，上承夏代初期“禹都阳城”的登封王城岗遗址，下启夏代中晚期都邑的二里头遗址。从地域上看，以往在研究夏文化的过程中，一般着力于嵩山周

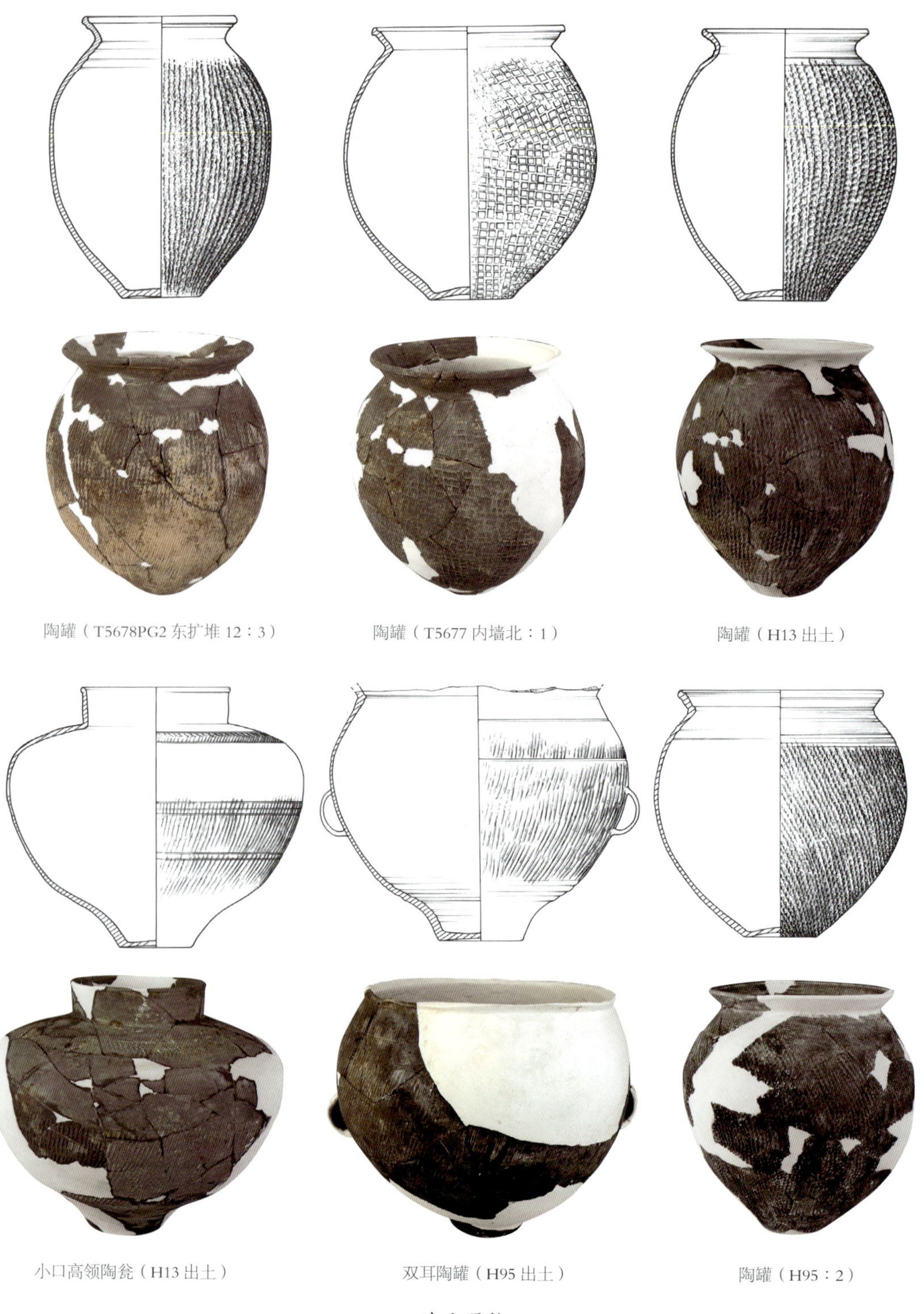

陶罐（T5678PG2 东扩堆 12：3）　陶罐（T5677 内墙北：1）　陶罐（H13 出土）

小口高领陶瓮（H13 出土）　双耳陶罐（H95 出土）　陶罐（H95：2）

出土器物

围和晋南、豫西地区。现在看来，淮河上游的沙颍河流域也是需要重点关注的区域。因此，时庄遗址夏代早期粮仓城的发现为我们进一步探索夏文化的来源和夏代早期国家的管理模式提供了新的关键性证据。

■ 撰稿：曹艳朋、张海、杨苗蒲

河南省叶县余庄遗址

工作单位：河南省文物考古研究院、平顶山市文物局、叶县文化广电和旅游局

一、工作缘起

余庄遗址位于河南省平顶山市叶县余庄村南，西邻S103省道（叶县东环城路），西北距沙河约4千米。中心地理坐标为北纬33°38′08″，东经113°22′54″，海拔65.3米。初步调查勘探确认，遗址东西长约1800米，南北最宽约1400米，面积在200万平方米以上。遗址地势整体较为平整。

为配合叶县标准化厂房项目建设，经国家文物局批准，2020年8月开始，河南省文物考古研究院联合平顶山市文物局、叶县文化广电和旅游局对余庄遗址进行了发掘。为配合早期夏文化研究，2021年4月，再次对遗址进行发掘。目前，揭露遗址面积1800余平方米，取得了较为丰硕的成果。

二、遗迹概况

叶县余庄遗址目前发现墓葬、房基、灰坑、

遗址发掘区域

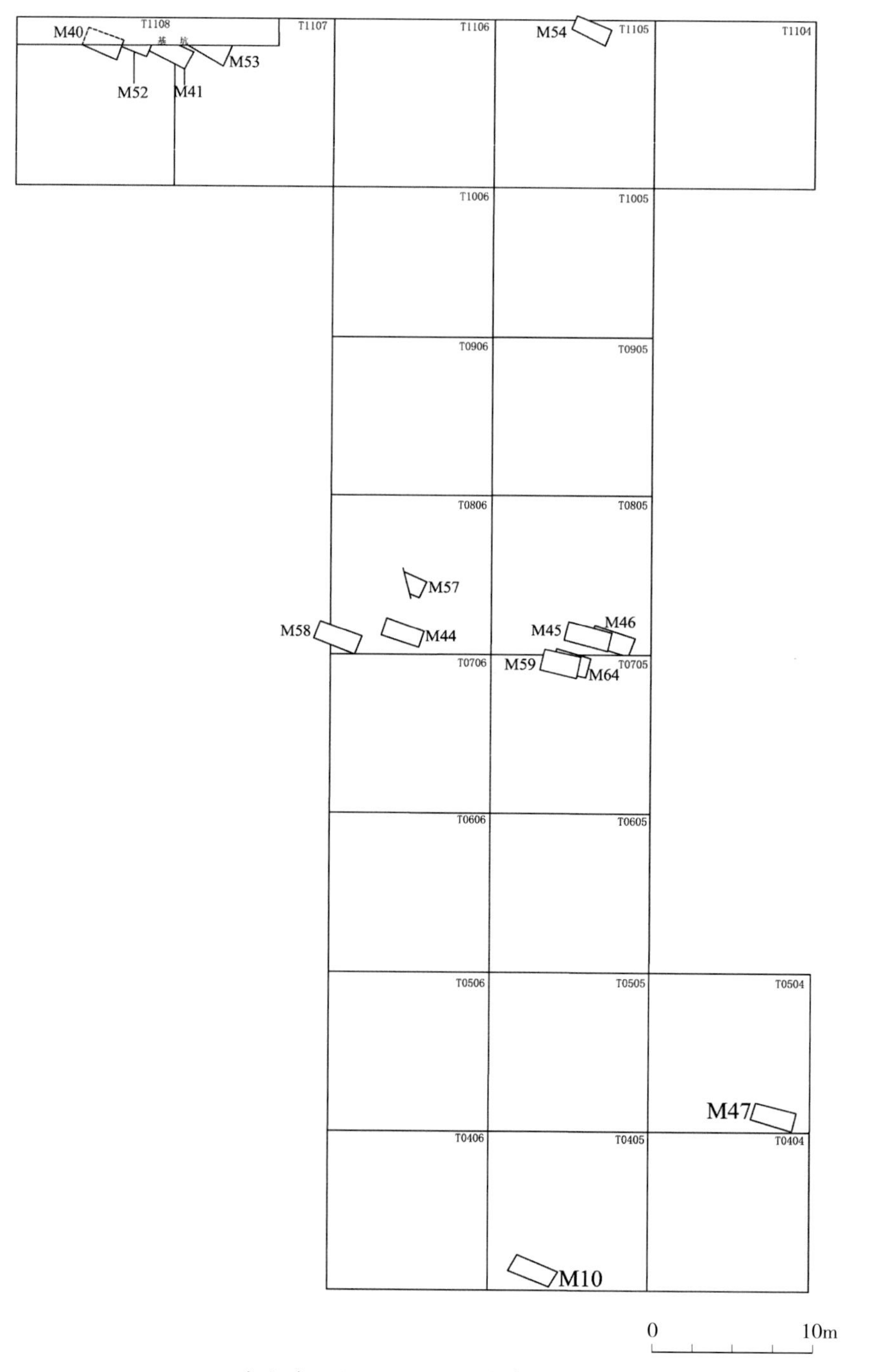

余庄遗址龙山时期大型墓葬分布图

窖穴等各类遗迹200余处。其中，中原龙山文化墓葬50多座，根据墓葬面积和随葬品数量，可分为大、中、小三类。

1. 大型墓

大型墓均为竖穴土坑，墓圹平面呈长方形，面积多在3平方米以上，方向110°左右，有葬具及较多随葬品。已发现14座。流行单人葬，以单棺为葬具，个别有1～2个殉人。随葬品以陶器为主，器体较小，部分带有彩绘，是专门烧制的明器。少数墓葬还随葬石钺、石镞、獐牙等。

从墓葬布局来看，大型墓大致分南、中、北三组。其中，南组数量最少，目前仅发现2座；中组数量最多，共7座（有4座两两叠压）；北组5座。下面选取较为典型的大型墓予以介绍。

M10　位于2020YYⅡT0405西南部，开口于③层下，被H14打破。墓圹平面近似长方形，南壁长2.55、北壁长2.7米，宽1.22米，深0.8米，面积3.2平方米，方向110°。墓壁较直，墓底平整，四周设置熟土二层台，单棺，棺木残高略高于二层台。墓主位于棺内，仰身直肢，头向东南，面朝南，颅骨上涂有朱砂，胫骨与腓骨压在股骨上。另有一名死者被放置于墓室北侧二层台上，

M10

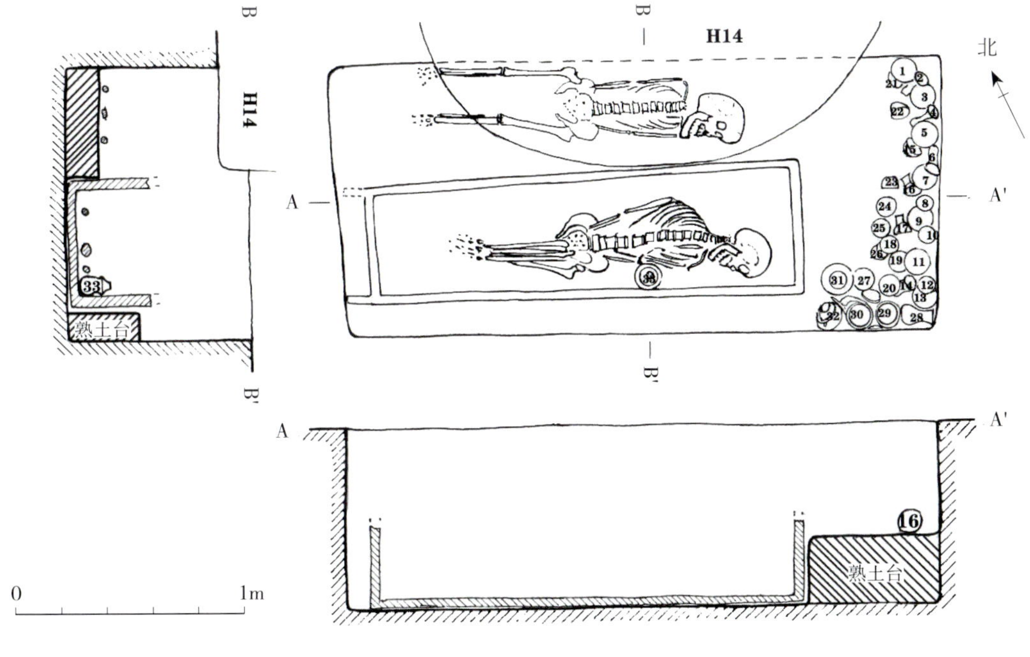

M10 平、剖面图

M10 二层台上随葬器物

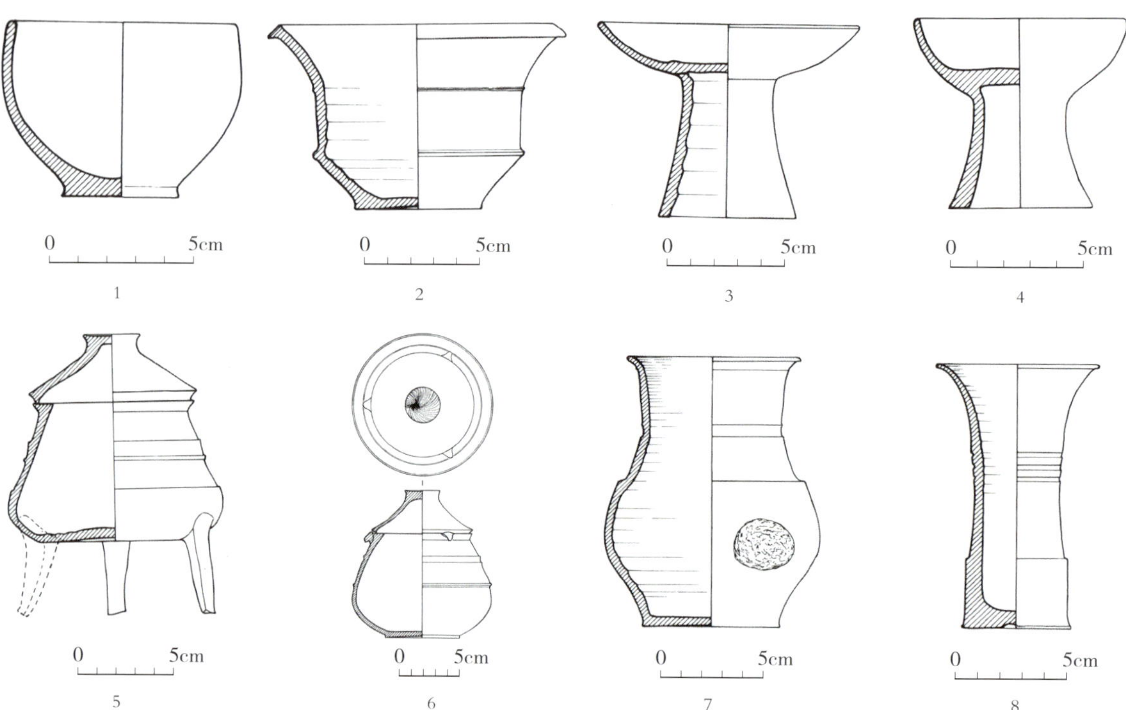

M10 出土陶礼器

1. 杯　2. 盆　3. 豆　4. 高柄杯　5. 鼎　6. 罐　7. 壶　8. 觚

仰身直肢，无葬具，应是殉人。墓内共随葬夹砂陶器 33 件，均呈深灰色，包括鼎 2、豆 7、高柄杯 6、觚 7、杯 7、壶 1、盆 1、罐 2。除 1 件陶罐放置于墓主腰部左侧外，其余皆有序地摆放在东侧二层台上。其中，高柄杯、豆、觚、杯同类器物形制基本相同，大小依次递减，或具有列器性质。棺内所葬之人年龄约为 50 岁，棺外之人年龄约为 20 岁。因骨骼保存较差，两人性别均不详。

M54　位于 2021YY Ⅱ T1105 北部，开口于②层下。墓圹平面呈长方形，长 2.6、宽 1.2、深 0.3 米，面积 3.12 平方米，方向 110°。墓壁平直，墓室四周设置熟土二层台。单棺，保存极差，仅见灰痕，长 1.8、宽 0.55、厚 0.03 ~ 0.04、高 0.3 米。墓主位于棺内，仰身直肢，骨骼保存状况较差，指骨与趾骨腐朽严重。随葬器物以陶器为主，共计 35 件，包括陶鼎 2 和高柄杯 7、豆 7、觚 7、杯 7、盆 1、壶 1、罐 2，獐牙 1。其中，獐牙位于墓主上腹部，腐朽严重，陶罐放置在墓主腰部左侧，其余陶器均有序地摆放在东侧二层台上。

M58　位于 2020YY Ⅱ T0806 西南部，开口于②层下。墓圹平面呈长方形，长 2.75、宽 1.3 米，面积 3.58 平方米，方向 110°。墓壁平直，墓室四周设置熟土二层台。单棺，仅发现板灰，长 2.06、宽 0.64、厚 0.04、深 0.3 米。墓主位于棺内，骨骼凌乱，头向东南，面向上，颅骨涂朱。随葬器物共计 34 件，包括陶鼎 2、高柄杯 6、豆 7、觚 6、杯 7、盆 1、壶 1 和石钺 1、獐牙 3。其中，陶器有序地放置在东侧二层台上，仅陶盆在墓主头部，应是从二层台掉落，獐牙位于墓主左上臂处，石钺位于墓主左前臂附近。

2. 中型墓

中型墓均为竖穴土坑墓，面积 1 ~ 2 平方米，无葬具，个别有少量随葬品。

M62　位于 2020YY Ⅱ T0806 西北部，开口于②层下，墓口距地表约 0.4 米。墓圹平面呈长方形，长 2.05、宽 0.95、深 0.6 米，面积 1.95 平方米，方向 111°。墓室直壁平底，未发现葬具。墓主位于墓室正中，仰身直肢，头向东南，面朝上。墓内仅出土一块猪上颌骨。

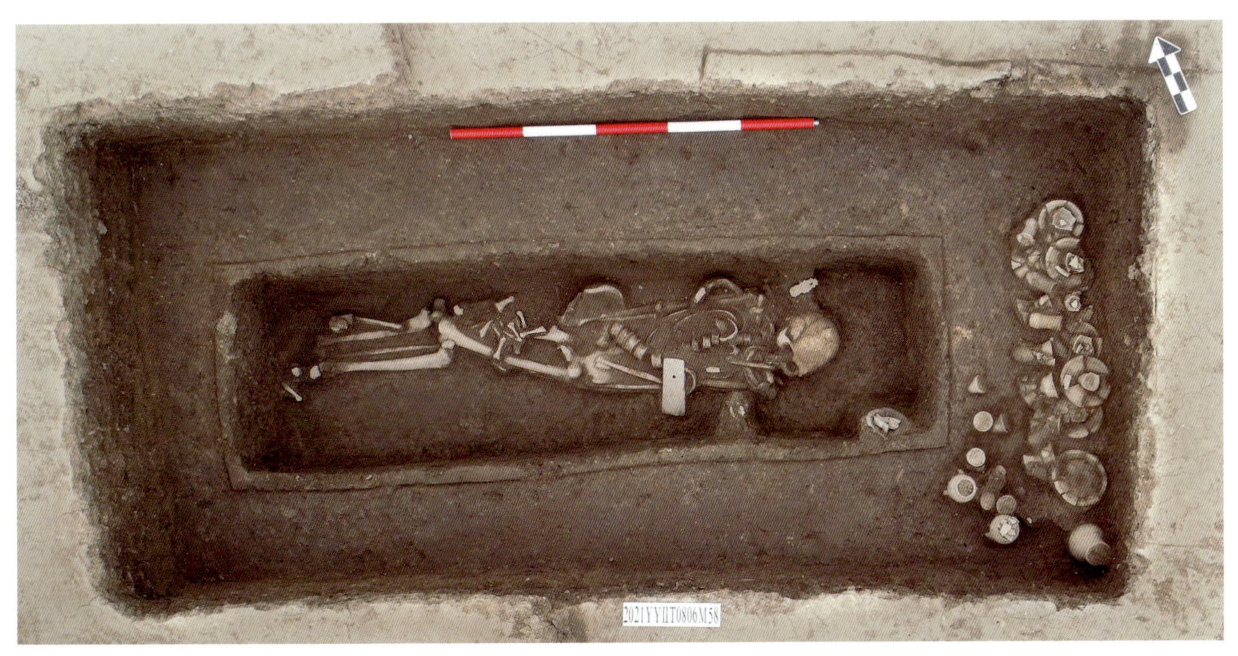

M58

出土石器

3. 小型墓

小型墓均为竖穴土坑墓，墓室狭小，仅能容身，面积不足1平方米，无葬具，无随葬品，个别墓主为儿童。

M2 位于2020YYⅡT0504内，开口于①层下，墓口距地表深0.15米，未经扰动。墓圹平面呈长方形，长1.9、宽0.4、深0.52米，面积0.76平方米，方向110°。墓室直壁平底，内填黄灰色花土，未发现葬具。墓主仰身直肢，头向东南，面朝上。无任何随葬品。

三、遗物介绍

目前，余庄遗址出土器物400多件，包括铜器、陶器、石器、玉器、骨器等。

铜器为一枚残片，长约2厘米，宽约1厘米，出土于2020YYⅡT0705④层下，属中原龙山文化时期。

陶器有泥质和夹砂两类，后者占比较高。陶色以灰色为主，另有少量为红褐色、黑色。纹饰以篮纹为主，有粗细之别，多斜施，竖直者少，另有少量施方格纹和绳纹，素面者占比亦较高。器物有罐、鼎、高柄杯、鬶、瓮、甑、盘、豆、器盖、碗、钵、壶、觚、杯、盖罐、纺轮、陶塑等。根据器物性质，可分为实用器和明器两类，前者出自灰坑或地层，后者则多见于大型墓葬。

石器数量较多，以生产工具为主，包括斧、铲、镰、刀、锛、杵等，也有少量钺、矛、镞等兵器。

玉器数量较少，目前仅发现2件，均出自地层中，残损严重，器形不辨。

骨器主要有锥、簪、镞等。

四、结语

目前的考古工作表明，余庄遗址以中原龙山文化遗存为主，另外还有部分汉代、宋代及明清时期的遗存。从遗址面积、文化内涵及空间分布来看，余庄遗址应是中原龙山时期沙河中游的中心聚落。

余庄遗址目前已发现中原龙山文化墓葬50余座。其中，小型墓无随葬品，分布较杂乱，方向不一，布局亦无规律可循。大型墓方向、面积相近，成排分布，且均随葬成套陶礼器，器物组合与摆放位置固定。这些现象反映出龙山时期中原地区社会分化严重，权贵阶层在墓地布局、墓葬规模、墓向及随葬品等方面遵守一定的规范，已形成较为严格的墓葬制度。

另外，依据出土器物的类型，可知余庄遗址与其他地区存在深入的文化交流。其中，红陶杯、陶塑、彩绘陶器（豆、高柄杯、杯、盆、壶）、玉器以及厚葬习俗，应是受到南方石家河文化的影响；出土的蛋壳陶、黑陶杯柄以及随葬獐牙的习俗，则为山东龙山文化因素。

总体而言，叶县余庄遗址规模大，等级高，文化内涵丰富。部分陶器的形制、质地、颜色、纹饰与王湾三期文化煤山类型近同，年代约为公元前2400年至公元前2000年。余庄遗址的发现对研究龙山时期中原地区的礼制、社会复杂化以及早期夏文化具有十分重要的意义。

■ 撰稿：吴伟华、贾一凡

山西省襄汾县
陶寺遗址大型建筑基址

工作单位：中国社会科学院考古研究所、山西省考古研究院、临汾市文化和旅游局

一、工作缘起

陶寺遗址位于山西省临汾市襄汾县县城东北约7千米处，分布于陶寺村、东坡沟、沟西村、中梁村、宋村5个自然村，以陶寺村命名，遗址面积约400万平方米。遗址处于太岳山脉余脉崇山（俗称塔儿山）北麓山前向汾河谷地过渡的缓坡状黄土塬上。遗址1958年文物普查时被发现，1978年正式开始考古发掘，迄今已经四十多年，取得许多重大考古发现与研究成果，成为中国史前“都城要素最完备”的城址，有宫殿区、仓储区、墓地、观象祭祀区、手工业作坊区、普通居住区等明确的功能分区。其中宫殿区作为一处大型都邑类遗址最为核心的功能区，一直是学界关注的区域。2013年至2017年历时5年的发掘逐步确认了陶寺遗址近13万平方米宫城的存在，并较为全面地揭露了南东门址和东南拐角处的侧门。

“十三五”期间，陶寺遗址的考古工作被列入“考古中国”重大项目中的“夏文化研究”项目。在该项目的支持下，中国社会科学院考古研究所与山西省考古研究院继续联合，于2018年至2020年间持续对宫城内的最大夯土建筑基址Ⅰ FJT3进行发掘，较为全面地揭露了这一夯土基址，收获重大。

二、遗迹概况

大型夯土建筑基址Ⅰ FJT3位于陶寺遗址宫城内地势略高的东南部。该大型建筑被破坏得较为严重，建筑地面以上已不存在，仅余其基础部分，西南角梯田断崖以下大多被破坏至生土，残余少量夯土。Ⅰ FJT3夯土基址平面大体为长方形，南北长约84米，东西宽76.5米，面积近6500平方米。基址的四周比较明确，东南、东北与西北拐角规整清晰，西南拐角被破坏。基址南边线近中部的夯土向南延伸一段，南北长约5~6米，东西宽10米，疑似其南门址。目前，基址之上发现有明确的宫室建筑1座（编号D1）、疑似宫室建筑1座、房址3座等重要建筑，另有大量灰坑以及人头骨坑H235与水井H236等。

发掘弄清了宫室建筑D1的规模、布局结构、年代等问题。D1东西长约26.8米，南北宽20.3米，总面积540余平方米。之上发现有3排18个柱洞，柱网结构比较清晰。柱洞直径一般0.4米左右，柱坑多为圆形或椭圆形，直径在0.8~1.2米。柱洞底部多有柱础石，有些础石周边填有石块以加固柱子。夯土台基仅余其基础部分和残余柱坑柱洞，从柱网结构判断，东西面阔七间，南北进深两间。该宫室建筑是目前考古发现的新石器时

大型夯土建筑基址ⅠFJT3

代最大的单体夯土建筑。此外，D1西部发现一道夯筑较好的墙垣，整体呈“U”形，两端与D1西边缘相连接，墙宽0.9米左右，性质与功用不明，或许是D1西部的附属建筑。

D1以北也发现有较好的板块夯土，但被破坏严重。基础之上残留有3个柱础，已露出柱础石。值得注意的是，其中两个疑似柱础之间的对应距离约12.5米，与D1南北两列柱洞的间距基本相等。该宫室建筑是否存在还有待进一步发掘确认。

宫室建筑D1以东近2米处发现一座大型房址（编号F37）。F37平面为长方形，东西长10.85米，南北宽9.65米，面积100余平方米。房址为地面建筑，带有围墙，墙宽0.65~1米，挖有深约30厘米的基槽，墙体残高8~12厘米，黄花土，较纯净。南墙中间开门，门址朝南，门道宽约1.6米。房址地面为烧烤地面，较为坚硬，并非常见的白灰皮地面。房址建筑于ⅠFJT3夯土基址之上，位于大型宫室建筑D1之东，并与之同时，年代不晚于陶寺文化晚期，推测为陶寺文化中期始建，延续使用至陶寺文化晚期偏早阶段。其性质或功用特殊，可能为宫室建筑D1的附属建筑。

在F37的东南新发现一座小型房址，编号F39。平面为圆角近方形，长约7.2米，宽7米，墙宽1~1.2米，面积50.4平方米。门址朝西，宽1.2~1.6米，带有浅坡道。室内为白灰皮地面，中间位置见有方形灶面。房址西北角留有7块牛

宫室建筑 D1 柱网结构

房址 F39

肢骨。F39 地面之上发现一件铜器残片，器形难以判断。F39 与 F37 大体同时，F39 室内面积小，墙却较厚；门向西，似乎有意朝向 F37 或 D1。此外，室内发现了集中摆放的牛腿骨。推测可能也是宫室建筑 D1 的附属建筑，类似储藏室。

在 F39 以东新发现 4 个排列有序的柱洞，且与 D1 南排柱洞在同一条东西线上，周围未发现其他柱洞以及与建筑密切相关的遗迹。柱洞直径 0.27~0.45 米不等，柱坑直径 0.6~0.68 米不等，底部均有柱础石。

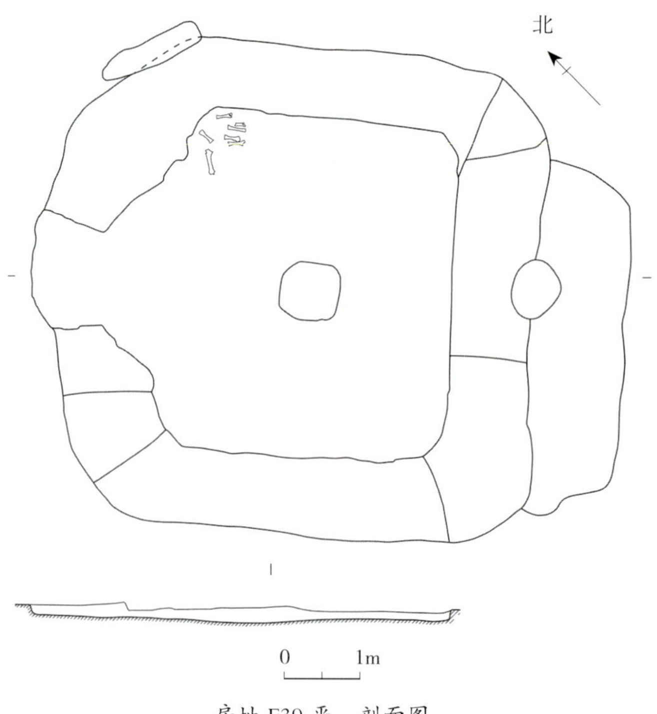

房址 F39 平、剖面图

在 F39 以南发现房址 F40。F40 平面同样为圆角近方形，东西长 6.7、南北宽 6 米，墙宽 0.5~0.9 米，面积 40.2 平方米。西墙有缺口，应为门址所在，宽 1.75 米，朝向西，与 F39 相同。该房址残存有墙体和部分屋内地面，为常见的白灰皮地面，但更为重要的是，白灰皮地面十分讲究，有精细的刻划与戳印装饰，确证了以往宫殿区灰坑中见到的装饰白灰皮为宫殿房屋建筑所有的推测。此外，白灰皮地面之上较大面积的覆盖有一层较薄的白灰皮。推测可能属于该房子墙面，倾倒后压在地坪之上。F40 建筑于 Ⅰ FJT3 夯土基址之上，年代不晚于陶寺文化晚期，或与 F37、F39 大体

房址 F37

房址 F40

F40 地面刻划装饰

人头骨坑 H235

同时，推测为陶寺文化中期始建，延续使用至陶寺文化晚期偏早阶段，陶寺文化晚期彻底废弃。F40 东墙与 F39 东墙大体在同一南北线上，这样 F37、F39、F40 很可能是主殿 D1 以东的一组建筑。F40 性质或功用不明，有待进一步研究。

此外，Ⅰ FJT3 北部边缘中间部分和夯土基址之上存在明显的陶寺文化晚期的填垫土，地势倾斜，台基明显高出。经过解剖，怀疑此处应是夯土基址Ⅰ FJT3 北边的出入口或门址所在。

Ⅰ FJT3 基础之上及其周边还发现了一些重要遗存，如人头骨坑 H235 和水井 H236 等。H235 集中埋葬 10 个人头骨以及个别颈椎骨，人头骨上有明显的方形或圆形创伤孔，男性与女性均有，以青壮年为主。H235 打破Ⅰ FJT3，时代为陶寺文化晚期。H236 平面呈圆形，十分规整，应为水井，未发掘至底，年代早于Ⅰ FJT3，为陶寺文化早期。

三、出土遗物

发掘出土陶器、骨器、玉器、铜器等 120 余件，其中一些器物比较精美或少见，十分重要。在 F37 以东Ⅰ FJT3 夯土基础表界面上出土 1 件铜璧形器，圆环形似玉璧，器体带有两周 28 个小长方形镂孔，内外均为 14 个，此类铜器，形制特殊，史前罕见。F40 屋内地面以上堆积中发现有鳄鱼骨板。以往陶寺鳄鱼骨板大多出土于大型墓葬中，多是随葬鼍鼓的遗留，房址堆积中发现鳄鱼骨板在陶寺遗址尚属首例。夯土基址东部夯土中出土 2 块作为颜料的赭石，通体朱红，一面已研磨成平面。在 F39 以外东北部夯土表界面上发现 1 件研磨棒，非常精美，圆杵状体，研磨面十分平整光滑，并残留有明显的红色颜料痕迹。在叠压Ⅰ FJT3 的陶寺文化晚期地层中出土 1 件玉笄，圆锥体，磨制精美，在肖家屋脊文化或后石家河文化中常见。此外，还发现 4 件陶楔形器和 1 件箭杆整直器。陶楔形器应为建筑材料一类遗物，具体用途不明。箭杆整直器在以往发掘中也十分罕见。

四、结语

陶寺遗址宫城内大型夯土建筑基址Ⅰ FJT3

赭石块

研磨棒

鳄鱼骨板

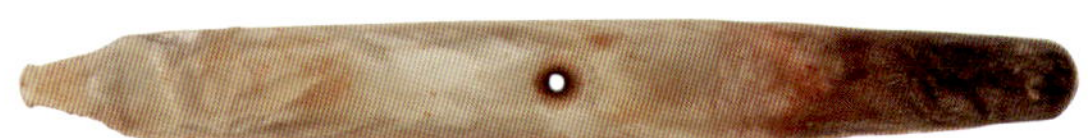

玉笄

箭杆整直器

铜璧形器

陶楔形器

的发掘取得重要收获，初步弄清了其规模、四至、堆积、年代、布局结构，并对其性质有了简单的了解，意义重大。第一，发掘确认了宫城内最大宫殿建筑ⅠFJT3的存在，面积近6500平方米，是迄今发现的史前时期最大的夯土建筑基址。第二，该建筑基址之上发现有两座主殿、东侧附属建筑、中部庭院、东部疑似廊庑等等，其结构复杂，布局规整，史前罕见，当为中国古代宫室形态的源头。第三，该建筑基址延续使用时间长，显示出特殊的功用，或为“殿堂”一类建筑。第四，建筑基址之上的主殿D1是目前考古发现的新石器时代最大的单体夯土建筑。总之，陶寺遗址宫城内大型夯土建筑基址的发掘与发现，对于中华文明起源以及早期中国等重大课题的研究具有推动意义。

未来计划做进一步的补充发掘，并做适当解剖，以较为全面地推进该建筑基址的相关研究。

■ 撰稿：高江涛、何努、田建文

安徽省蚌埠市 禹会村遗址

工作单位：中国社会科学院考古研究所、安徽省文物考古研究所、蚌埠禹会村国家考古遗址公园管理处

一、工作缘起

禹会村遗址位于安徽省蚌埠市西郊涂山南麓的禹会区禹会村，因“禹会诸侯于涂山”的历史记载而得名。涂山和荆山夹淮河而立，淮河蜿蜒其间形成一个“S”形大弯，地貌景观独特。2005年，中华文明探源工程将禹会村龙山文化遗址列为“淮河流域文明化进程研究”的重点课题。2006 ~ 2011年，中国社会科学院考古研究所安徽队开启了第一阶段的科学考古工作，收获丰硕。最为重要的考古发现为一处面积近2000平方米的大型礼仪性建筑（“祭祀台基”），该建筑依托人工堆筑的大型基址，台基表面存在烧祭面、方土台和成排分布的柱洞等一系列特殊遗迹。发掘者由此判断禹会村遗址是龙山文化晚期以祭祀为主的礼仪活动场所；遗迹和遗物所表现出的特殊性，与古史传说中的“禹会诸侯”事件完全吻合。

2015 ~ 2017年，中国社会科学院考古研究所安徽队开始以聚落考古研究的视角全面规划禹会村遗址的考古科研工作，首先通过详细勘探确认了遗址的分布范围，又利用大范围解剖发掘手段揭示了遗址的历时性变迁，发现了遗址核心区龙山文化城址的线索。考古工作表明在距今7000多年

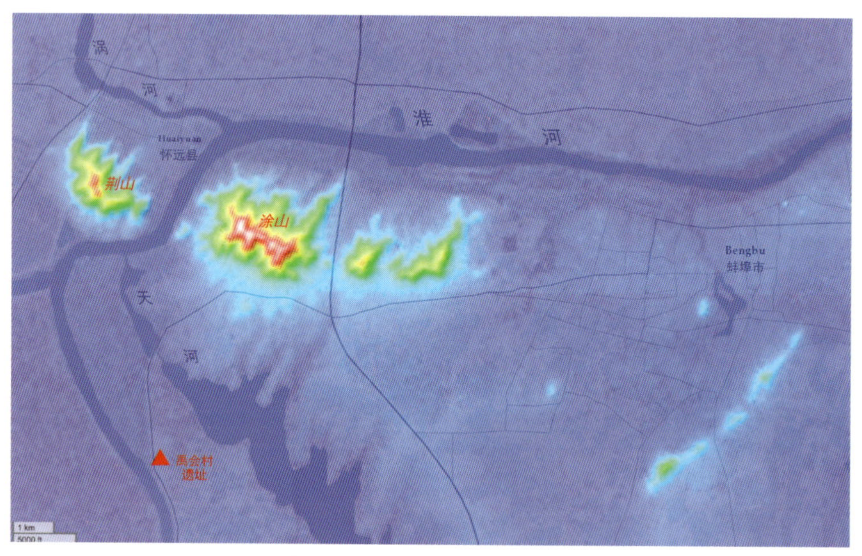

禹会村遗址地理位置示意图

“祭祀台基”表面遗迹

的双墩文化时期就有人类在此定居，禹会村遗址北部发现有双墩文化时期的柱洞式房址（可能为干栏式建筑）、窖藏坑和陶片兽骨铺垫层等遗迹。距今4000多年的龙山文化时期聚落规模剧增，200万平方米范围内均发现人类活动的遗迹，同时人口集中化趋势明显，南部的龙山文化核心分布区发现了面积至少18万平方米的城址。另外，以往发现的“祭祀台基”并非孤立存在，其北端折向西延伸至淮河大堤，现存约300米。其南端向南延伸至淮河大堤，现存不足600米。“祭祀台基”主体即是城址东城墙的一部分。聚落考古的研究方法是考古学回溯历史真相的必由之路，考古工作已经表明禹会村遗址并非简单的临时性祭祀遗址，龙山文化时期聚落形态的揭示成为田野考古工作的重心。

2020年，“考古中国”之“夏文化研究”项目正式启动，禹会村龙山文化城址的时空属性与文献中涂山氏古国密切相关。借此契机，中国社会科学院考古研究所安徽队对禹会村龙山文化城址的北、东城垣进行了解剖发掘。

二、遗迹概况

考古队分别在“祭祀台基”的南、北两端开设了一条40米×5米的探沟，初步揭示了北、东城垣的堆筑过程，以及城垣内、外壕沟的结构。2020ABYTG01解剖了北城垣与内、外壕沟，显示早期城垣基础顶部南北最宽18.7米，底部南北最宽25.5米。城垣基础经过四大层堆筑形成，最早阶段利用并平整了自然高地，局部堆筑了较纯净的黄色垫土以及灰白色土层，又分别从内外两侧堆筑了红褐色土层。其中灰白色土面上偶见灰烬层和碎陶片，推测有短暂的人类活动。内壕沟HG01现存开口宽度4.2米，深度1.5米。外壕沟HG04已揭露宽度5.1米，最深处达0.9米。晚期城垣向北拓宽，覆盖了北城垣护坡和外壕沟。2020ABYTG02解剖了东城垣与内、外壕沟，城垣基础顶部东西最宽18.5米，底部东西最宽25米。也经过四大层堆筑形成，但与北城垣略有不同。最早阶段城垣基础也直接利用了自然高地，从外侧开始堆筑，逐渐向内堆筑铺垫夹杂黄色土块的灰白色土，局部区域铺垫较纯净的灰白色土，城垣内侧的灰白色土上发现有灰烬层和碎陶片，上层加筑红褐色土。内壕沟HG02现存开口宽度3.6米，最深处0.75米。外壕沟HG03开口宽度约19.6米，最深处约0.45米。两个探沟内发现的北、东城垣内壕沟均与“祭祀沟”贯通，因此判断所谓的“祭祀沟”应为城垣内壕沟的局部。“祭祀台基”的堆积结构也与北、东城垣相近，因此判断所谓的“祭祀台基”应为东城垣的局部。

内、外壕沟出土的陶器标本均属于龙山文化早中期，绝对年代在公元前2400年至公元前2100年之间。常见器类为夹砂红褐陶鼎、鬶、深腹罐、大口罐等。鼎足最具时代特征，常见侧装三角形足、简化的鬼脸形足和少量条形扁足。陶片主要集中发现于内壕沟两侧，破碎率较高，磨圆度一般，陶器表面普遍发现有陶衣，因埋藏环境致陶衣剥落严重。江淮地区大汶口文化晚期至龙山文化时期陶器组合具有鲜明的地域特征，低温施陶衣的陶器风格相当流行，侧装三角形足及条形扁足罐形鼎、深腹罐、大口罐和鬶是典型的器物组合，我们建议统称为龙山文化禹会村类型（或江淮类型）。

禹会村龙山文化城址北、东城垣的解剖发掘表明，城垣依托自然岗地堆筑而成，内外壕沟应为早期取土堆筑城垣形成的低洼地带，同时兼具排水功能。城垣并非短期堆筑形成，底部灰白色土层表面有人类活动的遗迹。调查发现物理特征显著的灰白色土为粉砂质黏土，来源于周边洼地的静水沉积，为人类有意集中采集堆筑，具有良好的渗水防裂效果。结合北、东城垣近直角的走向判断，城垣的修筑具有明显的规划性。城垣内壕堆积时代较晚，从陶片出土状态来看，应来自

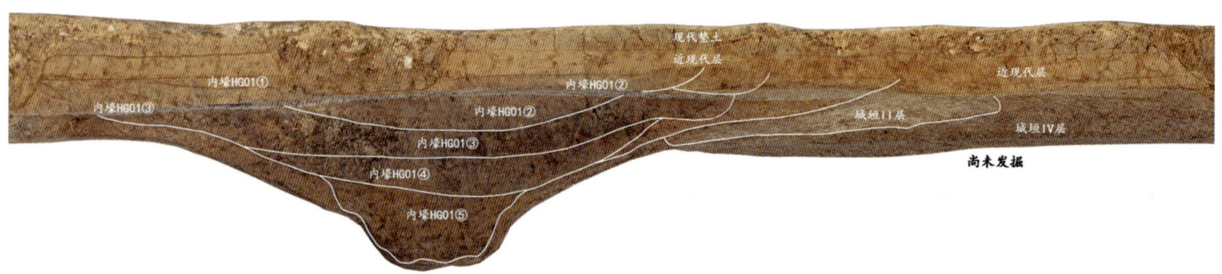

北城垣及内壕沟堆积

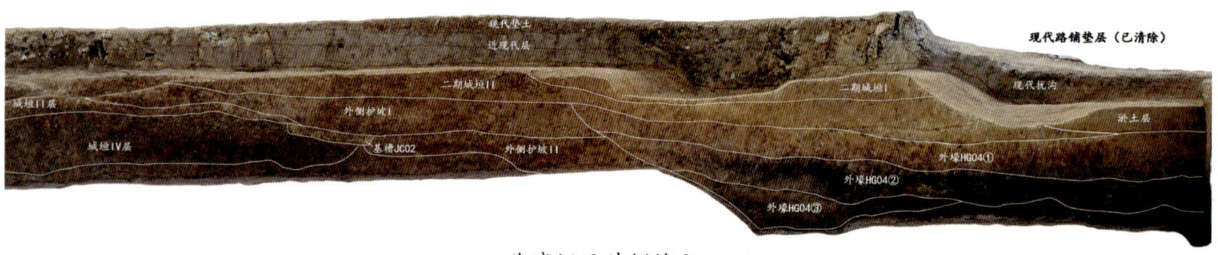

北城垣及外侧堆积

北城垣内壕沟

壕沟内外两个方向。城垣原始高度由于取土破坏严重，已很难复原，两段城垣所在的区域仍保留有“跑马岭”“禹陈岗”等地名，从侧面反映了早期城垣的高度。

目前，禹会村龙山文化城址西部的大部分区域已经被淮河冲毁，现淮河大堤的西侧仍保留有较薄的文化层，亦发现城垣和壕沟的线索，这将是下一步田野考古重点关注的区域。另外，在龙山文化城垣外围调查发现多处散布的龙山文化遗迹和遗物，不排除禹会村龙山文化聚落还具有更为复杂的布局，这还需要更为细致的考古勘探去进行探索。

三、结语

淮河中游史前遗址考古调查表明，大汶口文化末期至龙山文化早中期，区域史前聚落的数量和规模均呈现加剧增长的趋势。聚落规模分层现象明显，少数聚落内出现了城垣建筑。根据城垣走向推断，禹会村龙山文化城址规模至少18万平方米，是目前淮河中游地区已发现的规模最大的龙山文化城址。城垣及内外壕沟环绕的城址结构具有鲜明地域特色，独特的灰白色土堆筑基底，外壕沟浅而平缓、内壕沟深而狭窄，这些特征除了与堆筑城墙的取土行为有关，也反映了城垣特殊的防水、排水功能，是本地龙山时代城址的典型代表。

《左传·哀公七年》记载“禹合诸侯于涂山，执玉帛者万国”，《史记·夏本纪》记录了大禹的自述“予辛壬娶涂山，癸甲生启，予不子，以故能成水土功”。经历史地理学家考证，涂山地望即在此处，这些历史记忆背后有其真实的历史背景，龙山文化城址的出现反映了史前涂山氏族群或涂山氏古国社会发展的鼎盛阶段。

■ 撰稿：张东

河套地区聚落与社会研究项目

“河套地区聚落与社会研究”是国家文物局“十三五”期间重点科研项目——“考古中国”最早立项的研究课题。该课题于2016年开展预研究工作，2018年获批立项，由国家文物局组织指导，陕西省考古研究院、山西省考古研究院、内蒙古自治区文物考古研究所、甘肃省文物考古研究所、宁夏回族自治区文物考古研究所、北京大学和西北大学7家单位联合组建课题组并开展工作。

该课题以构建河套地区西周以前的考古学文化框架，探索“河套历史文化区”的内涵与形成历程为主要学术目标，通过聚落形态演进规律的研究来探索河套地区社会复杂化进程，全面考察河套地区仰韶时代以来的聚落要素发展历程，以龙山时代石城聚落作为有效切入点和重要研究对象，同时对比性地探索石城聚落区与周边其他文化圈的聚落关系，宏观构建中国早期国家起源的“河套模式”和“北方系统”。

2018～2020年，按照《“河套地区聚落与社会研究”项目规划书》的学术目标和整体要求，课题组在五省区内积极有序地开展聚落考古调查、重点遗址勘探和核心遗址发掘等工作，取得了一系列学术成果。截至目前，发掘核心遗址7处，包括石峁、芦山峁、碧村、后城咀、桥村、周家嘴头等重大考古项目，其中石峁皇城台发现的大型宫室类建筑基址及70余件石雕，令学界重新认识到中国早期文明的发展高度；寨山石城发现并揭露的20余座石峁文化墓葬，差异悬殊、等级分明，体现了石峁社会的阶层分化；后城咀石城重点发掘了北部城门区域，其规模、布局和年代基本厘清，可能为一处内蒙古中南部石峁文化时期的中心石城。

同时，课题组积极组织落实相关资料的刊布，及时向学术界和社会公布项目发掘和研究成果，取得良好成效。目前，已出版考古报告1部，发表考古简报7篇、研究论文16篇。

此外，课题实施过程中，课题组非常重视多学科合作、跨地域联动，并积极接纳高校硕士、博士研究生参与田野考古工作，培育高校学生在参与项目实施的过程中撰写科研论文。工作期间，举办了数十次公众考古活动，并开展“重要考古发现进校园活动”，取得较好的社会反响。

自“河套地区聚落与社会研究”项目开展以来，其内容基本涵盖了近年来西北地区的重要考古项目，发掘进展顺利、资料刊布及时、系统研究深入，基本达到了预期的工作任务和学术目标，特别是在探索早期国家起源和发展进程的重大问题上，引起国内外高度关注，发出了世界考古的中国声音。

■ 撰稿：“河套地区聚落与社会研究”项目课题组

陕西省神木市
石峁遗址皇城台地点

工作单位：陕西省考古研究院、榆林市文物考古勘探工作队、神木市石峁遗址管理处

一、工作缘起

石峁遗址位于陕西省神木市高家堡镇东侧，秃尾河及其支流洞川沟交汇处的土石山峁之上，遗址由“皇城台”、内城、外城三重城垣组成，总面积达400万平方米，是河套地区一处龙山晚期至夏代早期的超大型中心聚落。

1958年第一次全国文物普查工作期间，石峁遗址首次被文物工作者调查记录。1981年，西安半坡博物馆曾对石峁遗址进行首次考古发掘。2011年夏，在陕西省文物局的积极推动下，由陕西省考古研究院、榆林市文物考古勘探工作队、神木县文体局三家单位联合组织考古队对遗址开展了区域系统考古调查，重新确认了与遗址同时期的龙山晚期至夏代的“皇城台”、内城、外城三重石城，为目前已知面积最大的史前城址。2012年，经国家文物局批准，开始

皇城台考古工作分区

皇城台门址结构图

对遗址进行连续性考古发掘，先后发掘了外城东门址、后阳湾居址和韩家圪旦墓地等多处地点。2016 年，考古队开始了对遗址核心区——“皇城台”进行大规模的考古发掘。在发掘期间，适逢国家文物局颁布《大遗址保护“十三五”专项规划》，石峁遗址因规模大、内涵丰富，且之前已有相当的工作基础，其发掘与研究被纳入“河套地区聚落与社会研究”项目之中。项目的推进也支持了石峁作为河套地区的核心聚落继续进行有规划的长期发掘，全面开展研究工作。

二、遗址概况

“皇城台”是当地老百姓对石峁遗址内一处砌石高阜台地的称呼。该地点位于石峁遗址内城偏西的中心部位，是内城中一处相对独立的山峁。山峁东宽西窄，北、西、南三面均临陡峻的深沟，仅东部偏南处的马鞍部与其他山峁相连。山峁顶部较平整，面积约 8 万平方米，依山势修筑有一座台城。台城平面大致呈圆角方形，顶小底大，台城四周为錾壁砌筑的护坡石墙，自下而上呈阶梯状内收，层层相叠，最高处上下高差达 70 米，高大巍峨，蔚为壮观。

（一）门址

皇城台门址位于皇城台东侧坡下偏南（小地名地牢壕），扼守在皇城台与外界相连的山体马鞍部。门址由东向西，依次由广场、外瓮城、南北墩台、铺石坡道、内瓮城、主门道等建筑设施构成。广场由南、北两道基本平行的石墙及外瓮

皇城台东护墙北段上部发掘全景

城东墙一线围成，平面呈南北向长方形，面积逾2100平方米。外瓮城位于广场内侧，横亘于南北两墩台外的正中，扼守门道入口处，为一道平面呈折角“U”形的石墙。南、北墩台分列外瓮城两侧，结构均为石墙包砌夯土内芯。南墩台顶部的层位关系揭示出其建筑年代可能要早至公元前2200年至公元前2300年，属于石峁文化早期。

外瓮城西侧，南、北墩台之间，为铺石坡道，自外而内向上攀升，地面遍铺平整砂岩石板，局部石板上还有阴刻装饰纹样。南墩台后接“L”形内瓮城，将西、南两面完全封堵，仅留向北折入主门道的道路，登城路线即由自东向西折为自南向北。主门道入口处还设有门塾。主门道位于内瓮城北端，为一道“U”形的回廊，先由南向北延伸，然后蜿蜒而上，又自北向南延伸。主门道两侧石墙上发现有壁柱槽，表明顶部原有遮盖的顶棚，系一处覆顶的封闭空间。其中部分壁柱仍有保存，明显经过火烧，部分已炭化，有的柱槽底部还有石柱础，多用较平整的大块砂岩加工而成。门道内还清理出一些壁画残片，画幅保存最大者约30厘米见方，白灰面作底，以红、黄为主色，绘出菱形方格纹、勾连纹等几何图案。

依据地层关系和出土器物推断，皇城台门址的建造年代应当早于外城东门址。与外城东门址相比，二者结构相似，暗示着石峁古城在不断扩大的营建过程中，其设计理念具有一定的承袭关系。皇城台门址最外侧的长方形广场及两侧伸出的长墙，可能还具有一定的礼制功能，对后世都城正门的门址结构产生了深远的影响。

（二）东护墙北段

皇城台四周均被石砌护墙所包砌，东护墙北段（小地名獾子畔）是其中保存最好的一段。东护墙北段呈阶梯状，至2018年，揭露石砌护墙长度逾100米，高约5~15米。护墙自上而下可分为7~8阶，上下阶墙体交错相叠，形成宽度不等的退台。靠近台顶的石墙高达5米，往下朝向

皇城台大台基南护墙及夹墙、夹道（自东向西）

皇城台东护墙北段上部堆积剖面（自北向南）

皇城台门址出土玉钺

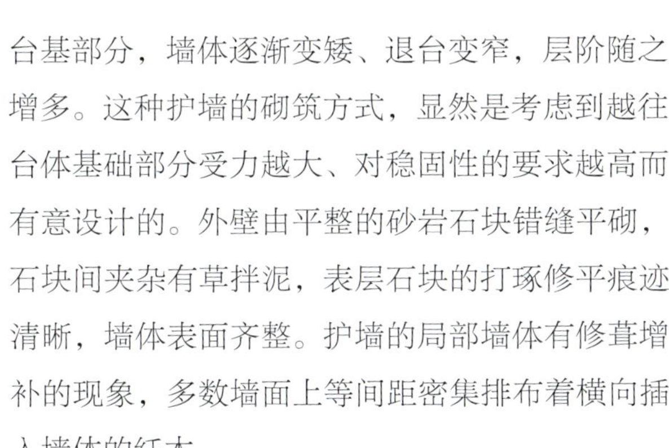

台基部分，墙体逐渐变矮、退台变窄，层阶随之增多。这种护墙的砌筑方式，显然是考虑到越往台体基础部分受力越大、对稳固性的要求越高而有意设计的。外壁由平整的砂岩石块错缝平砌，石块间夹杂有草拌泥，表层石块的打琢修平痕迹清晰，墙体表面齐整。护墙的局部墙体有修葺增补的现象，多数墙面上等间距密集排布着横向插入墙体的纴木。

清理过程中发现，在护坡石墙顶部直接叠压有一层自内而外倾斜的“弃置堆积”。在这层“弃置堆积”内出土数量惊人的陶、骨、石、玉、铜等各类遗物，还发现有壁画残块、纺织品和漆皮残片等重要遗物。这些遗物，大部分当是皇城台在使用和维护期间的生活垃圾。

（三）大台基

皇城台顶部的发掘集中于台顶东南部，发现有一处大型建筑台基。台基为夯筑而成的高台建筑，平面形状呈圆角方形，每边长约 130 米，总面积约 16000 平方米。以夯土（垫土）筑成台芯，四周以石墙包边护砌。据残存高度估算，台体原

陶鹰

骨质口簧

11 号石雕

高度应不低于 5 米。

至 2018 年末，台基南护墙揭露至由东向西的 80 米处。南护墙墙体以大小不一的砂岩石块错缝砌筑，石块之间用草拌泥黏接，外立面砌石均经修整打琢，下部石块，特别是靠近墙体基础部位的石块体量较大，加工更加规整。在南护墙外，有一道与其走向平行的夹墙，两墙间形成宽约 8 米的夹道。在南护墙墙面上及墙体倒塌石块内发现 30 余件石雕。石雕多雕刻于石块的一面，以减地浮雕为主，内容丰富。层位关系表明，大台基南护墙年代不晚于公元前 1900 年；从使用背景分析，石雕不排除来自其他高等级建筑，在修砌大台基时被嵌入南护墙。这些石雕可能与石峁先民砌筑石墙时放置玉器的精神内涵相同，代表了先民的某种精神寄托。

三、出土遗物

发掘过程中，在皇城台门址的建筑内，也多次发现与之前发掘的外城东门相同的“藏玉于石”

玉牙璋

（大台基顶 Q1 基槽：1）

皇城台门址出土玉钺

1. 外瓮城外④：1　2. 门塾外④：1

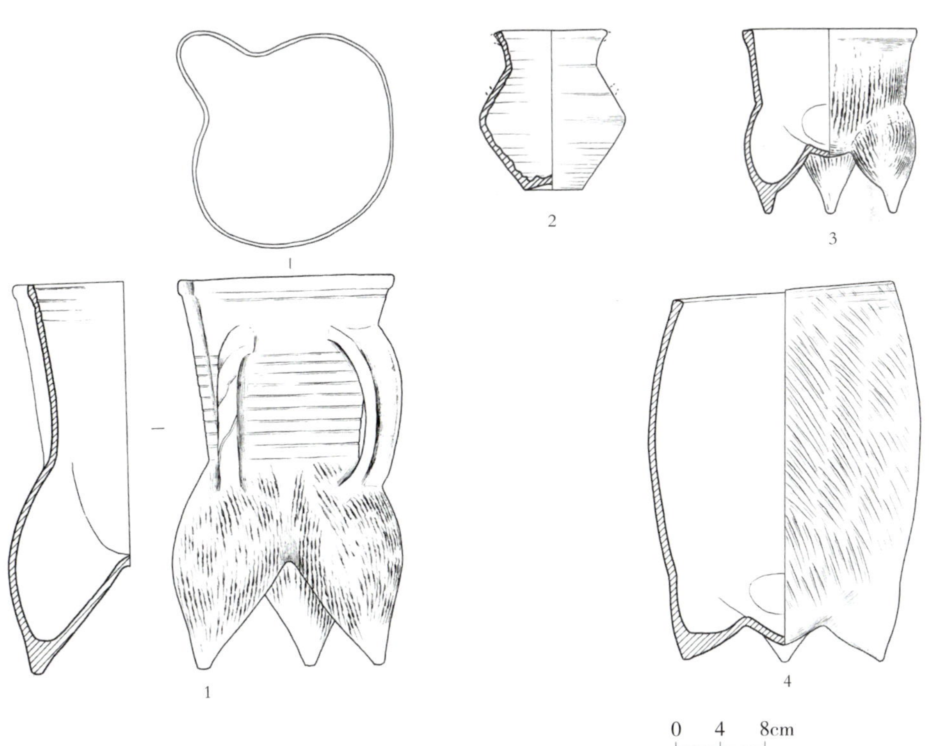

皇城台东护墙北段弃置堆积内出土陶器

1. 一段④ C- 陶：1　2. 东一段④ C- 陶：2　3. 六段二阶④ C- 陶：1　4. 一段③ B- 陶：1

的现象。在外瓮城外侧的墙根处，曾发现2件完整玉钺，出土时两钺错叠，刃部向上紧贴墙壁放置，应为铺设外瓮城之外的广场地面时有意埋入。

在东护墙北段的“弃置堆积”内，出土陶、骨、石、玉、铜等各类遗物4万余件。除大量的鬲、斝、折肩罐、三足瓮、大口尊等常见的日用陶器外，数量可观的陶瓦表明皇城台台顶当存在覆瓦的大型宫室类建筑，这对探讨中国早期建筑材料及建筑史具有重要意义；20余件造型生动的陶鹰暗示着皇城台的信仰和宗教功能。出土遗物中，骨针的数量最多，超过1万枚，还发现大量处于操作链上的坯料、残次品及废料，暗示着作为宫城的皇城台，在其顶部曾经设置有专门从事骨器加工制作的生产场所。20余件骨制口簧，是世界范围内年代最早的口簧实物，这不仅是中国乃至世界音乐史上的重要发现，也为探讨早期人群流动及文化交流提供了难得的线索。

大台基护墙发现的石雕雕刻技法可分为浮雕、阴刻、圆雕等；内容主要包括神面、人面、动物、神兽、符号以及装饰性纹样。其中神面石雕是最特殊的一类，体量一般较大，雕刻最为传神，如11号石雕，长度达2.6米。这类石雕多为对称式构图，以一正视神面为中心，瞪目龇牙，面部狰狞，两侧雕出动物或侧视神面。这批石雕可能与中国北方地区自红山文化以来形成的石雕传统有着密切联系，其图案题材、表现手法及刻制技艺等可能在一定程度上影响了后石家河文化玉器和二里头遗址出土的绿松石组成的“龙”和“虎”形象。

四、结语

近年来皇城台的一系列重要发现，显示其作为遗址的核心区域，已经具备了早期“宫城”的性质，这种层层设防、众星拱月般的结构奠定了中国古代以宫城为核心的都城布局。皇城台不仅生活着高等级贵族，那些掌握核心生产技术的手工业者也被安置在这一区域，这是三代之前早期手工业生产的普遍现象。其中数量明显超过石峁城址人群生活需要的骨针类日用品，可能承担了石峁上层从周边区域获取其他生产生活资源的交换物的功能。从这个意义上来说，处于大河套地区社会金字塔顶端的石峁古城，不仅仅是区域政治中心和宗教中心，更是一处维系周边层级化中小聚落的经济中心。

由于遗址处于游牧文明与农耕文明的交错地带，其发展高度、复杂程度以及建筑技术，已经超出了我们之前对公元前两千纪前后中国早期文明发展程度的判断，一些文化因素还表明自新石器时代晚期以来中国北方地区与欧亚草原方向存在双向、多重、频繁的技术交流和文化互动。

■撰稿：孙周勇、邵晶、邸楠、邵安定、夏楠、康宁武、刘海利

陕西省府谷县寨山遗址

工作单位：陕西省考古研究院、榆林市文物保护研究所、府谷县文管办

一、工作缘起

寨山遗址位于陕西省榆林市府谷县田家寨镇王沙峁行政村寨山自然村，地处黄河一级支流石马川中游南岸，遗址东距黄河25千米，西南距石峁遗址约60千米。遗址地貌以黄土梁峁为主，黄土堆积丰厚，地表沟壑纵横。

寨山遗址首次发现于第三次全国文物普查期间。2015年，陕西省考古研究院调查认定寨山遗址存在一座面积约60万平方米的石峁文化石城聚落，遗址内还分布较多仰韶文化晚期遗存。2016年，陕西省考古研究院对寨山遗址进行了试掘，在遗址南部揭露了部分石砌墙体，初步了解了寨山石城的年代、结构、砌筑方式等。在试掘城内北部庙墕地点时发现一处石峁文化居址，并且发现一座较大的竖穴土坑墓，壁龛内出土了一组完整的陶器组合，为找寻寨山遗址石峁文化墓地提供了重要线索。2019年底，在庙墕地点再次确认了石峁文化墓地的存在。

有鉴于寨山遗址与石峁遗址在文化内涵上的紧密关系，为探讨石峁文化聚落结构、社会层级等问题，2020年，寨山遗址考古被列入“考古中国”之“河套地区聚落与社会研究”项目陕西片区的主要工作内容，并在庙墕地点西南坡开展系统考古工作。发掘结果显示，庙墕地点早在仰韶文化晚期就有人类活动，在石峁文化中期时成为一处较为重要的居址，居址废弃后作为一处大型墓地使用。

二、遗迹概况

本年度发掘区选择在庙墕地点西南坡，发掘区文化层因修筑梯田、水土流失等原因被严重破坏，耕土层下即见遗迹。共清理仰韶文化晚期房址1座、灰坑3座，石峁文化墓葬24座、房址2座、灰坑32座、灰沟2条。

仰韶文化晚期房址被两座灰坑打破，仅存部分活动面，未出土遗物。残存房址平面呈圆角长方形，半地穴式，地面为火烤硬面，居室中部有一座圆形地面式灶址。灰坑共发现3座，平面均为不规则形，出土少量陶器、石器、骨器等标本。

石峁文化居址遗存较为丰富。2座房址均为半地穴式白灰面房址，平面形状一为“凸”字形、一为圆形，居住面与墙壁加工考究，涂抹洁白光滑的白灰面，室内有圆形灶址，门道均朝向西南，可能与采光或避风有关。灰坑共发现32座，平面形状有圆形、椭圆形、圆角长方形、不规则形等，其中2019H4面积最大，出土遗物最丰富，

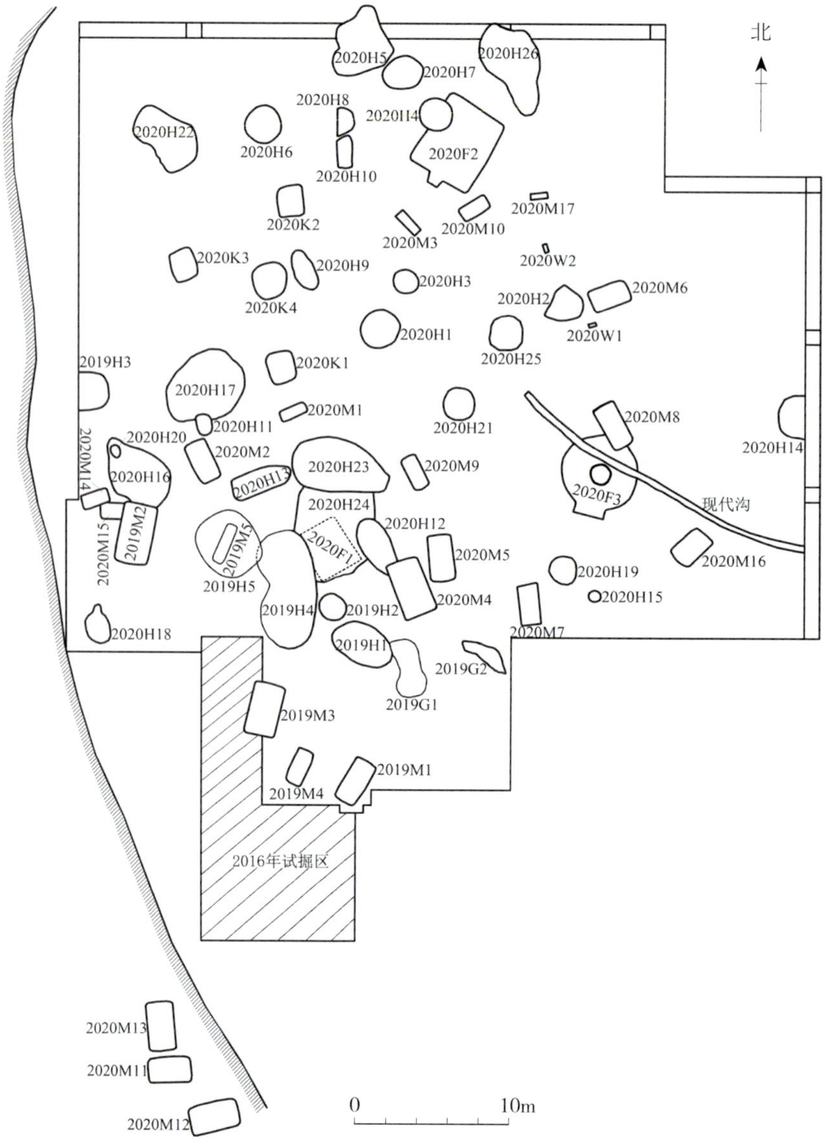

庙墕地点西南坡遗迹分布图

石峁文化房址 2020F2

石峁文化灰坑 2019H2"灰坑埋人"现象

器类最为典型。另外，2座石峁文化灰坑中存在“灰坑埋人”现象，可能与墓地葬仪有关。

此次发掘最大的收获是庙墕地点石峁文化大型墓地的发现和揭露。这处墓地共清理了石峁文化墓葬24座，其中竖穴土坑墓21座、瓮棺葬2座、石棺葬1座。21座竖穴土坑墓根据葬具、壁龛、殉人情况可明确分为四类：

一类墓有木棺、有壁龛、有殉人，共3座，2019M2、2019M3、2020M4属于此类。墓主均为男性，仰身直肢葬，葬于长方形木棺内。木棺均已腐朽，残留板灰痕迹。墓主身上一般随葬5件玉器，多为小块残玉或改制玉器，器类有玉琮、

一类墓 2019M2

一类墓 2019M3 壁龛

一类墓 2019M2 墓主身上出土玉器

一类墓 2020M4 壁龛

一类墓 2019M2 墓主身下出土玉器

一类墓 2020M4 殉人身上的劈砍痕迹

玉柄形器、玉锛等。墓主左侧棺外均有一殉人，经鉴定为年轻女性，侧身面向墓主，身上遗留砍斫或绑缚痕迹，殉人身上无随葬品。墓主与殉人身上均涂朱砂，身下铺垫有机质铺垫物。壁龛均位于墓主右侧墓壁上，呈馒头形。龛内一般随葬5～6件带石盖陶器，石盖均为砂岩打制而成，陶器组合较为稳定，常见喇叭口瓶、斝、深腹盆、小罐或壶，另外龛内还随葬1件或1组细石刃。此类墓葬规模最大，出土随葬品最多，面积约10平方米。

二类墓有木棺、有壁龛、无殉人，共4座，2020M8、2020M11、2020M12、2020M13属于此类。均为单人仰身直肢葬，墓主葬于木棺内，部分墓主身上残留有纺织物痕迹。壁龛均位于墓主左侧墓壁上，龛内均放置猪下颌骨，有垂直放置或平放两种形式，多者10件，少者1件，数量不等，经鉴定为家猪。无其他随葬品。

三类墓有木棺、无壁龛、无殉人，共7座，2019M1、2019M4、2020M5、2020M7、2020M14、2020M15、2020M16属于此类。均为单人葬，墓主均仰身直肢。此类墓葬规模较小，随葬品稀少，仅2019M4出土1件玉刀。

四类墓无木棺、无壁龛、无殉人，共7座，2019M5、2020M1、2020M2、2020M3、2020M6、2020M9、2020M10属于此类。均为单人葬，葬式有仰身直肢和侧身屈肢两类，以仰身直肢葬为主，侧身屈肢葬仅1座，部分墓主尸骨可能经过包裹后再下葬。此类墓葬规

二类墓 2020M12

二类墓 2020M12 壁龛

三类墓 2019M4

四类墓 2020M1

瓮棺葬 2020W1

石棺葬 2020M17

模最小，多无随葬品，仅 2019M5 出土 1 件玉锛。

瓮棺葬发现 2 座，墓坑均为圆角长方形，坑内横向放置两件套扣在一起的陶器，有鼓腹罐与折肩罐套扣在一起、两件折肩罐口对口套扣在一起两种形式。瓮棺内埋葬婴幼儿，骨殖腐朽严重，性别难辨，均无随葬品。石棺葬仅发现 1 座，墓坑为长方形竖穴土坑，内置石棺，由顶板、侧板、墓主脚下垫板组合而成。材质为砂岩，部分有人为加工痕迹。墓主仰身直肢葬于石棺内，为一女童，无随葬品。

三、出土遗物

仰韶文化晚期遗迹较少，出土遗物不多，主要为陶器、石器、骨器。陶器以灰陶为主，红陶极少，有少量彩陶和彩绘陶。陶器纹饰以篮纹为主，还有绳纹、网格纹等，器形主要有尖底瓶、鼓腹罐、宽沿盆器盖等。石器有石斧、石凿、石纺轮，骨器有骨锥、骨匕。

石峁文化居址出土器物丰富，尤以 2019H4 出土的器物组合最为完整，且多完整器。陶器有双鋬鬲、斝、甗、盉、三足瓮、大口尊、甑、器盖、圈足盘、盆、钵等，陶色以灰陶占绝大多数，仅见少量褐陶、黑陶等，纹饰以绳纹、篮纹为主，有少量附加堆纹、弦纹、戳刺纹等。石器有石刀、石斧、石杵、石镞等。骨器以卜骨、骨锥为主，还有骨管、骨匕、骨凿等。

墓地出土遗物主要为玉器、陶器、石器三类。玉器共出土 12 件，其中一类墓 2019M2、

陶尖底瓶
（2020H5：1，仰韶文化晚期）

双鋬陶鬲
（2019H4①：63，石峁文化）

陶斝
（2019H4①：66，石峁文化）

陶大口尊
（2019H4①：73，石峁文化）

卜骨
（2019H4①：1，石峁文化）

2020M4 墓主身上各出土 5 件，三类墓 2019M4 出土 1 件，四类墓 2019M5 出土 1 件。器形有玉琮改制而成的穿孔牌饰、玉柄形器改制而成的玉饰、玉刀、玉锛、玉锥形器等，器较小，且多改制玉器或小块残玉。陶器共出土 14 件，除 2 座瓮棺葬出土 4 件陶器外，其余 10 件陶器和石器均出土于一类墓的壁龛内。壁龛内的陶器口部均盖有石器盖，陶器内经初步鉴定储存有小米等粮食。陶器均无使用痕迹，烧成温度较低，部分陶器上涂抹有红彩，推测为明器。陶器组合稳定，常见组合为 1 件喇叭口瓶、1 件斝、1 件深腹盆、2 件小罐或壶。另外壁龛内还随葬 1 件或 1 组细石刃，当为木柄石刃刀上的石刃，木柄可能已腐朽。

四、结语

府谷寨山遗址出土的仰韶文化晚期尖底瓶、鼓腹罐、器盖等陶器在文化面貌与器物特征上属于海生不浪文化的范畴。此类遗存在榆林地区的靖边五庄果墚、庙梁、横山杨界沙等遗址有大量出土。寨山遗址出土的仰韶文化晚期遗存数量虽少，但器类较为丰富、特征典型，是研究陕北地区仰韶文化晚期遗存的一批重要资料。

一类墓 2019M3 壁龛出土器物组合

1、3. 小陶罐（2019M3：2、3） 2. 双耳陶盆（2019M3：5） 4. 细石刃（2019M3：1） 5. 陶斝（2019M3：4） 6. 喇叭口陶瓶（2019M3：6）

此次发掘的石峁文化灰坑形态多样，出土遗物丰富，以 2019H4 出土器物最多、器类最为典型。2019H4 出土的双鋬鬲、三足瓮、大口尊、盉、斝等是石峁文化的典型器类。相对年代与寨峁二期、新华早期、碧村 H24 等遗存年代相当，属于石峁文化中期阶段。

寨山遗址庙墕墓地是首次全面完整揭露的石峁文化大型墓地，也是河套地区首次发掘的等级区分明显的龙山时代墓地。通过墓地与居址的打破关系，可以确定庙墕墓地不早于石峁文化中期。这批墓葬保存较好、葬式葬俗清晰、器物组合典型，并且四类竖穴土坑墓规模由大到小、数量由少到多、随葬品数量由丰到俭，体现出明显的等级之分，应当分别代表四类不同身份等级的人群，反映了明显的阶级分化与社会复杂化现象，为研究石峁文化社会结构、复杂化进程、聚落层级等问题提供了重要的材料。

■ 撰稿：邵晶、裴学松、乔建军、王明清

内蒙古清水河县
后城咀石城

工作单位：内蒙古自治区文物考古研究所

一、工作缘起

后城咀石城址位于内蒙古自治区呼和浩特市清水河县宏河镇后城咀村，地处黄土高原东北浑河北岸的坡地上，面积约 138 万平方米。石城址的主体文化堆积应属永兴店文化，兼有阿善三期文化和老虎山文化因素。

内蒙古自治区文物考古研究所从 1990 年起对该石城址进行过数次发掘和测绘工作，2010 年对其开展无人机航测工作，通过高清影像图、3D 模拟图等，除明确石城整体布局外，首次辨明城门的瓮城性质及防御体系的复杂性，确定石城应是以永兴店文化为主，阿善三期文化、朱开沟文化为辅的文化构成属性。“十三五”期间，在“考古中国”之“河套地区史前聚落与社会研究”项目的支持下，内蒙古自治区文物考古研究所在 2019 ~ 2021 年连续对后城咀石城瓮城进行了考

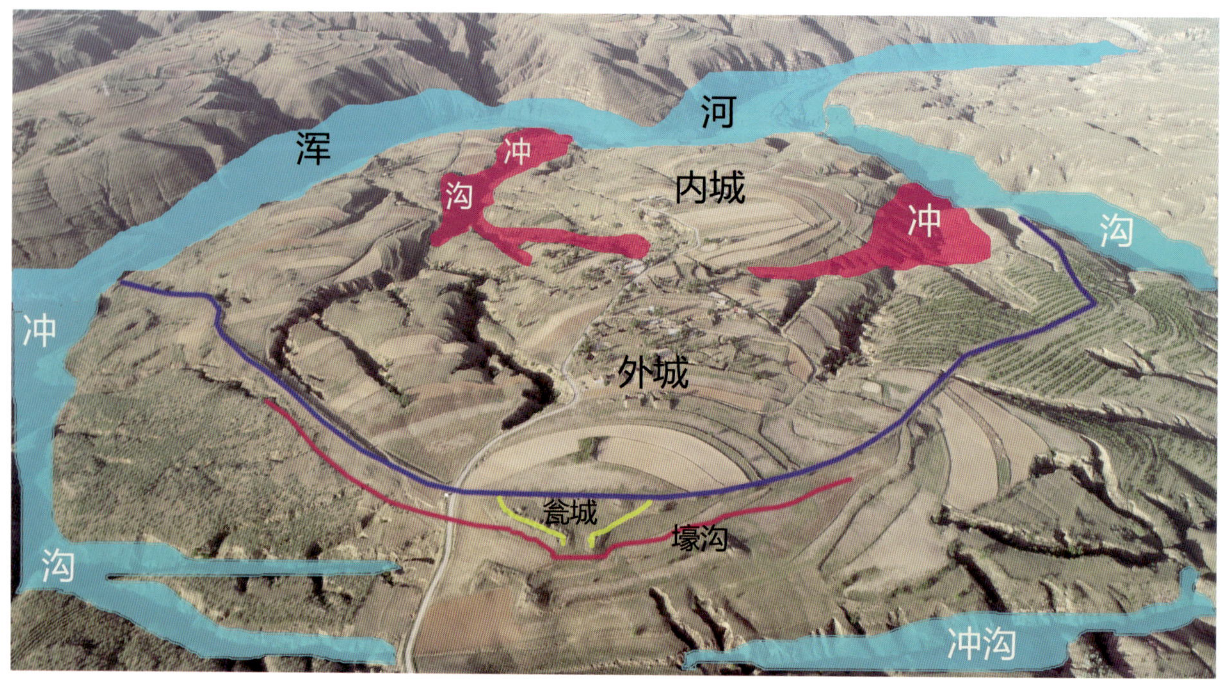

后城咀石城空间布局

古发掘，基本厘清了壕沟、瓮城及城门的结构布局，掌握了石城城垣分布、空间结构、附属设施等考古学信息，确认了后城咀石城是目前内蒙古中南部地区发现的等级最高、规模最大的龙山时代石城址。

二、石城概况

后城咀石城由壕沟、瓮城、外城、内城构成，东西长约1200、南北宽约1150米，面积约138万平方米。目前主要发掘瓮城区域，累计揭露面积4000平方米，发现城垣、城门、马面、墩台、

外城城门

外城城门

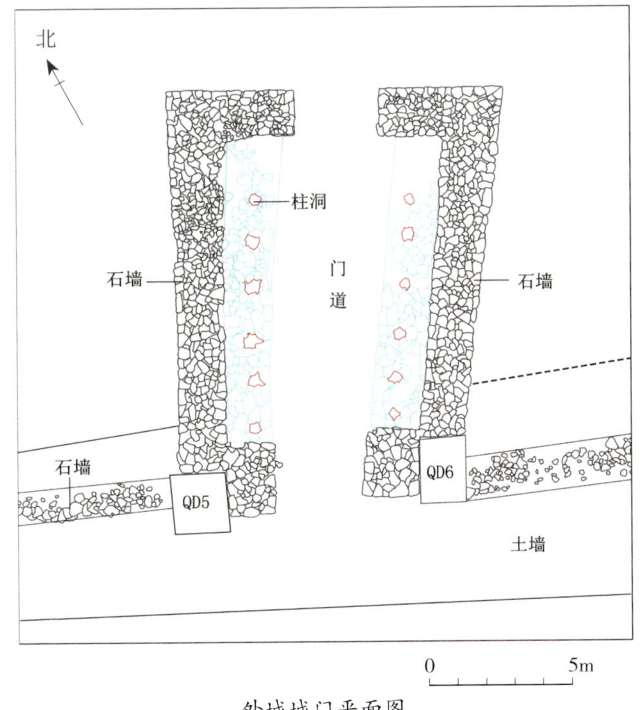

外城城门平面图

城门地面

炭化木柱残迹

外城残存石墙

台基、壕沟等遗迹10余处，出土玉刀、玉铲、玉环、玉璧、陶鬲、陶瓮等重要文物10余件。

壕沟位于整个坡地的最北部，围绕城垣、瓮城修建，呈半环形，长约600米，宽3～5米，深3～5米。瓮城位于石城西北，由石墙、台基、墩台、马面等构成，整体呈半月形，面积约1万平方米，北临壕沟，东侧建有石墙且与主城垣相接，西侧未存有石墙痕迹，可能以壕沟为屏障。瓮城中部存有一宽约13米的通道，通道两侧各分立一石构阙式墩台，其中东侧墩台面积较大，

2号马面

西侧墩台较小，且东侧墩台北部存有两个面积较小的石构台基，与东侧墩台呈“品”字形分布。东侧墩台石墙与瓮城石墙相接处存有一豁口，宽约1.2米，可能为瓮城早期的城门所在。

城垣围绕整个坡地，南侧与浑河相接，大体呈“∩”形分布。墙体由两侧的土墙和中间的石墙构成，长约5000米，宽1～3米。在城垣的偏西北侧和东侧各存有一缺口，且缺口附近还建有马面或台基，可能为石城的东门与西门。外城位于内城北侧，面积较大，保存较差，东南侧与东门相接处附近散落着大量的石块，且有石构墙体暴露于地表，可能为石构房址或马面。内城位于石城南部，与外城相比面积偏小，南侧与浑河相邻，东西两侧为自然冲沟，仅西北侧与外城相接，是一个较为独立的圆形台地。内城于1990年和2005年进行过考古发掘，存有护坡墙、房址、灰坑等遗迹，可能是后城咀石城的中心。

后城咀石城发现了较多的石构建筑，有城门、城垣、墩台、台基等，个体都较大，墙体垒砌齐整，建造所用的石块多为较硬的板岩。

1号城门（CM1），位于瓮城南部，和主城墙（Q1）相连。与东部的1号马面（MM1）相距约16米，与西部的2号马面（MM2）相距约18米。城门平面形状呈长方形，南北长约15米，东西宽9～11米。城门外侧整体由石墙围筑而成，长约14米，宽1.5～1.9米，现存高度约0.3米。石墙所选石块较为规整，为大块页岩层层错缝垒筑而成，石块间以黄土填充，两侧立面平直齐整；石墙中间留有进城通道；东、西两侧石墙的南部拐角处为两个土质墙垛（QD6、

瓮城内出土玉刀

玉刀正面

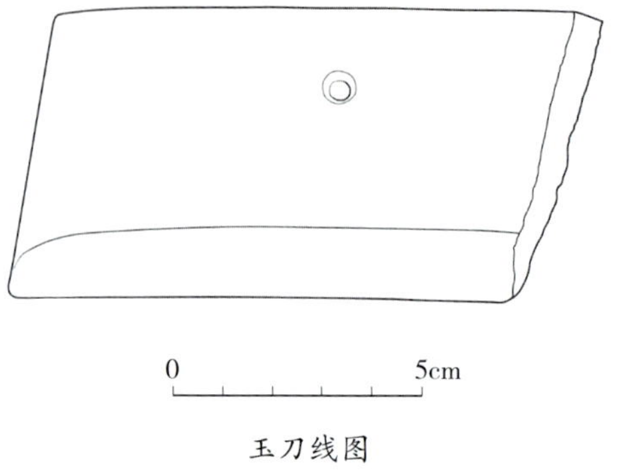

玉刀线图

笔直宽阔，长约 16 米，宽 2.7 ～ 3.6 米；门道内踩踏面保存完好，踩踏面数层，每层厚 1 ～ 5 厘米，可能为数次修缮铺垫的结果，与土质墙体立面情况一致，被火烧后呈青灰色或砖红色，并且局部可见踩踏面与墙立面相连接。因后期烧毁故地面及土质墙体上存有大量炭化木柱，木柱个体明显、纹理清晰，其宽度、长度以及木柱间相互交叉叠压的细节清晰可见，个别木柱外部炭化，内芯还保存完好。从木柱分布及叠压等情况可推断，城门顶部应有木质建筑，因烧毁坍塌跌落地面。同时发掘过程中出土大量红烧土块、草拌泥土块及带纹饰烧土块，可能为城门上部建筑坍塌后，木质建筑附属物跌落地面形成的碎土块，个别土块的面为弧线形贴合面，可能为木柱外所贴泥块。

2 号马面（MM2），位于瓮城的西侧，和东部的 1 号马面（MM1）及 1 号城门（CM1）基本处于同一水平线，均依靠主城墙而建，东部邻接 1 号城门，与其相距约 18 米。方向 30°。2 号马面凸出于东西向延伸的城垣，与主城墙垂直分布，平面形状大致呈长方形，南北长约 9 米，东西宽 6 ～ 7 米。马面三面包砌石墙，东、西两侧石墙与主城墙墙体直接相接，墙体宽 1.3 ～ 1.6 米，残高 1.3 ～ 2 米。建造所选用的石块较为规整，多以大块页岩层层错缝垒筑而成，石块之间以黄土填充，立面较为平直齐整。石墙间没有接口，三面石墙应为一体建造。马面为空心，底部为一层黄花土硬面，其上残存大量木炭，个别保存较好，年轮、枝节纹理清晰。从木炭分布及叠压等情况推断，城门顶部应有木质建筑。

QD5），墙垛长 1.7 米，宽 1.5 米，东、西侧分别接于主城墙和城门石墙。紧贴石墙内侧为高约 0.5、宽约 1.6 米的土质墙体。土质墙体保存较好，上部平铺大石块，两侧土质墙体上各 6 个柱洞，纵向排列，间隔皆 1 米左右，柱洞内还存有炭化立柱残迹，大多可见年轮纹理；土质墙体平面及立面皆涂抹草拌泥，经火烧形成似烧结面的墙壁，颜色呈青灰色或砖红色。两土质墙体中部为直线型门道，整体呈长方形，

三、出土遗物

后城咀石城出土了少量的玉器、陶器、石器、骨器等。玉器发现数量偏少，出土地点较为分散，

玉质较细腻，通体磨制光滑，多为岫岩玉。出土陶器完整器较少，以陶片居多，可辨器类有鬲、瓮、斝、盉、罐等，以夹砂灰陶为大宗，泥质灰陶为小宗，见有少量的磨光黑陶。纹饰以篮纹为主，绳纹次之，还有少量的附加堆纹。石器与骨器出土数量最少，多为磨制，器形较为规整。

瓮城内出土一件玉刀。玉质较细腻，通体磨制光滑。一侧残断，残存部分平面形状略呈长方形。上端平直，中部偏上存一双面钻孔，完好一侧磨制圆润，下端平直刃，刃部经双面磨制，正锋，较锋利。残长 12、宽 5.9、厚 0.6 厘米，孔径 0.4 ～ 0.7 厘米。

四、结语

后城咀石城址的考古发掘，明确了该石城瓮城是中国北方地区已知年代最早的具备完整防御体系的瓮城遗迹。瓮城内出土的玉刀、玉铲和饰以几何纹的敛口瓮、斝足、夹砂鬲等器物，具有老虎山文化、阿善三期文化、永兴店文化及齐家文化的特征，对研究内蒙古中南部地区史前考古学文化谱系，阐释老虎山文化、永兴店文化、阿善三期文化以及齐家文化等地域文化类型之间的关系有着极为重要的学术价值。

经过比对研究发现，后城咀石城瓮城通道两侧分立的阙式墩台、瓮城早期城门、直线型的主城门与二里岗文化河南郑州望京楼城址、河南偃师商城西门遗址、辽宁北票康家屯遗址以及山西陶寺遗址、陕西石峁遗址都有相似之处，这对于探索早期城址建筑特征、规划布局，印证河套地区龙山时代与中原夏商时期考古学文化之间的交流关系，探讨河套地区龙山时代石砌石城传播路径，明晰早期城防体系中的规制建筑以及中华文化多元一体格局都具有极为重要的价值。

■ 撰稿：曹建恩、孙金松、党郁、李亚新

海岱地区文明化进程研究项目

黄淮下游的海岱地区是东夷部族的活动区域，在史前和商周时期创造了极富特色的文化和传统，是中华文明特质的重要贡献者。海岱地区考古学研究对于解答中华文明起源以及早期发展具有重要意义。海岱地区已经建立起比较完善的考古学文化框架，通过比较研究，也基本搞清楚了其与周边文化区之间的关系，为海岱地区与以中原文化区为代表的华夏文明体系之间的互动共融，以及对中华文明的独特贡献的研究奠定了基础。特别是近些年来，新的考古发现为佐证海岱地区在以中原为基础的中华文明起源过程所做的独特贡献，提供了新的视角和线索。

“海岱地区文明化进程研究”项目 2020 年 5 月获国家文物局批准纳入“考古中国”重大研究项目中。本项目计划通过五年（2021 ~ 2025 年）的时间，初步揭示海岱地区公元前 3300 年至公元前 1400 年之间社会的复杂化并最终步入文明阶段也即国家阶段的过程与特点，揭示海岱地区在以中原为基础和核心文化的中华文明起源过程中的重要地位与独特贡献。

项目工作主要集中在章丘焦家、滕州岗上、新沂花厅、固镇垓下、日照尧王城、临淄桐林、滕州庄里西、滕州西孟庄、阳谷景阳岗、章丘城子崖、茌平教场铺等遗址，工作内容包括考古调查、勘探、发掘、测绘、整理与研究多方面。

目前，早年发掘的重点遗址资料整理工作正有序进行中，其中滕州西孟庄、广饶傅家报告整理已基本完成，其他项目也在积极推进中。在新遗址发掘方面，滕州岗上、章丘焦家、固镇垓下遗址发掘工作均已启动并取得初步收获。其中，章丘焦家通过调查、勘探和连续几个年度的发掘，已对城址范围、城墙结构、城内居址区及墓葬区的叠替分布有了一定的了解，这对于分析聚落布局及变迁具有重要意义。滕州岗上遗址在全面勘探的基础上首先对城址南侧一处墓地进行了试探性发掘，获得了一批重要的墓葬材料，一些新的发现在大汶口文化阶段尚属首次，这对于认识距今 5000 年前后海岱地区东夷部族社会结构及发展程度具有重要参考价值。固镇垓下遗址的发掘工作也已重启，工作重心仍然落在城墙本体及城内居址区上，相信随着考古工作的持续推进，也将有新的重要收获。三处遗址分处鲁北、鲁南及皖北，时代大致相同，均发现大汶口文化城址，不同区域间的对比研究格外重要，这对于了解海岱地区区域社会发展状况，认识、研究早期城市及国家起源意义非同寻常。

■ 撰稿：朱超

山东省滕州市
岗上遗址

工作单位：山东省文物考古研究院

一、工作缘起

岗上遗址位于山东省滕州市东沙河街道陈岗村东部漷河两岸。2018 ~ 2019 年山东省文物考古研究院对该遗址进行了系统勘探，探明遗址总面积约 80 万平方米，时代以大汶口文化中晚期为主。同时于遗址北部偏西位置发现大汶口文化晚期城址，城址面积约 40 万平方米，这是海岱地区目前已知面积最大的大汶口文化城址。岗上遗址作为大汶口文化阶段重点遗址之一，代表着海岱地区大汶口文化发展的最高水平，是开展聚落考古、研究海岱地区文明起源和区域社会发展的理想遗址。2020 年，被纳入“考古中国”之“海岱地区文明化进程研究”项目。2020 年 9 月至 2021 年 1 月，山东省文物考古研究院对遗址南部高岗上新发现的一处墓地进行了全面发掘，发掘获得的资料对于分析当时社会发展状况及结构差异具有非常重要的作用。

二、墓地概况

墓地位于遗址南部一处当地俗称为“宝营”的高岗地最高处，共发现墓葬 17 座，其中大汶口文化墓葬 16 座，除 1 座为二次葬外，其余皆为一次葬。一次葬中，四人合葬墓 1 座，其余均为单人葬。由于高岗早年土地平整，现存墓葬均开口于表土层下，残深不超过 0.8 米，最浅的仅几厘米。墓地性质单纯，少有同时期其他遗迹。墓葬整体特征如下：（1）空间布局上，虽发现墓葬不多，但分布集中，有明显成列排布规律，每列墓葬数量不等，个别墓葬间存在打破关系。（2）墓葬结构相同，均为东西向竖穴土坑墓，头向东，墓向多在 90° ~ 100° 之间。多数墓葬带有生土或熟土二层台，多数使用木质葬具，一些木棺带有头箱、脚箱或边箱，椁不甚流行。（3）墓葬规模差异大，主要表现在墓葬体量、葬具结构及随葬品等方面，可划分为大、中、小型三类。（4）根据随葬品类型及特征判断，墓葬年代相近，墓地延续时间不长，主要集中在大汶口文化晚期早段。

高等级大型墓是此次发掘最为重要的收获。M1 是墓地内发现的唯一一座多人合葬墓，也是规模最大的一座，合葬 4 人。墓圹平面近方形，墓向 90°，长 3.3、宽 3.2 米，残深 0.8 米。墓坑四周有熟土二层台，应为放入葬具后夯打四周回填土形成。葬具由木质三联棺、头箱、边箱组合成一个整体，上覆大盖板。北侧两棺各葬 1 人，南侧一棺葬有 2 人，各棺的东侧对应头箱，边箱位于三联棺南侧。棺内人骨保存较好，头向东，均为仰身直肢葬。随葬品数量多，以陶器和玉器

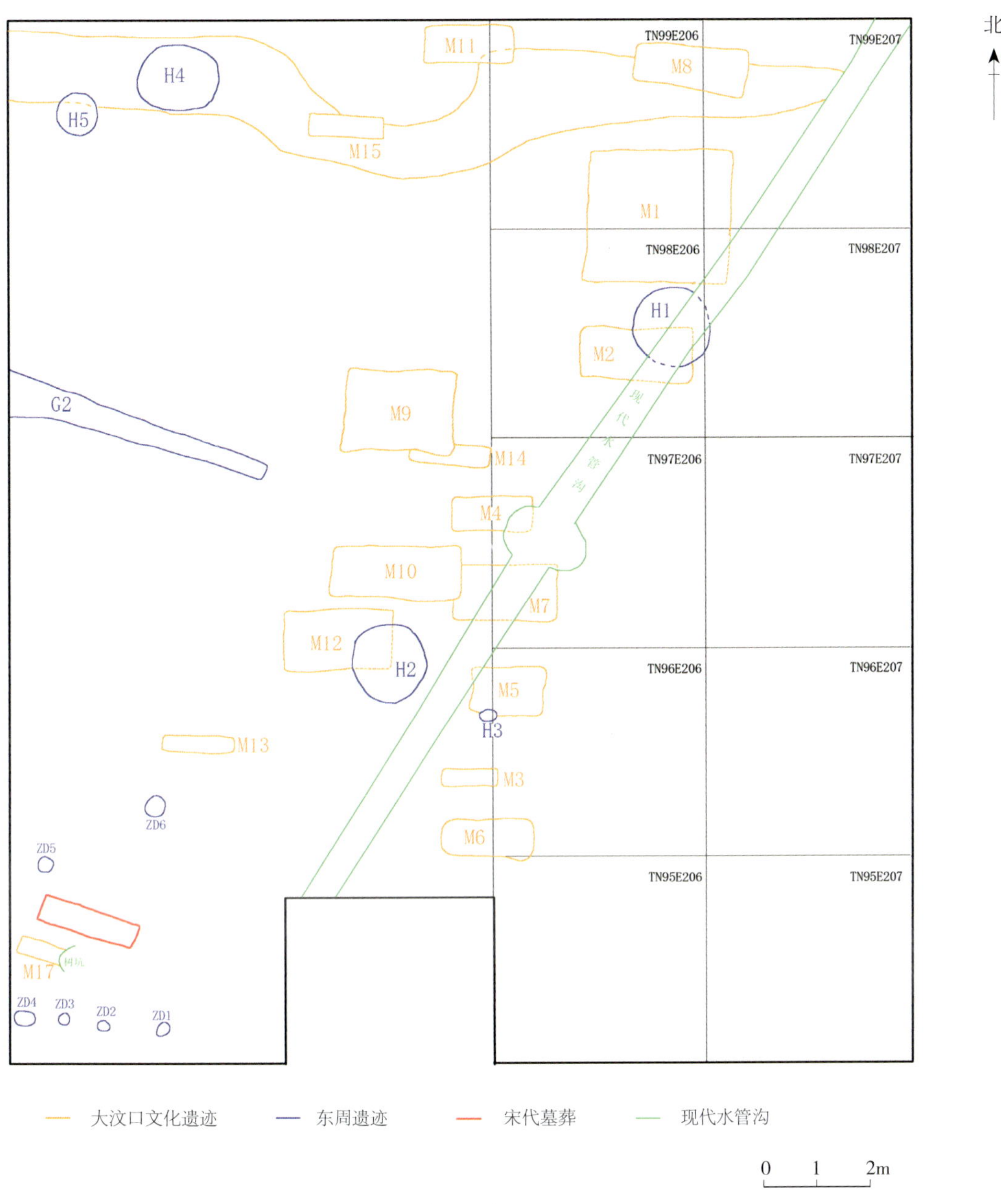

遗迹分布图

为主，出土各类器物 300 余件。陶器主要放置于器物箱内及东侧二层台上，器物箱内部分陶器绘有红彩，二层台陶器多呈斜坡状堆放，推测为回填过程中有意放入。玉器集中发现于棺内人骨腹部以上位置，以玉钺和玉锥形器为主。经鉴定，4 具人骨除最南侧一具为儿童无法判断性别外，其余均为成年男性，年龄为 20 ~ 30 岁。4 人均随葬玉钺，由北至南，随葬玉钺从类型、数量、材质、尺寸上显示出明显的渐变特征，体现出 4 人身份等级的差异。

M9 为一座女性大型墓葬，位于 M1 西南方向，规模仅次于 M1。墓圹呈东西向长方形，墓向 96° ，长 2.6、宽 2 米，残深 0.56 米。墓坑四周有熟土二层台。一棺，盖板部分残留有红彩。

大型合葬墓 M1

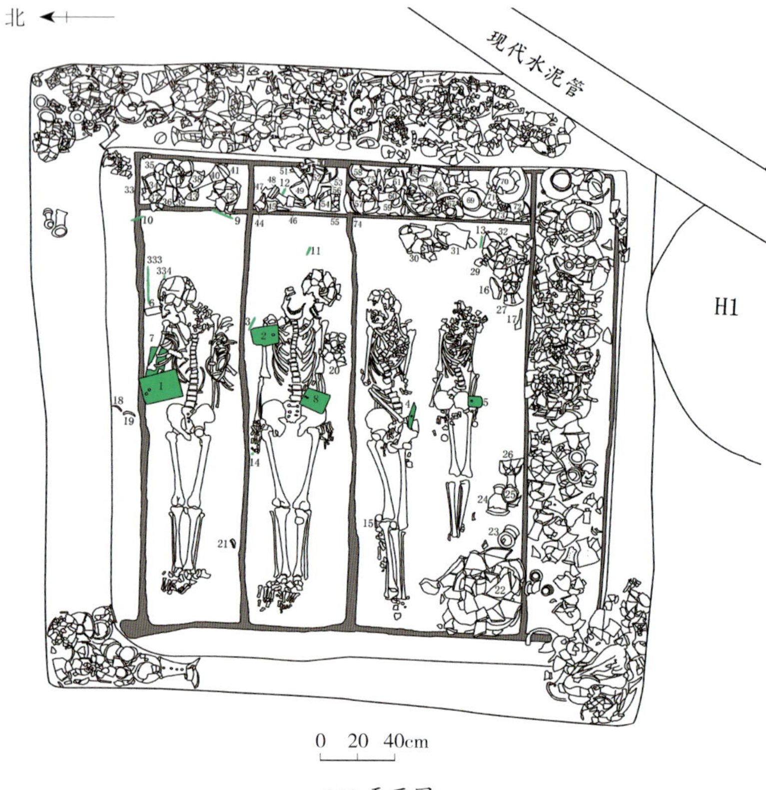

M1 平面图

人骨放置于棺内北侧，仰身直肢葬。棺内南侧则堆置大量陶器，器物普遍较小，以杯、壶、豆等宴饮器为主，部分器物绘有红彩。较大的器物如大口缸、鼎、折肩高领罐多放置于二层台上。另外，二层台西南角随葬大量猪蹄和猪上颌骨作为财富的象征，猪蹄、猪头作为随葬品也是大墓的共有现象。

除此之外，一些墓葬还发现了棺下放置垫木的现象。垫木通常分别放置于棺的两头及中部，垫木下挖有沟槽。这也是目前海岱地区发现的时代最早的此类葬具结构。

小型墓多无棺和随葬品，但部分人骨的头顶、双臂外侧、脚底部位竖向插大陶片作为象征性陶棺，这也是小型墓的一个特色。

三、出土遗物

初步统计，墓地出土各类器物 1000 余件，以陶器和玉器为主。陶器多为明器，器体偏小，以杯、壶、豆、小鼎为大宗，多轮制而成，制作相对规整，标准统一。高柄器数量最多，且同一器类往往整齐地放置在一起。泥质陶多于夹砂陶，又以灰陶为最，黑皮陶次之，红陶最少。除大口缸、夹砂鼎等极少量大型实用器饰粗篮纹外，其余多为素面，高柄杯柄部常采用镂孔装饰手法。

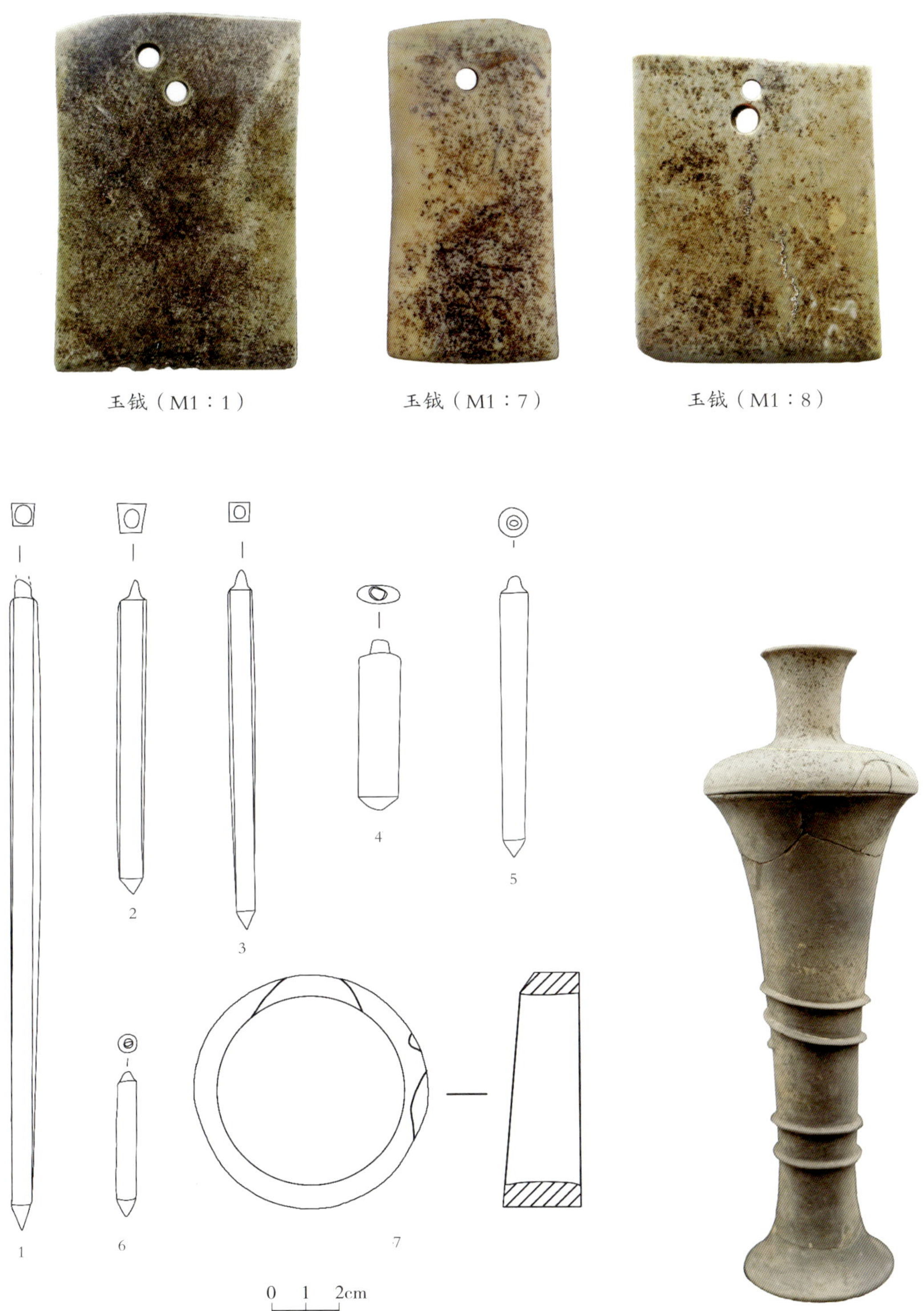

玉钺（M1：1）

玉钺（M1：7）

玉钺（M1：8）

墓葬出土玉器

1~6. 玉锥形器（M1：333、M7：2、M1：334、M7：3、M4：14、M12：2） 7. 玉镯（M2：2）

陶觚形杯（ M2：37 ）

中型墓葬 M2

小型墓葬 M6

M9 出土玉环

部分黑、灰陶器表绘有红彩纹饰，可能具有一定的特殊含义。值得注意的是，一类制作精良的喇叭口觚形杯和细高足小红陶鼎数量极少，仅发现于大型墓葬棺内或头箱内，可能作为礼器使用。

随葬陶器数量多是该墓地大型墓最为突出的特点，其中仅 M1、M2、M8、M9 四座墓葬出土陶器总数便超过 800 件，平均随葬陶器 200 件以上，与同墓地小型墓无随葬品的情况形成鲜明对比。

出土玉石器共计182件，其中绿松石饰品147件。可分为玉钺和饰品两大类，饰品包括环、镯、锥形器及绿松石等。大型男性墓均随葬玉钺，个别尺寸较大，有明显砍砸痕迹，而女性墓随葬丰富的玉饰品，其中又以绿松石发现最多。

四、结语

该墓地是鲁南地区继枣庄建新、滕州西公桥遗址之后又一处规模较大的大汶口文化墓地，获取了一批非常重要的墓葬材料。特别是高等级大墓的发现对于了解和分析该地区中心性聚落社会结构意义重大，也为后续城内居址区发掘提供了很好的对比材料。该墓地规模有限，但高等级墓葬排列有序，埋葬集中，随葬品中红彩陶、觚形杯等礼制陶器的发现，以及具有王权或军权象征的玉钺在男性墓葬中的普遍出土，表明了该墓地与一般氏族公共墓地存在明显的区别，可能为聚落社会结构中一类权力人群的专属墓地。

单人葬大墓 M9

大墓随葬品数量巨大，超过已知所有大汶口文化的大型墓葬，陶器明器化特征非常突出，与随葬实用性陶器墓葬可能仅是时代早晚的差异。明器化陶器规模生产恰恰反映了中心性聚落社会发展程度、生产力水平及制陶业的成熟，这一点也明显高于其他同时期次一级聚落。

木质葬具使用率较高，三联棺、头箱、脚箱及边箱等葬具结构均是海岱地区发现最早也是大汶口文化仅见的实例，显示出岗上遗址在鲁南地区的区域中心地位。大墓无椁与鲁北地区中心性聚落焦家遗址大墓棺椁俱全的特征形成显著差异，这为不同区域文明进程的对比研究提供了新的内容。

美国贝塔（BETA）实验室对M1、M12人骨进行了碳十四绝对年代测定，M1树轮校正年代为公元前2706年至公元前2570年（距今4655~4519年），M12树轮校正年代为公元前2708年至公元前2573年（距今4657~ 4522年），大致处于大汶口文化晚期早段。这个阶段社会发展开始加速，社会分化继续加强，区域社会已经初露端倪，是探讨海岱地区文明化进程的关键时段。结合不同区域中心性聚落的对比研究，海岱地区文明化发展的模式及脉络也会逐渐清晰起来。

■ 撰稿：朱超

长江中游地区文明进程研究

（新石器时代）项目

中华文明是在史前中国各区域文化不断交流、融合的基础上诞生的。长江中游文明是中华文明的重要组成部分，它既有自身独特的文化演进模式，同时又与中原及其他地区有着广泛的互动和交流，并最终完全汇入到中华文明发展的洪流之中。

“长江中游地区文明进程研究（新石器时代）”项目作为“考古中国”重大研究项目的有机组成部分，聚焦公元前 3700 年至公元前 2000 年的长江中游地区，从新石器时代油子岭文化时期长江中游地区的文化趋同，到屈家岭—石家河文化鼎盛阶段文明曙光的出现，再到石家河文化之后，本土史前文明衰落，整体参与、融入华夏化进程这一重大历史过程。其总体目标是要从区域的视角探索长江中游地区社会复杂化进程的路径与模式，以及它在史前中国文明化进程中的地位和作用；寻找中华文明形成过程中的机制与结构，并解释其动因；全面评估长江中游地区文明进程对于中华文明发展的历史贡献。

项目主要工作内容和任务是通过对长江中游地区一系列重要中心性城址与典型性遗址开展系统的田野考古和资料整理工作，对长江中游地区新石器时代文化发展谱系与文化变迁、城址与大型遗址内部结构、聚落间关系、史前经济技术、社会权力与意识形态，以及长江中游地区新石器时代文化与周边考古学文化的交流等方面进行研究。

2018 ~ 2020 年，项目先后实施了河南南阳黄山、湖北京山屈家岭、湖北荆门城河、湖北襄阳凤凰咀、湖南澧县鸡叫城和湖南华容七星墩等 6 处遗址的考古发掘与资料整理研究，同时也开展了湖北荆门龙王山、湖北公安走马岭和江西靖安老虎墩等遗址已有资料的整理与研究工作。

这些工作细化了长江中游地区新石器时代文化年代框架，丰富完善了长江中游地区新石器时代文化发展谱系。鸡叫城、城河、七星墩、凤凰咀等城址的发掘促进了对长江中游城址内部结构的研究。城河王家塝墓地丰富的屈家岭文化墓葬材料，黄山遗址史前玉石作坊遗存，鸡叫城遗址巨量的稻作遗存与木结构建筑，七星墩遗址独特的双重城、壕结构与水陆环境等，推动了长江中游地区史前经济技术、社会权力与意识形态综合研究方面的进展。黄山遗址和凤凰咀遗址揭示出一批体现长江中游与黄河流域文化交流的遗存，老虎墩遗址资料的整理则为长江中游两湖平原与其东部鄱阳湖西北岸考古学文化的比较研究提供了较为完整的时间对应表。

项目实施以来取得的一系列成果，从整体上推进了长江中游地区文明进程的研究，对深化中华文明研究，实证中华文明延绵不断、多元一体、兼收并蓄的发展脉络具有重大意义。

■ 撰稿：郭伟民、赵亚峰

湖北省沙洋县城河遗址王家塝墓地

工作单位：中国社会科学院考古研究所、湖北省文物考古研究所、荆门市博物馆、沙洋县文物管理所

城河遗址位于湖北省荆门市沙洋县后港镇双村村十三组、龙垱村三组，地处汉江西岸，长湖北岸，南距荆州古城约40千米，北距荆门市50千米，东北距沙洋县城20千米。城河及其支流分别从遗址的西、南及东侧流经，于遗址东南方汇合。遗址海拔高度43～53米，中心地理坐标为北纬30°35′18.86″、东经112°24′30.14″。

一、工作缘起

2012年11月，为探索长江中游地区史前城址，尤其是中等规模城址的聚落布局和社会结构，经国家文物局批准，中国社会科学院考古研究所、湖北省文物考古研究所、荆门市博物馆、沙洋县文物管理所组成联合考古队，对城河遗址进行了首次发掘。“十三五”期间，城河遗址的考古工

城河遗址鸟瞰图及王家塝墓地位置

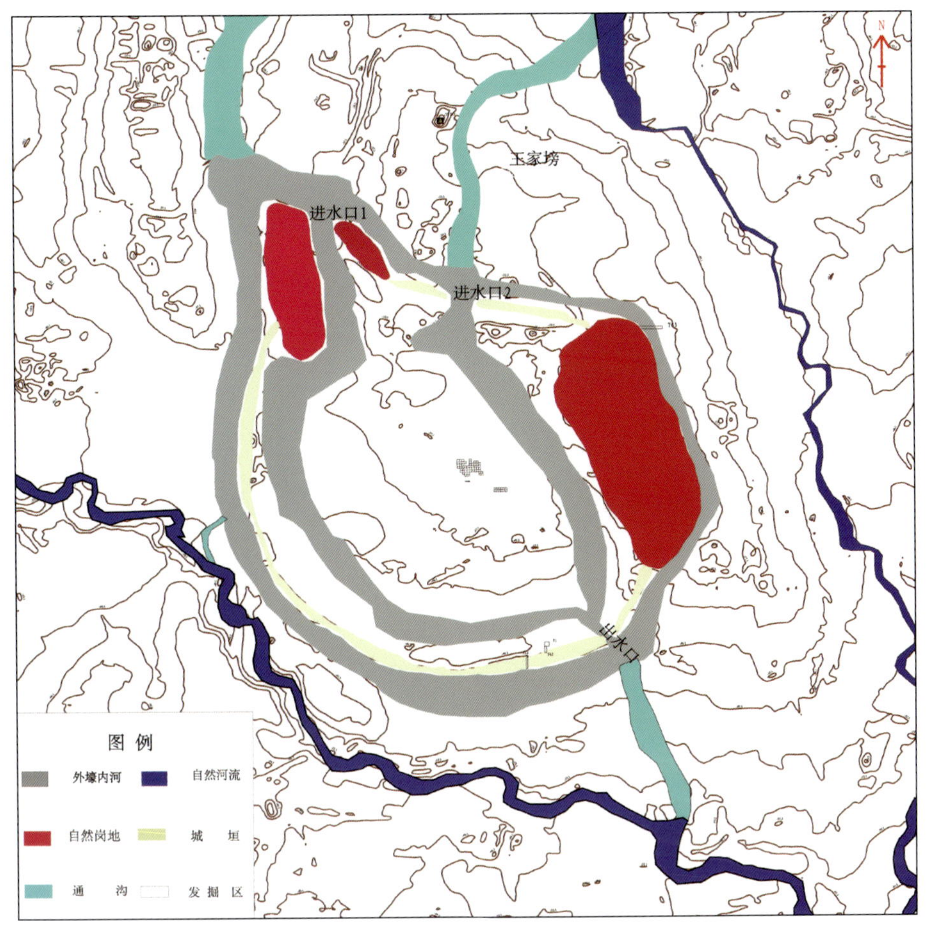

王家塝地点与城垣水系空间位置示意

作被列入“考古中国”之“长江中游地区文明进程研究”项目。

至 2017 年 12 月，共进行了 5 次发掘和系统勘探。先后确认了城垣的年代、结构和建筑方式，明确该遗址为屈家岭—石家河文化的重要城址；逐步探明城址内外的人工水系结构和功能布局；对城内一般性居址、陶器生产区、中心“广场”设施、大型院落式建筑及其附属设施，乃至与仪式性活动相关的特殊遗存等都进行了不同程度的探索与揭露；通过区域系统调查，对遗址周边的聚落形态也有了充分把握。

2018 年，联合考古队在北城垣外侧 200 米左右的王家塝地点进行全面发掘，发现屈家岭文化墓葬 200 余座、陶器坑 3 座。

发掘工作秉承多学科合作的思路，系统采集各类样品进行检测和分析，并通过浮选、筛选等方法收集了大量自然和文化遗物标本，为全面研究当时的葬仪、亲属关系和社会结构提供支持。同时，对所有墓葬的填土留存剖面，借此收集填土堆积的填埋过程和倒塌信息，多角度观察和分析葬具的结构以及埋藏变化过程，为理解和探讨墓葬的营建过程提供证据。

二、墓地概况

王家塝墓地位于城河遗址最北端的王家塝岗地，海拔 53 米，为该遗址地势最高处。墓地位于岗地北部，分布面积约5000平方米。墓地概况如下。

首先，墓圹和棺木形制清晰，并有引人注目的特征。绝大多数为竖穴土坑墓，但有少量墓一

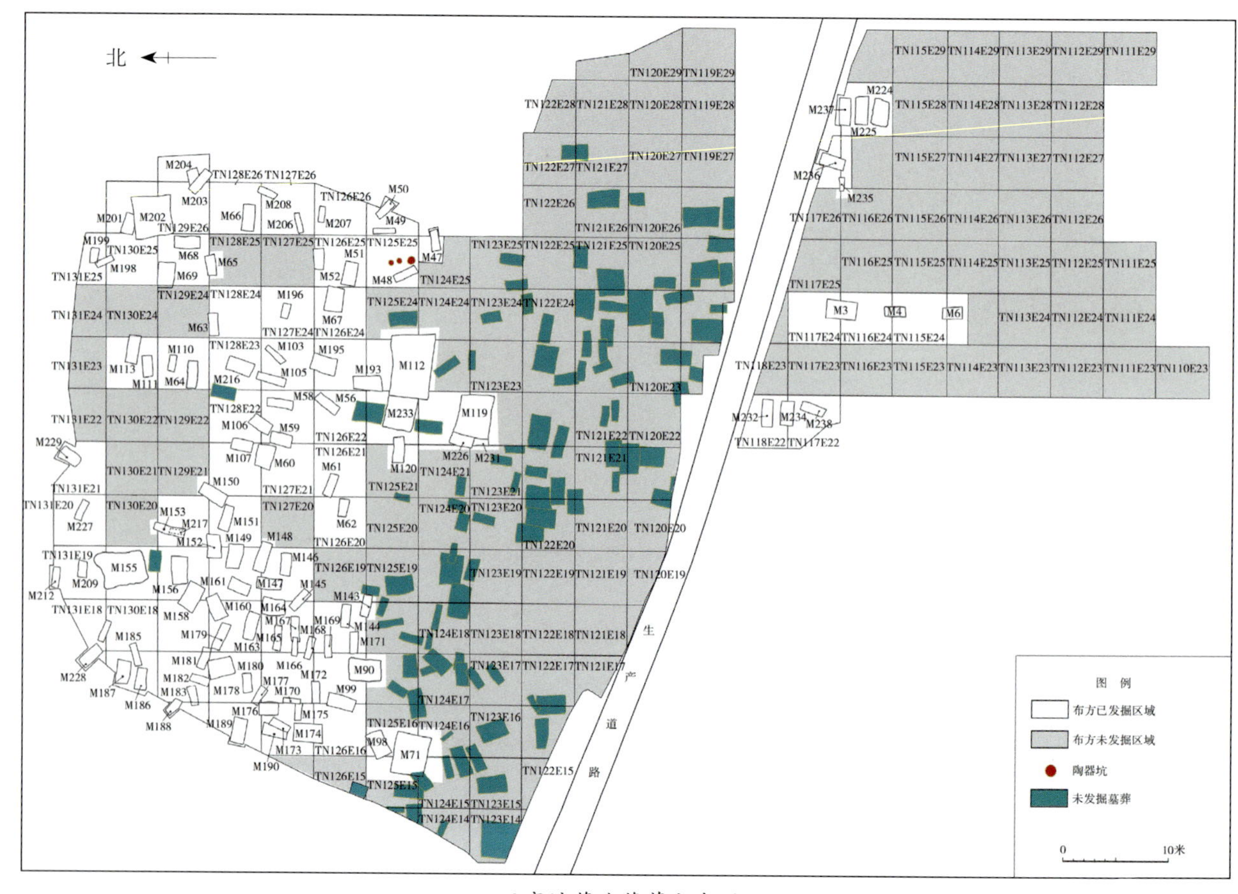

王家坳墓地墓葬分布图

侧略带“偏洞”，棺木一半被嵌偏洞中。超过70%的墓葬可见葬具痕迹，发现率和保存完整状况在长江中游史前墓地中非常少见。葬具包括以长方形边框状的板棺和由整木掏空的独木棺，独木棺占据绝对主体。这些独木棺体量大小不一，有的直径达1.5米，有的仅0.4米，并且结构较为复杂。独木棺两端的挡板，有的与底板浑然一体，有的可能与底板组合拼接而成，二者之间可见痕迹间隙。更为重要的是，保存较好的葬具痕迹为我们区分随葬品的空间分布，探究墓葬的堆积过程提供了关键的信息。此外，根据多个墓葬案例，确认存在同穴多“室”合葬墓。

其次，随葬品丰富。部分墓葬填土中发现罐、瓮、大口缸等陶器随葬。墓室内随葬品以陶器为主，个别墓葬有玉钺、石钺、象牙器、竹编器、漆器和疑似木器等，并见猪下颌骨遗存。陶器以泥质黑陶居多，灰陶和红陶次之，另有少量夹砂红陶；器形有豆、器盖、细颈壶、罐、鼎、杯、盂形器、壶形器、碗、盆、瓮、缸、纺轮等，其中又以豆居多，且制作工艺精巧，豆座上镂孔精致。

再次，从墓葬规模、葬具、随葬品等情况来看，已经表现出明显的社会分化。在发掘区内，面积在9.5平方米以上的大型墓葬有7座。大、中型墓葬有体量巨大的棺木和精美的玉钺、石钺、漆器、象牙器以及大量磨光黑陶、猪下颌骨等遗物。在大、中型墓葬填土中，发现随葬瓮、罐、夹砂红陶缸的现象。小型墓葬规模较小，葬具的使用率低，仅随葬数件陶器，还有几座小墓共用一个器物坑的现象。

由于保存环境的原因，在已发掘的墓葬中，

同穴三室合葬墓 M112

同穴双室合葬墓 M202

单人墓 M90

仅有约 25% 的墓葬可见人骨遗存，且保存较差，多为人骨腐朽痕迹。从保存的人骨迹象观察，葬式以仰身直肢葬为主。另有 4 例墓葬发现人骨移位或变形现象，原始葬式不明。此类移位或变形现象是葬俗所致还是埋葬后受自然外力的影响，尚不得而知。

尽管王家墩墓地墓向不尽相同，但已发掘的 7 座大型墓和多座中型墓葬均头向朝南，即朝向城内居址区方向。而且，在人骨保存尚好且出土玉石钺的大、中型墓葬中，玉石钺均位于墓主右股骨下方，应该反映了右手持钺的置葬状态，并且有意思的是这些钺的刃口一致朝西。这些现象说明，大中型墓葬可能有着相近的墓向和葬仪原则。

三、重要墓葬

已发掘的 M202、M155 和 M112 开口面积

M4 出土陶器组合

M224 出土陶器组合

分别为 17.3、14、22.4 平方米，是全国范围内迄今发现的同时期开口面积较大的墓葬。M202 是一座同穴双室合葬墓。长方形竖穴土坑，开口长 4.38、宽 3.95 米，墓底距墓口 2.5 米。东、北侧有生土二层台。墓壁规整，局部保存明显的工具痕迹。墓底有两个平行的南北向墓室，中间以宽 0.5、高 0.8 米的生土梁相隔。东、西两墓室均发现直壁、弧底独木棺，棺内外共随葬 60 余件磨光黑陶，同时在棺外发现漆盘、竹编器物等。墓葬填土中随葬瓮、罐、缸等数件大型带盖陶容器。根据发掘时预留的填土堆积剖面观察，这些器物一般位于不同层填土的“界面”，应是伴随填土的逐层倾倒先后放置的。M155 亦为南北向同穴双室墓，墓圹长 4.68、宽 3.2 米，中间留有生土隔梁，将墓葬分为东、西两室。独木棺保存完整、结构清晰，东室棺内外随葬漆器和大量磨光黑陶，

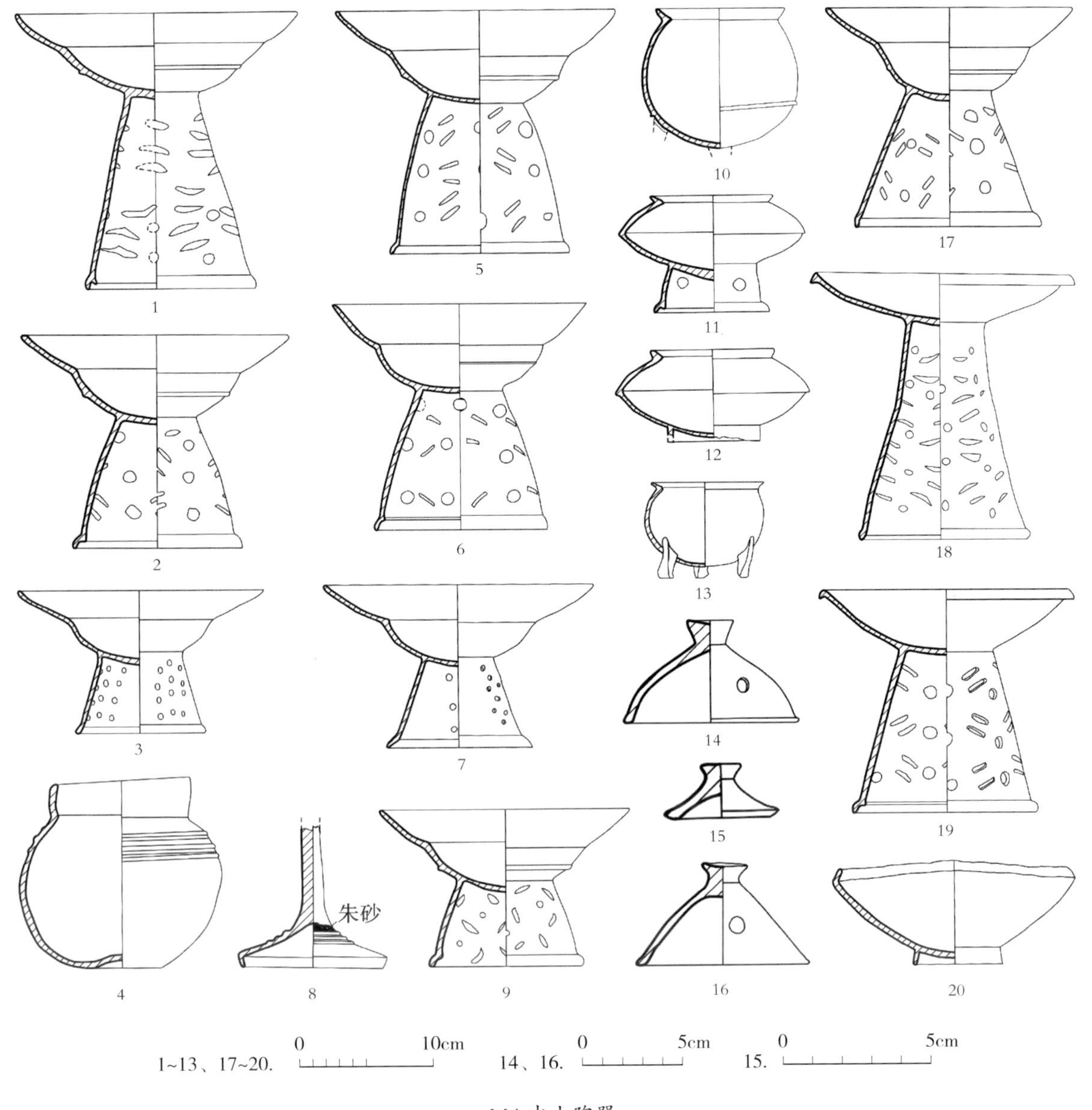

M4 出土陶器

1~3、5~7、9、17. 双腹豆（M4：7、24、27、8、19、9、21、15） 4. 罐（M4：28） 8、14~16. 器盖（M4：18、11、33、10） 10、13. 小鼎（M4：30、29） 11、12. 盂形器（M4：13、12） 18、19. 弧腹豆（M4：31、22） 20. 碗（M4：2）

并在墓主右股骨附近发现玉钺及红色漆柄痕迹。钺长 25、刃宽 13 厘米，柄痕长度为 60 厘米。

M112 为同穴三室墓，位于墓地中部，东西长 5.95、南北宽 4.1 米。距开口深 1.25 米处发现三个平行的南北向墓室，亦以生土梁隔开。墓室形制均为长方形竖穴土坑状。中墓室较大，南北长 2.9、宽 1.6 米。东、西两侧墓室面积明显较小。每个墓室内各埋葬一座独木棺，痕迹清晰。中墓室独木棺粗大，直径达 1.5 米。棺内可见石钺、象牙器、漆器以及大量磨光黑陶，棺外随葬暗红色大漆盘，棺木体量和随葬品丰富程度明显大于两侧墓室。中墓室上方填土中集中填埋大量带盖陶容器，似乎可以认为中墓室墓主的身份高于两侧墓室墓主。

大型墓葬分别位于中部、西南、西北、东北四个位置。在每座或每两座大型墓葬周围，则分别分布数量不等的中型、次中型、小型墓葬，表

城内出土陶筒形器

M155 出土玉钺

M195 出土石钺

现出明确的布局规划。

四、结语

屈家岭文化占据江汉丘陵地带，自身社会发展独具特色，在史前文化交流中扮演了重要角色。以前的大范围系统调查，从区域聚落形态的角度揭示了屈家岭文化城址林立、社会蓬勃发展的态势。相关研究也显示，距今 5000 年前后，庙底沟类型、红山文化和凌家滩遗存的衰落引发的大范围动荡整合中，发生了强劲的屈家岭文化北进河洛、西入关中的扩张。但因资料所限，我们难以获得对屈家岭社会发展程度更全面、更深入的认识。

城河遗址的数次发掘，发现城垣、人工水系、大型建筑、祭祀遗存等重要遗迹，从内部聚落形态的角度揭示了屈家岭文化时期社会的发展；王家塝墓地则是迄今为止发现的规模最大、保存最完整的屈家岭文化墓地，填补了长江中游地区史前大型墓葬的空白，是审视屈家岭文化社会结构的重要样本。城河遗址城垣—居址—墓地三位一体的系统发掘，为长江中游地区文明进程研究提供了实证。这些墓葬棺具明确、葬俗独特、随葬品丰富、等级明显，清楚表明屈家岭社会形成了完备而独具特色的墓葬礼仪。

对屈家岭社会发展程度的新认识，也为我们观察距今 5000 年前后屈家岭文化因素的强势北上和西进提供了新的基点。本次发掘出土的直壁圈足杯在庙底沟类型末期到仰韶文化晚期、大汶口文化中期和良渚文化中均有发现，是屈家岭文化扩张的典型例证。大口缸在大中型墓中的出现，独木棺在大墓中的流行，以及钺在大墓中的显著地位，则表明屈家岭文化社会上层广泛参与了周边地区的深入交流。由此可见，在距今 5000 年前后中国史前社会动荡整合的广阔背景下，屈家岭文化在自身高度发展的基础上，在区域间的互动中扮演了重要角色。

系统、长期地开展城河遗址的聚落考古和多学科研究，为探讨汉水西部地区史前城址的聚落特征提供了重要的信息支撑，为全面认识长江中游地区史前城址群的聚落差异提供了重要视角。王家塝墓地的发现是屈家岭文化研究的重要收获，对于探讨长江中游地区新石器时代晚期的聚落特征、社会结构、人地关系，深化该地区的文明起源和形成研究具有重要的学术意义，弥补了江汉之间这一重要地区文明演进历程探索的薄弱环节，并将有力推动对该地区在整个中华文明形成过程中发挥的重要作用的深入研究。

■ 执笔：彭小军、陶洋、范晓佩、唐国俊

湖北省天门市石家河遗址

工作单位：湖北省文物考古研究所、北京大学考古文博学院、天门市博物馆

一、工作缘起

石家河遗址位于长江中游腹地、江汉平原北缘与大洪山南麓相结合的山前地带。在行政区划上，隶属于湖北省天门市石家河镇土城、芦岭、唐李、东桥四个村。主体区域40多处遗址点连接成片，东西横跨2千米，南北纵跨4千米，总面积约8平方千米。主体年代约距今6000～4000年，历经油子岭文化、屈家岭文化、石家河文化、肖家屋脊文化四个阶段。石家河遗址是长江中游地区面积最大、延续时间最长、等级最高的史前都邑聚落。

自20世纪50年代中期首次发现与发掘以来，石家河遗址历经了六十多年三个阶段的发现与研究过程。20世纪50年代中期至20世纪80

谭家岭古城城垣与城壕

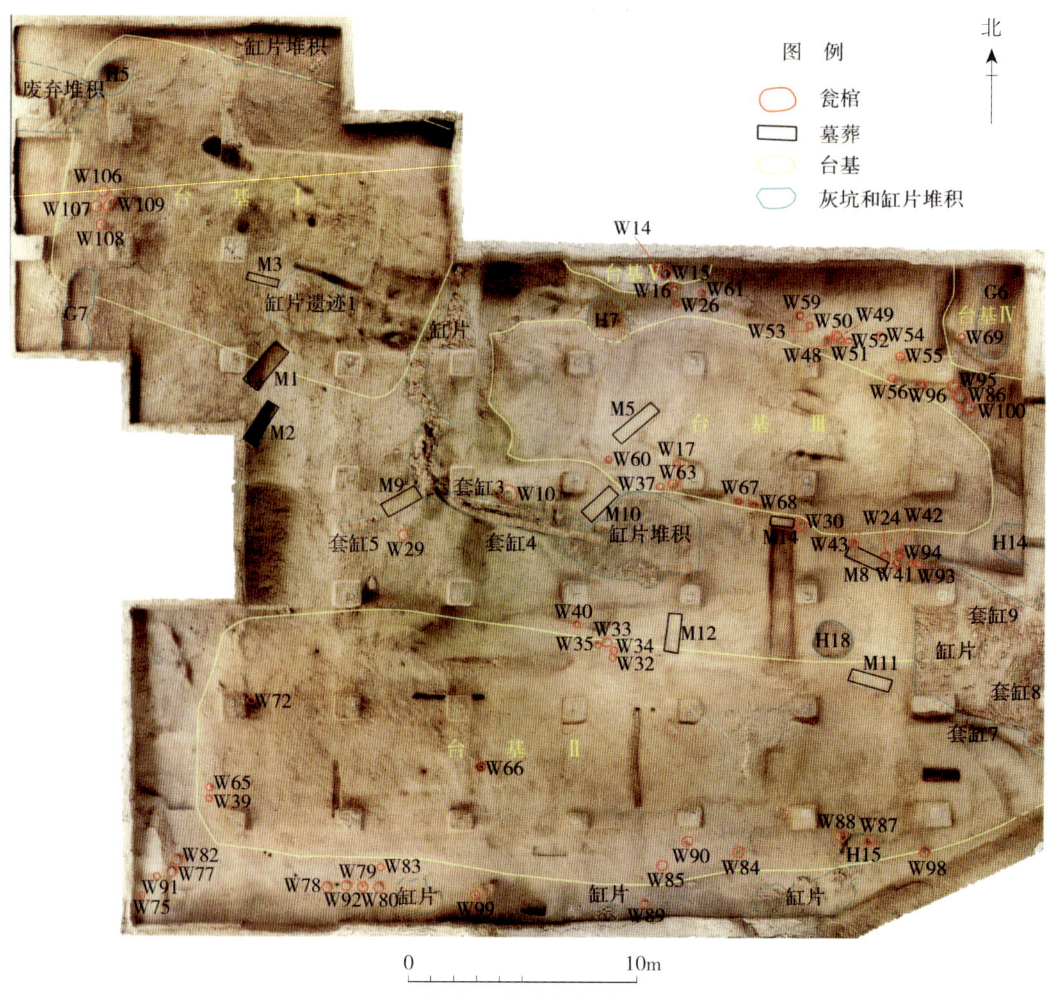

印信台遗迹分布图

年代初的调查发掘，初步了解到遗址的分布范围、时代与内涵特征。20世纪80年代后半期至20世纪90年代初期，在聚落考古理念的指导下，大型石家河古城的发现，邓家湾与肖家屋脊墓地的揭露，表明石家河社会已具备相当高的复杂化程度。“十二五”以来石家河遗址被列入大遗址保护和国家考古遗址公园规划名单，“十三五”期间石家河遗址被列入“考古中国”之“长江中游地区文明进程研究”项目。以上项目的支持，为深入了解石家河遗址的布局结构，探讨石家河遗址在中华文明进程中的地位和作用提供了巨大帮助。2014年至2019年，湖北省文物考古研究所、北京大学考古文博学院、湖北省天门市博物馆等联合组成石家河考古队，对石家河遗址群及外围9平方千米的区域进行了系统勘探，相继在石家河遗址群的印信台、谭家岭、三房湾、严家山、朱家坟头、蓄树岭、罗家柏岭、周家湾等遗址进行了重点发掘，共计发掘面积6212平方米，取得了重要成果。

二、遗迹概况

在重要发现方面，以谭家岭大型城址、印信台大型祭祀场所、谭家岭高等级敛玉葬、三房湾专业制陶作坊等揭示的成果最为瞩目。

谭家岭古城位于遗址群中部。勘探显示，城垣内面积达17万平方米，加上城壕总面积达26万平方米，远大于同时期同文化性质的城头山Ⅱ

印信台套缸 3、套缸 4、套缸 6

印信台套缸遗迹

三房湾遗址红陶杯堆积局部

期城址及其他遗址。城垣与城壕结合处的解剖显示，城垣宽近 20 米，保存最高处约 3 米，系用较纯净的黄土层层坡状堆筑而成。另在城垣外侧有护坡、挡水的木构件设施。外围的城壕宽度不一，北部最窄处约 30 米，南部利用自然冲沟，宽度超过 100 米。城垣被屈家岭文化早期文化层和墓葬叠压打破，结合以往在谭家岭遗址发现大量油子岭文化晚期遗存的情况，推测城址的始筑年代为油子岭文化晚期。

印信台位于石家河古城西城壕外，发掘揭露了 5 座石家河文化晚期人工堆筑的黄土台基。在台基周围，除瓮棺、扣碗、倒扣缸等特殊遗迹外，还发现多组套缸遗迹，套缸系夹砂厚胎缸口底相连而成，其中套缸 4 尚保留有 7 米多长。在夹砂厚胎缸上发现10余种刻划符号。印信台面积约 1.4 万平方米，是长江中游地区迄今发现的规模最大

印信台台基 3 东北边缘的瓮棺与扣碗

谭家岭瓮棺

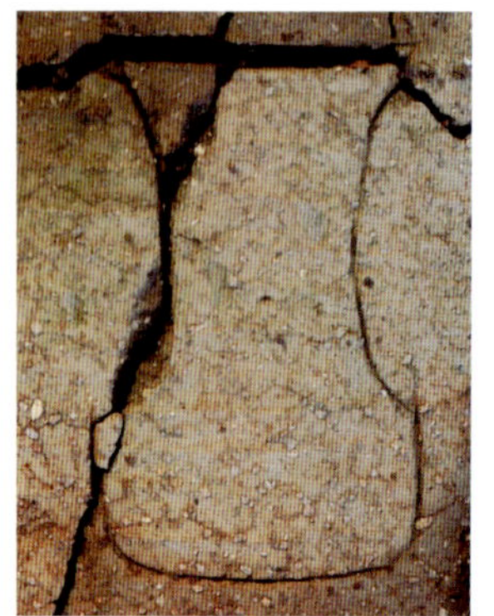

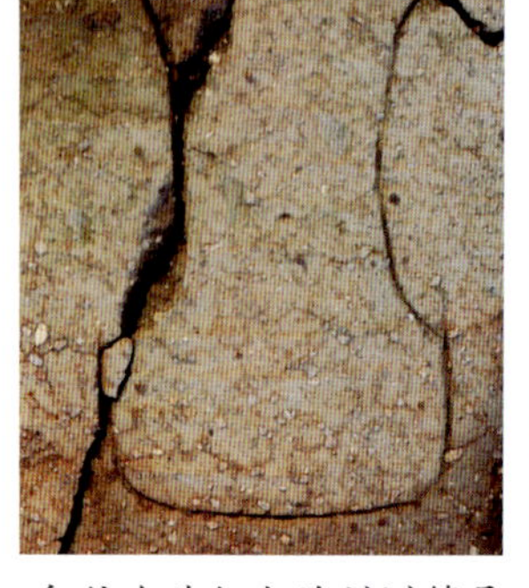

印信台陶缸上的刻划符号

的祭祀场所。

在谭家岭东部发掘区发掘 5 座肖家屋脊文化的瓮棺，清理出 240 余件玉器，器类有神人头像、双人连体头像、管状人头像、双鹰佩、牌饰、冠饰、虎头像、鹰、鹰纹牌、钺等，以蝉、管、珠、虎的数量居多。瓮棺中还发现有将剩余的玉料与玉器同葬的现象。这些玉器类型丰富、形态优美、造型生动，具有极高的艺术价值。

三房湾遗址位于石家河古城内南侧，发掘揭露了一片红陶杯废弃堆积和与制陶相关的陶窑、黄土坑、洗泥池、蓄水缸等遗迹，同时还发现数摞陶杯套叠烧结的现象，显示出制陶作坊的典型特征。结合出土的数以万计的红陶杯残件分析，可以确认其为石家河文化晚期至后石家河文化时期以烧制红陶杯为主的大型专业窑场。

除上述四个遗址以外，严家山、朱家坟头、蓄树岭、罗家柏岭、周家湾等遗址的发掘也取得了重要突破。严家山揭露了一处石家河文化晚期至肖家屋脊文化时期制作小型石器的加工场所。朱家坟头揭露了一片从屈家岭文化早期延续至晚期的小型家族墓地。蓄树岭遗址除主要清理了一批肖家屋脊文化与居址相关的房基、灰烬层、烧土堆积、灰坑、灰沟等遗迹。罗家柏岭遗址揭露了一处石家河文化晚期的黄土堆积台基。周家湾遗址揭露了一处从屈家岭文化晚期一直延续到石家河文化早期的黄土台基。以上发现为深入了解石家河遗址的宏观结构与组织分层提供了坚实的支撑，表明了遗址群存在功能区划，同时揭示了生产专业化与社会阶层化的总体趋势。

双人连体头像玉玦
玉神人头像
玉佩
玉冠饰
玉鹰
双鹰玉佩
玉虎头像
玉鹰纹牌

谭家岭出土玉器

三、结语

石家河 2014 ~ 2019 年的发掘，揭示了一批居址、墓地、祭祀场所、专业作坊等，对于探讨石家河聚落的功能区划提供了依据。同时，诸多文明要素的发现，表明石家河社会已存在高度的专业分工和阶层分化。

基于石家河遗址诸地点年代与性质的确定，结合过去已有的发现，初步勾勒出石家河遗址群宏观聚落格局的演变。以典型遗存为代表，可将石家河聚落的演变划分为龙嘴城期、谭家岭城期、石家河城期、肖家屋脊玉器期四个阶段。

龙嘴城期约距今 6000 ~ 5500 年，是石家河聚落草创期，石家河应属于龙嘴的附属聚落。谭家岭城期距今 5500 ~ 4800 年，以谭家岭古城的兴起为标志，表明油子岭文化中心已转移至石家河，至屈家岭文化早期，逐步向谭家岭外围扩展。石家河城期距今 4800 ~ 4200 年，面积达 120 万平方米的石家河古城在屈家岭文化早晚之际（距今约 4800 年）已筑成，石家河古城外围的遗址分布明显扩大，南部可达昌门冲与罐山，东部可达王家台，西北可达严家山，共计 10 余个地点。石家河文化时期，遗址范围进一步扩展，最终形成了以石家河古城为中心的 8 平方千米范围的核心区域。肖家屋脊玉器期约距今 4200 ~ 3800 年，受黄河流域煤山文化和龙山文化的强烈影响，原有文化出现断裂，石家河被纳入到以中原为主导的文明进程中，开启了更高一层的多元一体化演进之路。

■ 撰稿：向其芳

湖南省华容县七星墩遗址

工作单位：湖南省文物考古研究所

一、工作缘起

七星墩遗址位于湖南省华容县东山镇，北依长江，南滨洞庭湖。面积25万平方米。包含屈家岭文化、石家河文化和肖家屋脊文化三个时期的遗存。绝对年代为公元前3100～公元前1800年。该遗址发现于1978年，2009～2014年岳阳市文物考古研究所对七星墩遗址及大荆湖周边做了较详细的调查和试掘，在大荆湖周边发现31处史前遗址，并发现大型建筑基址、祭祀遗存和疑似城垣的堆积等。该遗址是长江中游地区一处重要的新石器时代遗址，文化堆积厚，文化内涵丰富。2018年纳入国家文物局重大项目“考古中国”之“长江中游地区文明进程研究”项目，拟为长江中游史前城址的发展演变和文明进程研究提供个案支撑。

2018～2020年，湖南省文物考古研究所等单位连续三年对其开展主动性考古调查勘探和发掘工作，调查总面积约30平方千米，钻探总面

七星墩古城勘探图

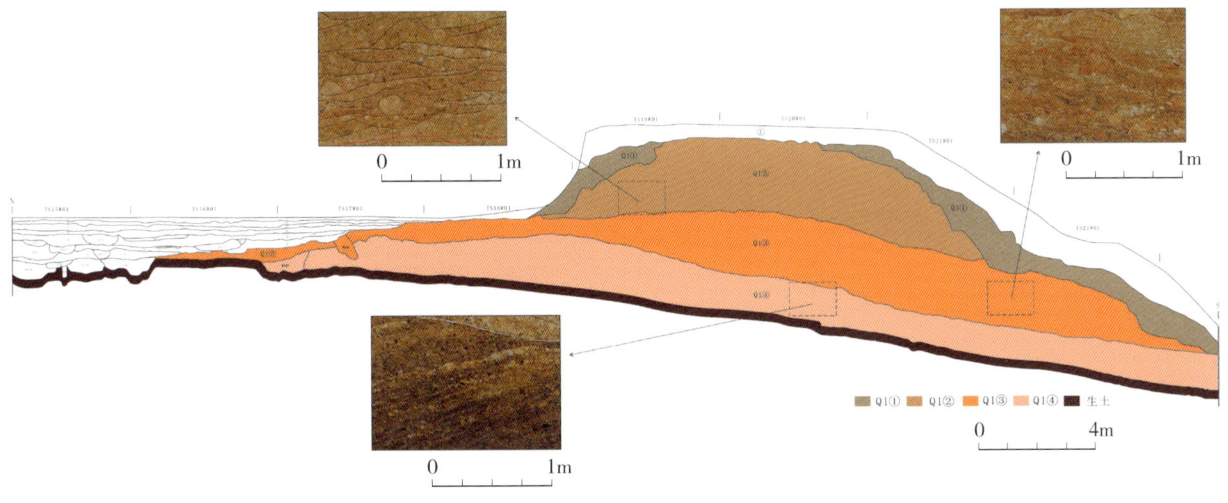

内城东壁剖面图

积约 32 万平方米，发掘总面积约 1300 平方米。清理城垣、墓葬、窑址、房址、灰坑、池塘等遗迹共 400 余处，出土陶器、石器、木器、玉器、漆木器等遗物 800 余件，确认七星墩遗址是一处始建于屈家岭文化时期的史前城址。

二、城址概况

七星墩城址由内、外两圈城、壕组成，内城呈圆角长方形，西北部可能为大型建筑区，外城平面结构为圆形，西南部和东部为居住区。内外城皆有水门与自然水系沟通，内城东部可能存在码头设施。这种“外圆内方”的双城布局结构在长江中游地区属首次发现。城外东部有瓦山咀地点等 4 处附属聚落，与大荆湖周边 30 余处小型聚落共同组成以七星墩古城为中心的聚落群。

内城大致呈圆角长方形，东西长约 300 米，南北宽约 200 米，面积 6 万平方米。城垣宽 10 ~ 40 米不等，东城垣和南城垣中部各有一缺口，堆积特征表现为深灰色淤土，推测是水门。东部水门宽约 50 米，南部水门宽约 30 米。内圈城垣外有壕沟，环绕城垣的内侧边界较清楚，外侧边界由于积水影响，仅探明南部和东部一段。从探明的部分看，内壕沟堆积特征为黑色淤泥，宽 25 ~ 60 米不等，最深处距地表超过 5 米。外城大致呈圆形，已探明南垣、东垣和北垣东段。南垣和东垣转角处、东垣中部各有一缺口，堆积均为深灰色淤土，推测为水门。外城的东部水门与内城东部水门联通，应是出入城址的主要通道。外城南城垣长约 380 米，宽 20 ~ 50 米不等，东城垣长约 350 米，宽 10 ~ 50 米不等，北城垣残长 85 米。外壕沟仅探出南部东段，堆积为黑色淤泥，包含有红烧土颗粒、碎陶片等。南北两端浅，中部深，最深处约 5 米，长约 340 米，宽 30 ~ 40 米不等。城垣和壕沟之间，有的区段紧密相连，城垣外侧便是壕沟，如内圈城垣西南角；有的区段则在两者之间有一缓冲地带，宽 5 ~ 15 米不等。外城复原后的面积约 25 万平方米（含壕沟）。

2018 年解剖发掘城垣 Q1，位于内城南垣西段，底宽 36.2、顶宽 8.1、残高 6.5 米。底部夯筑，顶部堆筑，一次性筑成。城垣内包含少量木炭，不见其他文化遗物，城垣底部叠压一层木炭。城内发掘的遗迹还有房址、窑址、灰坑、瓮棺葬等，以石家河文化时期遗存为主，少量屈家岭文化和肖家屋脊文化时期遗存。

2019 ~ 2020 年解剖发掘城垣 Q2，位于外城南垣中段，底宽 49.3、顶宽 22.2、残高 4.1 米。分三次夯筑形成。城垣内包含物极少，城垣底部叠压青灰色淤泥，淤泥内出土一件木质船桨。外城发掘的遗迹还有房址、池塘、灰坑和红烧土堆积等，以屈家岭文化时期遗存为主，少量石家河文化时期遗存，不见肖家屋脊文化时期遗存。

七星墩遗址内城垣 Q1 和外城垣 Q2 的形制结构、建筑方式一致，通过层位关系、出土遗物分析和碳十四测年数据对比，可以初步判断内外城同时兴建于公元前 3000 年左右的屈家岭文化时期。

三、重要遗物

七星墩遗址发掘出土的文化遗物以陶器数量最多，其次是石器，还有少量木器、漆木器和玉器。

屈家岭文化时期的代表性陶器有泥质灰陶凸弦纹高领罐、泥质磨光黑陶双腹碗、磨光黑陶双腹豆、泥质灰陶卷沿盘、彩陶圈足壶和夹炭红陶凿形按窝纹鼎足等。还出土了 3 件保存完好的木质船桨和 1 件漆木碗。

石家河文化时期的代表性陶器有夹砂褐陶宽折沿圜底绳纹釜、泥质红陶长颈鬶、夹砂红陶凹折沿宽扁足盆形鼎、夹炭红陶戳印纹宽扁鼎足、饰刻划符号的红陶缸、夹砂红陶器座等。石器以个体较大的石钺较有特色。

肖家屋脊文化时期代表性陶器有夹砂褐陶绳纹圜底釜、泥质灰陶浅腹高圈足豆、泥质灰陶浅

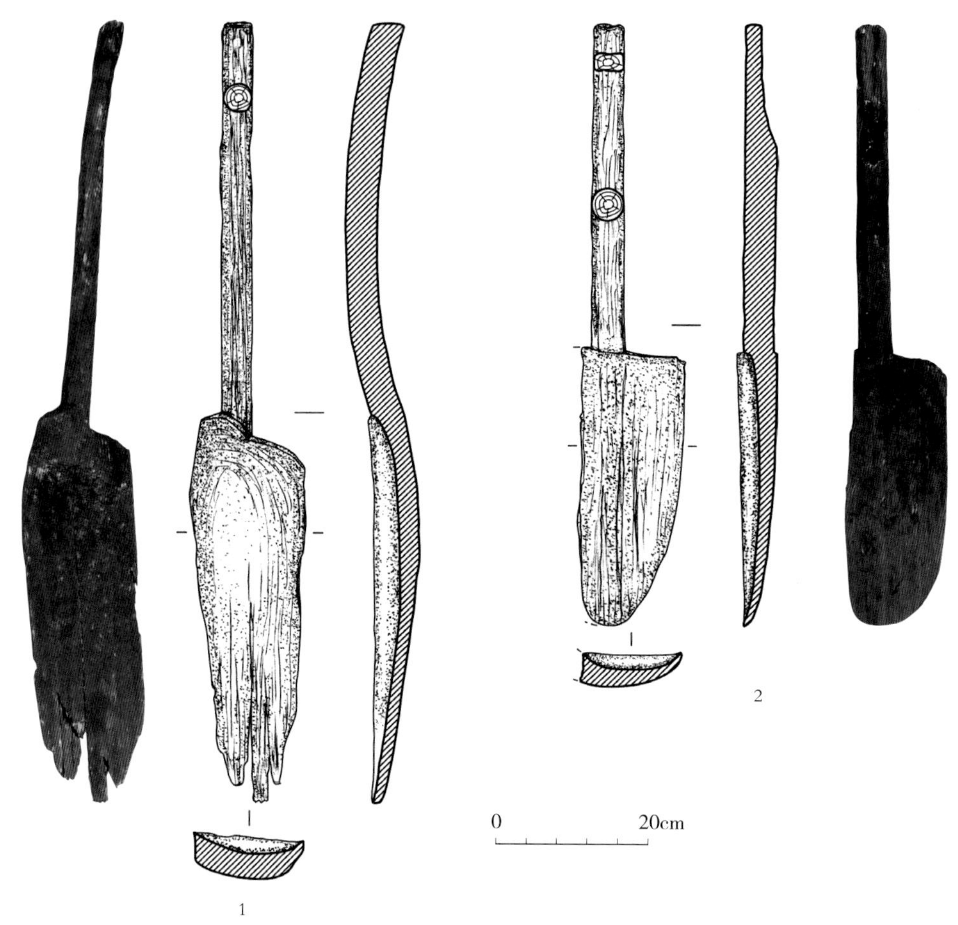

船桨（屈家岭文化）

1. 船桨 TS53E06 ⑬：1　2.TS53E06 ⑮：1

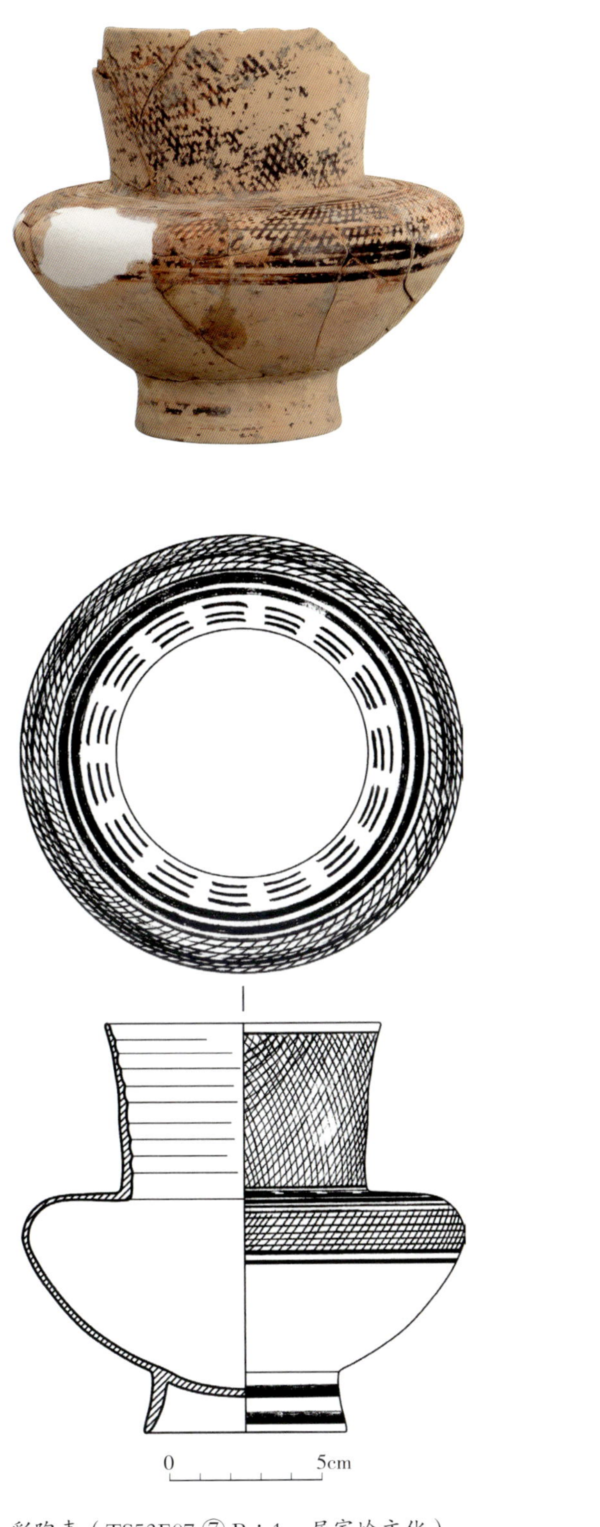

彩陶壶（TS53E07⑦B：1，屈家岭文化）

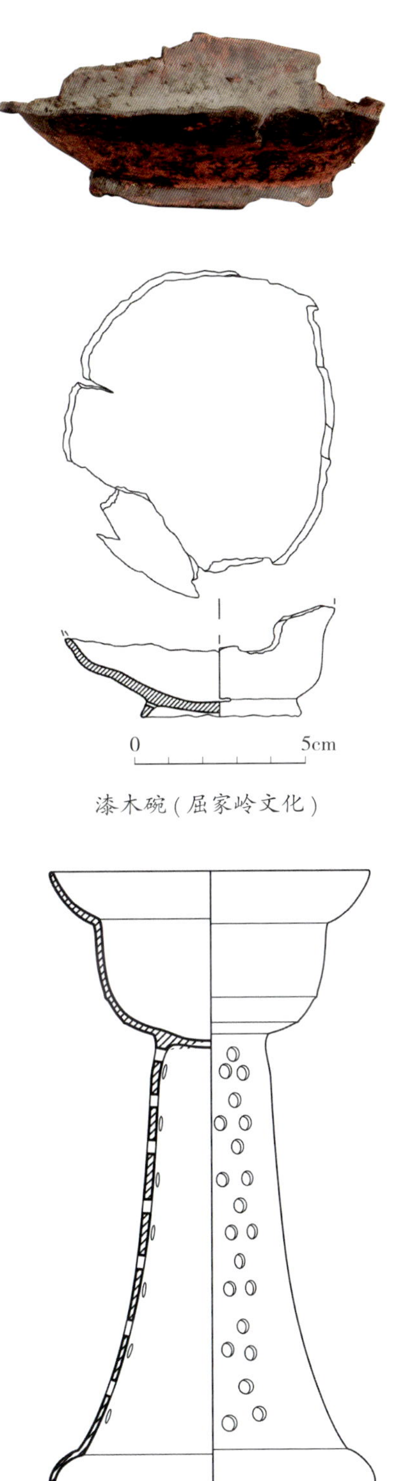

漆木碗（屈家岭文化）

陶双腹豆（TS58E06⑥：1，屈家岭文化）

石钺（石家河文化）

三棱石镞（肖家屋脊文化）

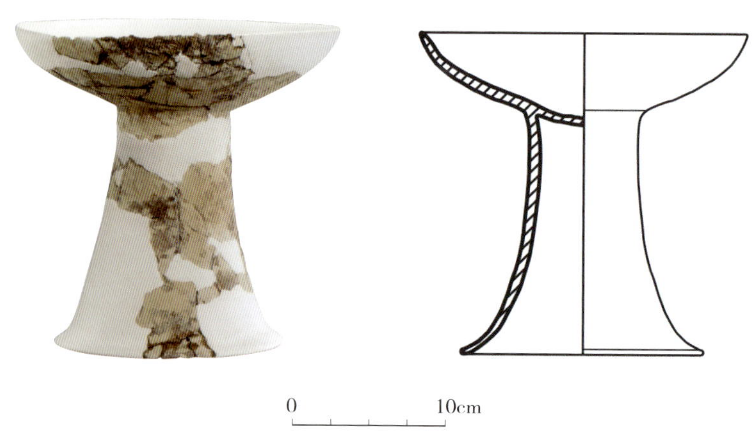

陶豆（肖家屋脊文化）

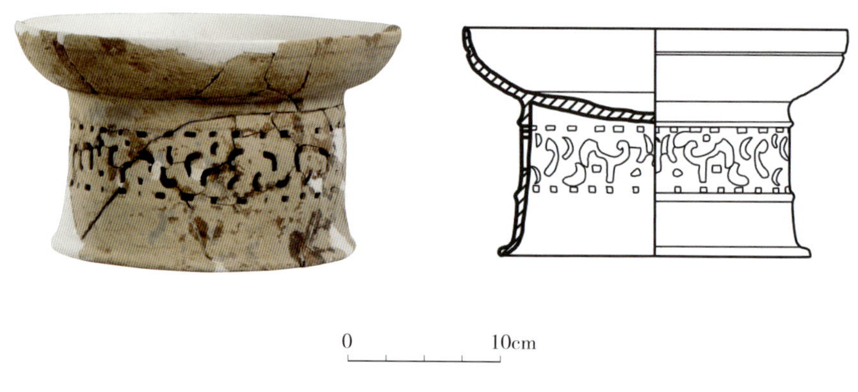

陶圈足盘（肖家屋脊文化）

腹镂孔圈足盘、泥质陶矮领鼓肩饰弦断绳纹罐、夹砂红陶大口缸等。石器以三棱石镞最有特点。还在一座瓮棺葬内出土 3 件玉器。

四、结语

七星墩遗址考古秉承聚落考古理念，通过连续三年的工作，我们对七星墩聚落（群）历时性演变、聚落内部结构、聚落之间的宏观关系等形成初步认识。

公元前 3000 年是史前社会发展的一个关键时期，此时长江中游形成以石家河古城超大型聚落为中心的史前城址群。在此背景下，两湖平原交汇处的七星墩遗址修建了“外圆内方”的双城城址，面积达 25 万平方米，是湖南规模最大的史前城址，这种双城结构在长江中游地区尚属首次发现。七星墩古城选址位置优越、设计理念先进、建城原因复杂，可能与当时社会多级分层结构有关，进一步的研究有助于认识长江中游史前城址出现原因、古城之间的关系等。出土的一件漆木碗，是长江中游地区目前发现的年代最早的漆木容器，在全国史前考古发现中也较为罕见。木胎薄仅 0.2 ~ 0.3 厘米，器表髹饰朱、黑两层漆，代表当时制胎、髹漆技术均已较为先进，证实长江中游地区漆器制作技术源远流长，而漆器也是中华文明的重要特质之一。

公元前 2500 年左右，七星墩古城发展到鼎盛阶段，具体表现在四个方面，一是文化遗物中出现较多具有礼器特征的泥质红陶长颈鬶，另有磨光黑陶兽面盉、饰刻划符号红陶缸、磨制精细的石钺等。二是聚落内部功能分区清晰，居住区、墓葬区、手工业区、水稻田等布局合理。尤其是房址建筑规模差异明显，如内城发现有大型房址，外城发现中型房址，城外均为小型房址，而且被高大的城垣和壕沟区隔开来，暗示着不同身份地位的人居住于遗址的不同区域，当时很可能出现了森严的等级制度。三是外城城垣此时向外扩建 20 米，内城文化遗存分布范围扩展到内城垣的内坡，代表聚落规模的扩大。四是城外大荆湖周边新增 30 余处小型遗址，形成以七星墩为中心的聚落群，同样证实聚落规模显著增长。这个阶段聚落规模明显扩大，礼制初现，古城社会内部和聚落之间的社会分层清晰显现，是长江中游进入复杂社会的重要见证。

公元前 2000 年左右，七星墩古城社会发生巨变，相关考古发现多有抵牾，引人深思。从聚落规模看，大荆湖周边聚落消亡，七星墩外城城垣废弃，外城无人居住，但内城城垣尚在，且内城文化遗存分布范围较前一时期扩大。从出土文化遗物看，前一阶段具有礼器特征的陶器基本消失不见，出现较多夹砂红陶厚胎平底筒形器，可能与手工业生产有关；出现较多三棱石镞，可能与战争有关；出现少量玉器，可能与宗教信仰有关。这一阶段的社会形态发生巨大变化，是研究长江中游史前文明兴衰的重要个案。

七星墩遗址在距今 5000 年这个时间节点上突然以双城结构出现于洞庭之野与长江之滨的交汇处，见证了长江中游距今 5000 年前后那次声势浩大的文明化浪潮中的筑城运动，显示了长江中游文明高潮的到来。该城沿用了约 1000 年，它的兴建背景、演变过程、废弃原因、社会组织结构和运作机制等极具特色，是长江中游文明进程研究的重要个案，其文明演进模式、文化兴衰原因的研究和探讨将丰富中华文明起源阶段的内涵。

■ 撰稿：王良智

河南省南阳市黄山遗址

工作单位：河南省文物考古研究院、南阳市文物考古研究所

一、工作缘起

黄山遗址位于河南省南阳市卧龙区蒲山镇黄山村北100米处，东靠白河，西南距中国产玉名山——独山约3千米。黄山是海拔近150米的低山，一般高出周围地面约17米，山顶台地面积最大，文化堆积厚4～5米。山下西部岗地也为较丰富的遗址区。遗址东西长600余米，南北宽500余米，面积30余万平方米。1959年，河南省文化局文物工作队对黄山遗址山顶部分进行过发掘，发现了大批房址、墓葬和以5件独山玉器为代表的各种器物。后经多次考古调查，2018年开始，河南省文物考古研究院与南阳市文物考古研究所组成联合考古队，清理出保存很好的仰韶文化时期大型玉石器作坊址、多座屈家岭文化玉石器作坊址和高级别相关墓葬，取得一系列填补空白的重大考古发现。2020年，国家文物局批准将南阳黄山遗址考古发掘列为“考古中国”之“长江中游地区文明进程研究”项目，考古发掘工作将长年进行。

二、遗迹概况

该遗址从仰韶文化、屈家岭文化沿用至石家河文化，发掘出各个文化的房址、墓葬、作坊址、工棚类遗迹、柱列式建筑遗迹、灰坑、人工壕沟等。目前清理出仰韶文化早期墓葬3座、仰韶文化早期房址1座、仰韶文化晚期大型作坊址4座、仰韶文化中期中型房址1座、仰韶文化晚期工棚类遗址1座、仰韶文化晚期柱列式建筑遗迹3座、仰韶文化灰坑6座、仰韶文化人工壕沟1条、屈家岭文化墓葬117座、屈家岭文化房址或作坊址9座、屈家岭文化灰坑95座、仰韶文化和屈家岭文化瓮棺葬119座、石家河文化灰坑3座。

仰韶文化早期墓葬均在汉墓墓室下部清出，为小型长方形竖穴土坑墓，无葬具，长1.8、宽0.8米左右，深0.3米左右。其中M105中出土独山玉青花料1块，说明在仰韶文化早期黄山先民已经在制作玉器了。

仰韶文化晚期大型作坊址均为经烘烤的木骨泥墙高台式长方形多单元排房，“前坊后居”式布局，墙体许多部位已完全红陶化。地面烘烤成青灰色，坚硬而粗糙，活动面密布，多处有砂石浆残存。前坊进深较长，地面上均设置1个具备烤炭火加温功能的长方形木骨结构烧土质工作台。后室进深较短。前墙和腰墙上各开1个对应的推拉式门。工作台大小有别，相对或紧邻两立面全开为散热口。台面和台底面上放置有较多钵、盆、罐类陶器和少量石质制玉石工具。个别工作

台内还发现较多红陶纺轮，当为取暖时顺手烧制。灶周围放置有很多盆、钵、罐、壶、缸类陶器，和少量石斧、玉耜等成品或半成品，磨石墩、石刻刀、石磨棒等工具。一些单元前坊中还设有专门的储藏区。

F1 向北未发掘到边，坐东朝西，方向 36°，发现 7 个“前坊后居”单元。总长超过 22 米，宽 7.5 米左右，面积近 170 平方米。墙体有较多残留，最大残高 0.4 米，局部地面上残留有高 1.5 米左右的倒墙。前坊中残存较多陶器、石工具、玉石器残次品。一坊地面上粘有较厚沙粒。

F2 坐北朝南，方向 134°。由 3 个“前坊后居”单元和 1 个二开间、有腰墙、南面敞口的工房组成。长 17.4、宽 7.25 米，面积 126.15 平方米。一般墙体高度为 0.4 米左右，最大残高 0.7 米，一个坊中还残留有高 1.8 米的倒墙。前坊部分保存很好，屋内地面踩踏痕明显，局部残存有较厚的磨玉石砂浆层。地面按山坡的趋势逐级抬高，在 F2-1 前堂内特设了一个小型的储藏室，内有成品或半成品玉耜 1 件、玉斧 3 件、石锛 1 件和小陶杯、陶曲腹杯各 1 件。三个后室地面略高于前堂，墙体残存较矮，北墙无存，放置陶器很少，主要充当卧室用，F2-1 后室还发现长条形火膛 1 个。F2 工房内发现大块料石，顺墙或在工作台旁放置 14 件陶器、13 块磨石墩、残石斧，工作台低矮并加设 2 个窄通风口。工房外东北部斜坡上发现大面积的磨玉石砂浆淤积层，薄厚不一，是工房长期磨制玉石器的遗存。

F1、F2、F7 均为高台式地面建筑，开口层位一致，形制大小近同，方向上 F2 与 F7 一致，

F2 三单元“前坊后居”式作坊

与F1近90°垂直，可知三组建筑为统一规划施工而成。

仰韶文化晚期工棚类遗址F4，圆形半地穴式建筑，直径3.6米左右，残存柱洞、活动面、料石堆等遗迹。踩踏面厚达15厘米，残存2个磨石墩和多件石斧成品或半成品。

仰韶文化晚期柱列式建筑遗迹F20，直径3.5、深0.65米，一周木柱灰紧靠在坑壁上形成壁柱，底部略不平，有较多小坑和黑土，疑为猪圈或仓窖类遗迹，十分特殊，已采样准备分析其性质。

屈家岭文化墓葬117座。均为长方形土坑墓，有大、中、小之分，排列有序、方向一致。基本上沿仰韶晚期大型高台作坊建筑两侧的平地或凹地分布。一般长2米左右，宽1.1米左右，深0.3～0.9米。几乎全为东北—西南向，头向29°～36°，呈现头枕白河足蹬独山的埋葬习俗。绝大多数为仰身直肢葬，个别为仰身屈肢或侧身直肢葬。人架保存多数较好。小型墓有棺或无棺，大中型墓均有已朽成灰痕的长方形板式单棺，个别有长方形板式单棺单椁，或梯形独木棺。随葬品以猪下颌骨为主，其次为纺轮、残陶器、砂岩类制玉石工具、玉料、玉石坯料，重要墓葬随葬玉石钺、弓箭、象牙器、玉璜等，有明显的毁器葬特点。大部分随葬品均位于死者的脚部。随葬品数量多寡不一，一些小型墓葬甚至没有。女性墓多随葬纺轮、小陶罐，个别随葬玉耳珰。

F2前推拉门滑道

F2十字墙与工作台

F2内存储玉器、陶器的窖室

屈家岭文化 M77

M77 为目前发现最大的酋长级大墓，由墓室和北部紧邻的陪葬坑 K1 组成。墓室长 4、宽 1.7、深 0.6 米，方向 34°，梯形独木大棺朽成灰痕，棺内中年人架仰身直肢，随葬玉钺 2 件、象牙握饰木弓（灰痕）1 把、木杆（灰痕）骨镞 3 捆 30 余件，豆、罐、缸、盆、曲腹杯陶器 6 件，骨角质靴形器 4 件以上，象牙梳 2 件，骨镦玉钺 2 套、玉璜 1 件，猪下颌骨 200 余件；陪葬坑 K1 残存一半，朽灰状木箱内残存缸、罐、带流盆等陶器 5 件、制玉石用骨拉环 1 件、猪下颌骨 107 件。推定 M77 陪葬的猪下颌骨超过 400 件，是国内出土猪下颌骨最多的墓葬。

M77 象牙弓饰、玉钺、骨鐏出土状况

仰韶文化和屈家岭文化瓮棺葬 119 座，分布在作坊址附近和墓群中，有打破墓葬和作坊址现象。葬具均为器类多样大小有别的陶器，一般由 2 件扣合而成，也有 3 件摞起的，还有个别为单件立置陶器。器类有缸、瓮、盆、钵、鼎、罐、器盖等。解剖起取的一些瓮棺中发现骨渣迹象，确定埋葬儿童。而一些单件陶器葬中则未见骨渣，可能为小祭祀坑。

石家河文化灰坑均为较大型近圆形和不规则形坑的底部，坑底不平，出土丰富的陶器残片和制玉石工具，及个别玉器残次品。填土中富含磨制玉石形成的砂石浆粒，H42 中甚至富集数层砂石浆，说明这一时期仍在规模化制作玉石器，上部的石家河文化堆积大部分被破坏。

三、出土器物概况

共出土石器约300件、玉器约50件、骨器50件、陶器近700件，以及数以千计的制玉石工具和玉石器残件，还有大量的玉石器、玉料、石器、陶器等文物原地保存。石器以农具、小型工具和砺石为主，种类有各种磨石、抛光器、刻刀、凿等。玉器有坯料、半成品、废品、残次品等，质地有独山玉、玛瑙、黄蜡石、石英、汉白玉等，种类有耜、斧、铲、锛、凿、璜、珠等。骨器主要有镞、针等。陶器主要来自瓮棺葬和房址，少数是灰坑所出，种类有碗、盆、鼎、钵、罐、缸等，作坊址内均未发现常见的炊器鼎。

F1-3 储藏区部分器物组合

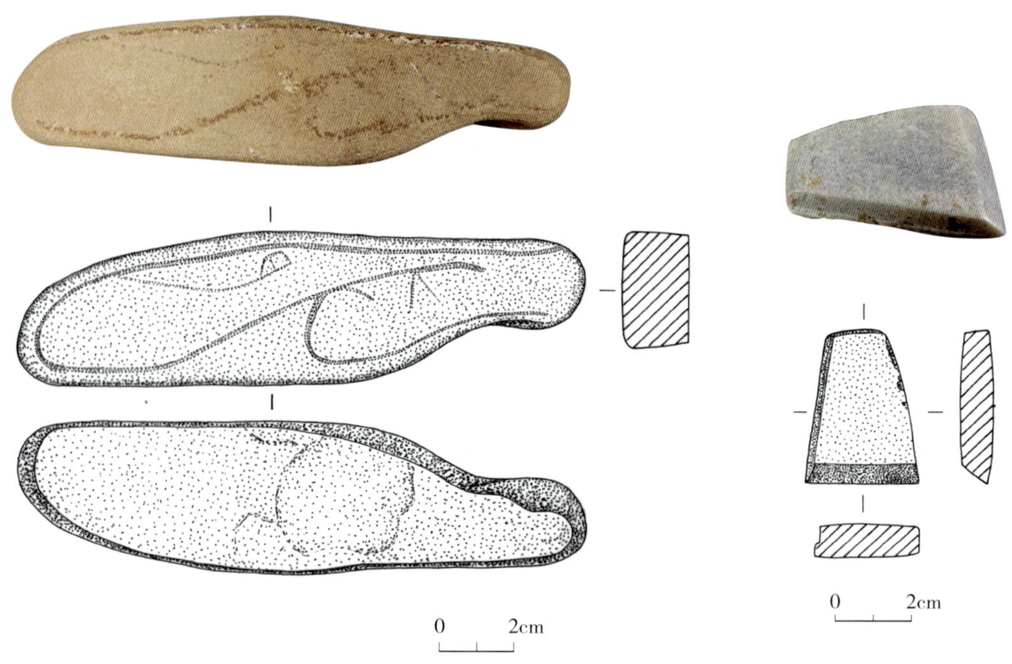

带朱色图案石锉（T0102①：4）　　小玉锛（T0102②：26）

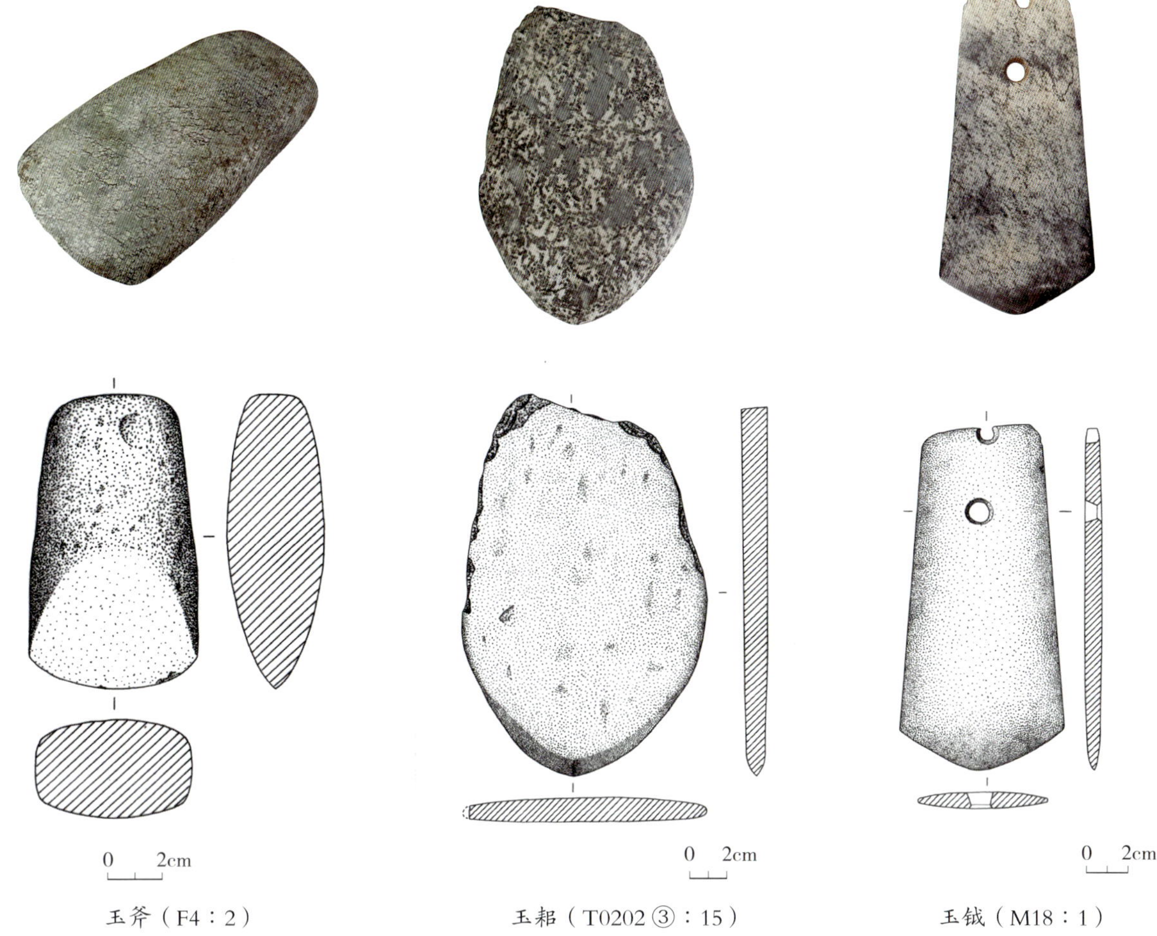

玉斧（F4：2）　玉耜（T0202③：15）　玉钺（M18：1）

四、结语

确定黄山遗址是一处仰韶文化晚期和屈家岭文化时期集加工、交流玉石器为主的基地及港口型大型中心聚落遗址，面积30余万平方米。屈家岭文化时期黄山遗址经历了玉石工匠墓地向大型玉石器生产基地转变的过程，此后石家河文化时期规模化生产玉石器，是填补空白式的重大考古发现。

该遗址涵盖仰韶文化、屈家岭文化、石家河文化，前后无缝延续，仰韶文化房址、作坊址、工匠墓、瓮棺葬等重要遗迹保存相当好，充分反映了社会分工和一些文明要素，是距今5000年左右中华文明形成的关键时期，江汉与中原地区文明起源、南北文化交流融合的核心研究对象之一。

仰韶文化坊居式建筑和玉石工匠墓群保存之好国内罕见，特别是仰韶文化晚期“前坊后居”式大型房址墙体颇高、内部遗物遗迹琳琅满目，再现了古人制造玉石器的原始场景。屈家岭文化玉石工匠墓群等级森严，特征明显，是目前在豫西南乃至汉水中游地区发现的屈家岭文化时期等级最高的氏族墓地之一，具有重大的文物展示利用的社会价值。

■ 撰稿：马俊才、闫海涛、张明哲、王凤剑

长江中游地区文明进程研究

（夏商周时期）项目

长江中游地区文明是中华文明的重要组成部分，它既有着自身独特的文化演进模式，同时又与中原有着广泛的互动和交流，最终完全融入中华文明发展的大家庭之中。在这种特殊的地理位置与文化发展的背景下，“考古中国”之“长江中游地区文明进程研究（夏商周时期）”项目于“十三五”期间规划，国家文物局在2020年5月批准立项，明确湖北、安徽、湖南、江西等地考古机构联合实施。

项目聚焦在以中原为中心的历史趋势形成中，夏商时期中央王朝文化对本地文明的催生与南土经营，以及楚文化的发展与扩张直至秦统一的文明进程研究。时间跨度约为公元前2100年至公元前221年。项目力求探讨长江中游地区从史前文明到夏商周文明的转型过程，揭示不同时期中原文化和本地文化融合形成的中心聚落及其特点，考察长江中游地区文明在华夏化进程大背景下的文化与社会适应的角色与意义，寻找夏商周时期长江中游文明形成的机制与模式，并解释其动因，全面评估长江中游地区文明进程对中华文明发展的贡献。

项目针对长江中游地区夏商周考古学年代框架、华夏化进程研究、资源的获取和利用在本地区文明进程中的作用等三方面学术问题，开展长江中游地区夏商周时期考古学文化的年代框架、谱系与文化变迁，方国和诸侯国文化，矿冶考古与文明进程，以及长江中游地区夏商周时期文化和其他地区文化互动与交流等四个方面的研究任务。

项目立项后，通过进行一系列系统有序的田野考古调查、发掘与整理，取得了一批重要成果。进入夏纪年的澧县孙家岗遗址发掘揭示出的一处规模最大的肖家屋脊文化墓地，石家河遗址中肖家屋脊文化的辨识，是夏时期江汉地区最初参与华夏化进程的实证；三官庙遗址的发现及盘龙城王家嘴等二里头时期相关遗存研究，推动了本地区与中原夏文化研究的互动。黄陂盘龙城、鲁台山郭元咀铸铜遗址、石门宝塔遗址的发掘，黄石阳新铅资源的调查与发现，以及黄石铜绿山、安徽台家寺、江西铜岭等遗址的进一步研究，揭示了依托长江中游丰富铜资源的采冶、铸造、运输的体系和与之相关的文化交流互动，以及商王朝对南方的经略。随州义地岗墓群的发现和收获补充了曾国历史在春秋中期的缺环，与其他曾国系列考古一起构建了两周时期较为完整的曾国世系，它与苏家垄等遗址的发掘和万福垴等遗址的研究，共同揭示了两周时期本地区文化演进形态。信阳城阳城遗址、荆州纪南城故城遗址、寿县寿春城遗址和武王墩墓地等，进一步阐释了楚文化的扩张与影响。

目前，项目已初步达到预期的学术设想，完善了文化谱系与阐述考古学文化交互作用的演进过程。同时，也有一些工作亟待开展，如夏王朝时期长江中游地区考古学文化的分布与面貌、本地区文明形成机制等需进一步解释。在这一工作目标下，我们将进一步加强多学科协作，加快推进相关重点项目的开展与实施。

■ 撰稿：方勤、叶润青

湖南省澧县孙家岗遗址

工作单位：湖南省文物考古研究所、澧县博物馆

一、工作缘起

孙家岗遗址位于湖南省常德市澧县城头山镇群乐村，地处洞庭湖平原西北部。遗址有环壕聚落和墓地两大部分，总面积约 21 万平方米。遗址主体文化堆积属肖家屋脊文化，绝对年代在公元前 2200 年至公元前 1800 年间，已进入夏代早期。

湖南省文物考古研究所于 1991 年曾对该遗址墓地进行过一次发掘，揭示出 33 座长方形土坑墓，出土了包括透雕龙凤玉佩在内的 26 件玉器和一批陶器。“十三五”期间，孙家岗遗址的考古工作被列入“考古中国”之“长江中游地区文明进程研究”项目，在该课题的支持下，湖南省文物考

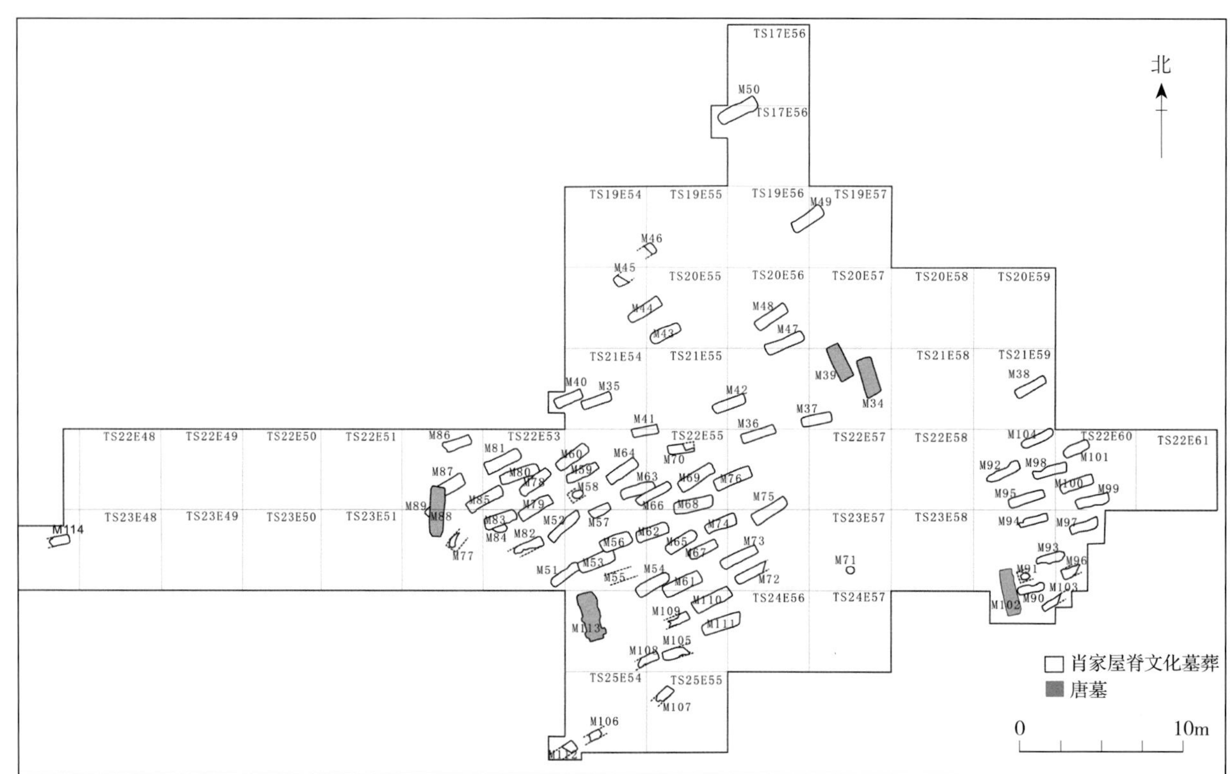

北区墓葬分布图

南区墓葬分布图

古研究所于 2016 ~ 2019 年间连续对孙家岗遗址墓地进行发掘，先后发掘肖家屋脊墓葬 310 座，基本完成对该墓地现存墓葬的全部发掘，从而在洞庭湖西北岸完整揭示出一处夏代早期的聚落公共墓地。

二、墓地概况

包括 1991 年发掘清理的 33 座土坑墓在内，孙家岗遗址墓地共揭示出肖家屋脊文化墓葬 343 座，除 1 座瓮棺墓，其余皆为西南—东北向的长方形竖穴土坑墓。

墓地从空间上可以分为南、北两个墓区，每个墓区内又可分为不同的墓群。其中北墓区主要可分为东、西两个墓群，南墓区可分为南、北两个墓群。墓群内土坑墓成列排布，每列墓葬数量

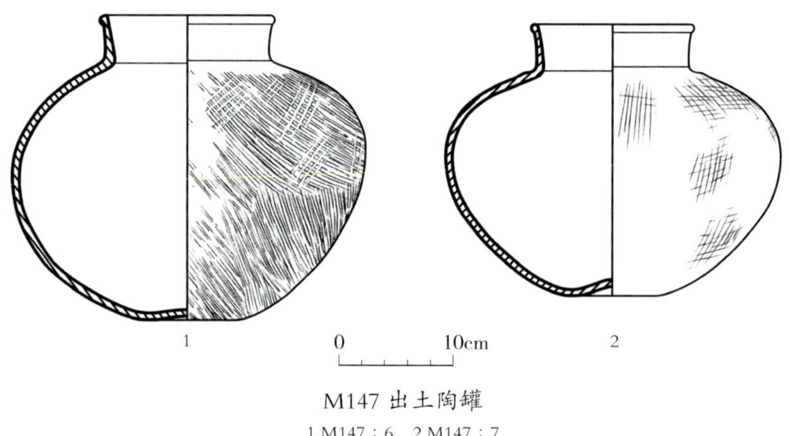

M147 出土陶罐

1.M147：6　2.M147：7

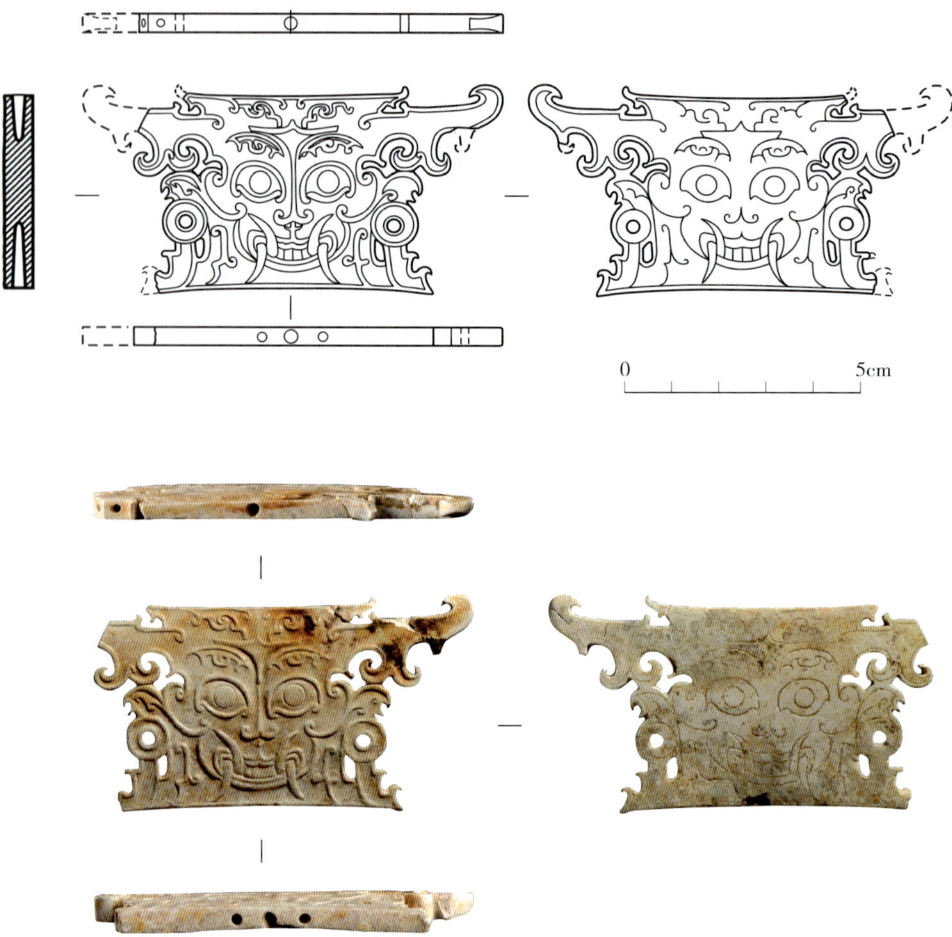

玉神面牌饰（M149：1）

不等，墓列间有交错，每个墓群都由多列墓葬构成。所以整个墓地可由大至小分为墓地、墓区、墓群、墓列和单体墓葬五级结构。

所有土坑墓皆为长方形竖穴，边圹多不规整。根据随葬玉器位置判断，墓主头向在西南，墓向普遍在 230° ~ 260° 。土坑墓长多在 1.8 ~ 2.4 米间，宽则普遍为 0.6 ~ 0.8 米。保存较好的墓葬普遍残深 0.15 ~ 0.25 米，少有超过 0.3 米者。部分保存较好墓葬的填土中可辨识葬具朽塌痕迹。所有墓葬内都未见人骨痕迹。例如 M147，墓向 236° 。墓口长 2.32、宽 0.8 米，墓底长 2.17、宽 0.74 米，墓残深 0.22 ~ 0.3 米。随葬品有 7 件陶器和 3 件玉器。陶器包括罐 5 件和带盖小罐、器盖各 1 件，玉器包括 1 件完整的鸟首璜和 2 件器形不辨的残件。

土坑墓中普遍存在一种可暂且称之为“垫器葬”的独特下葬方式。即在下葬时，先在墓底垫放数量不等的罐等较大的陶器，之后再放入葬具，玉器随墓主置于葬具内，壶、杯、盘、豆、钵、鬶等陶器则或随墓主置于葬具内，或置于葬具之上。

唯一的瓮棺墓 M71 位于墓地北区东西两墓群之间，其上部已被扰毁。瓮棺为夹砂灰衣红褐陶，灰衣多脱落殆尽。底径 13.2、残高 8.6 厘米。随葬 5 件玉器，包括 1 件鹰翅残件、2 件玉虎首、1 件玉蛙和 1 件残玉器。

三、出土遗物

墓地出土遗物有陶器和玉器两类。出土陶器共计 980 余件，皆泥质陶，以带领广肩的罐类器为主，占陶器数量的 80% 以上，一般每墓 2 ~ 5 件，多者可达 10 件。陶器多为黑衣红陶，少量灰陶和红陶。器形多不对称，肩部多向一侧倾斜。器身普遍施纹，篮纹最多，

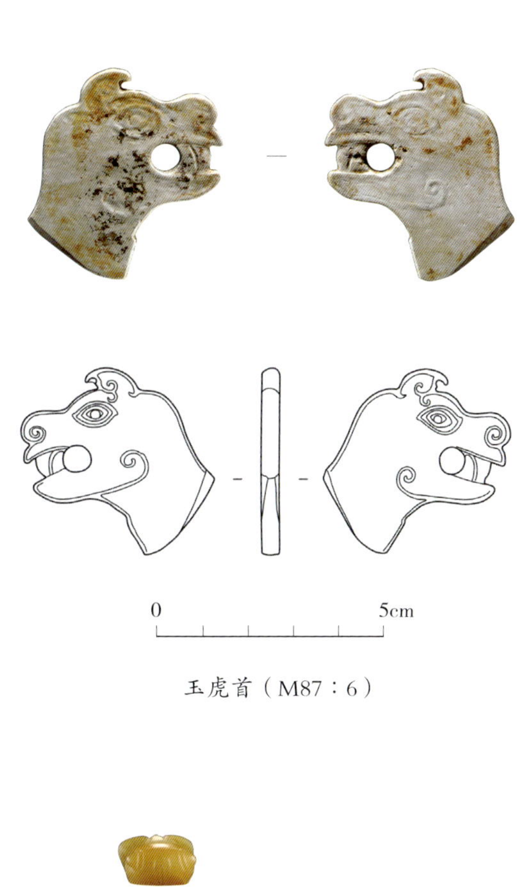

玉虎首（M87：6）

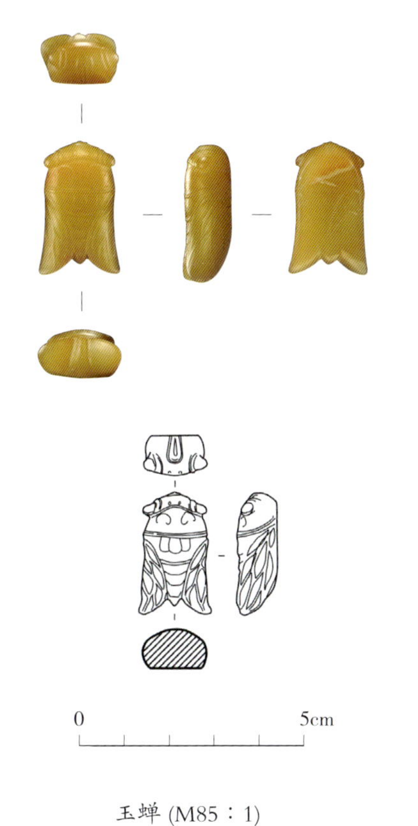

玉蝉 (M85：1)

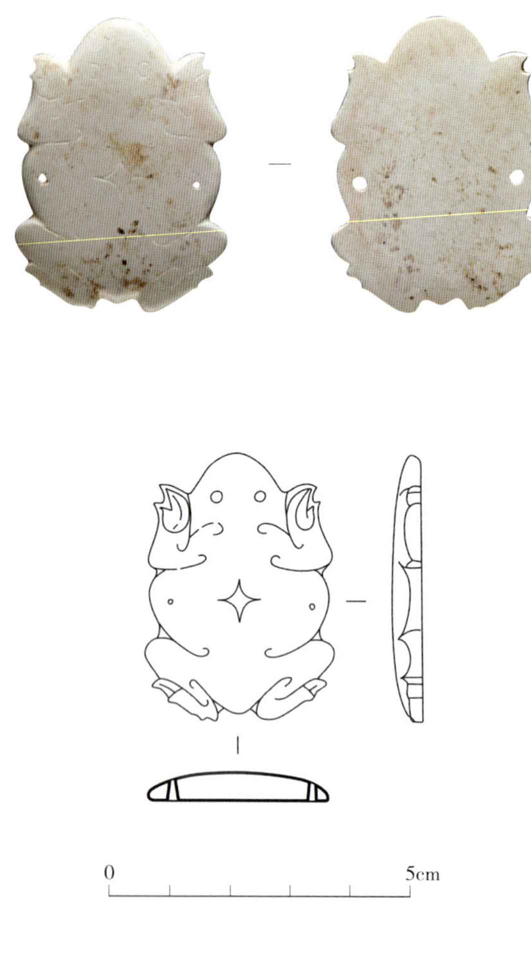

玉蛙（M71：5）

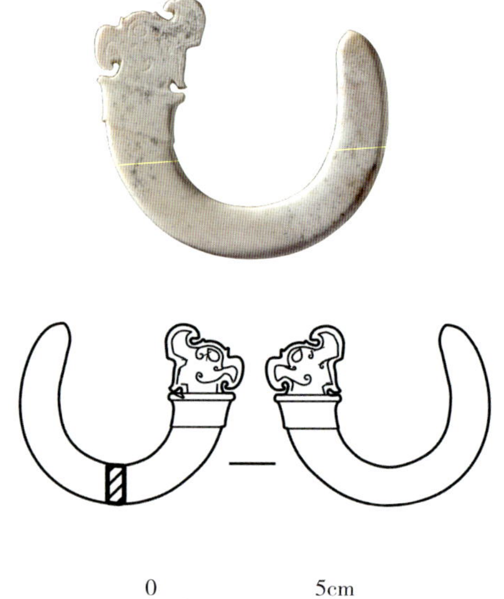

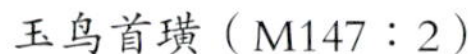

玉鸟首璜（M147：2）

玉虎首（M71：2）

其次为方格纹和绳纹，肩部篮纹与绳纹多见抹断或弦断，并见有局部篮纹或绳纹上再拍印方格纹，或篮纹局部交错成凸点纹状。陶器的器形还有壶、杯、豆、圈足盘、鬶、钵、器盖和带盖小罐等。这些器类在土坑墓中一般每墓仅1～3件，多叠压在罐类器残片上。壶、钵、器盖、带盖小罐和鬶等多为黑陶或红陶，杯、盘、豆则多为制作精致的薄胎磨光黑陶。器表多素面，有少量弦纹。

孙家岗遗址墓地与居址区出土陶器在器类组合上有一定差异，最明显的是，在居址区大量出

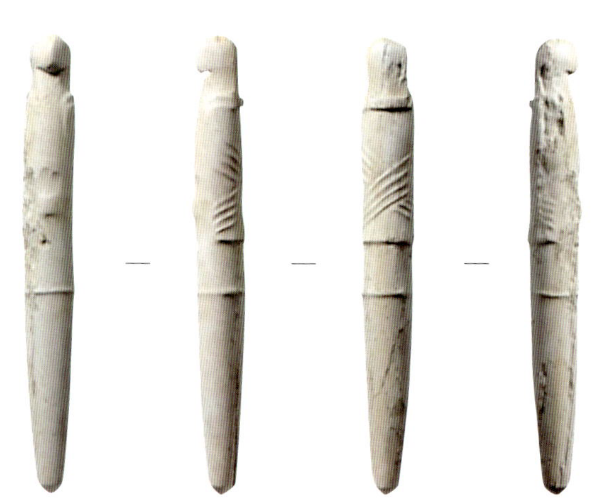

玉鹰首笄（M136：7）

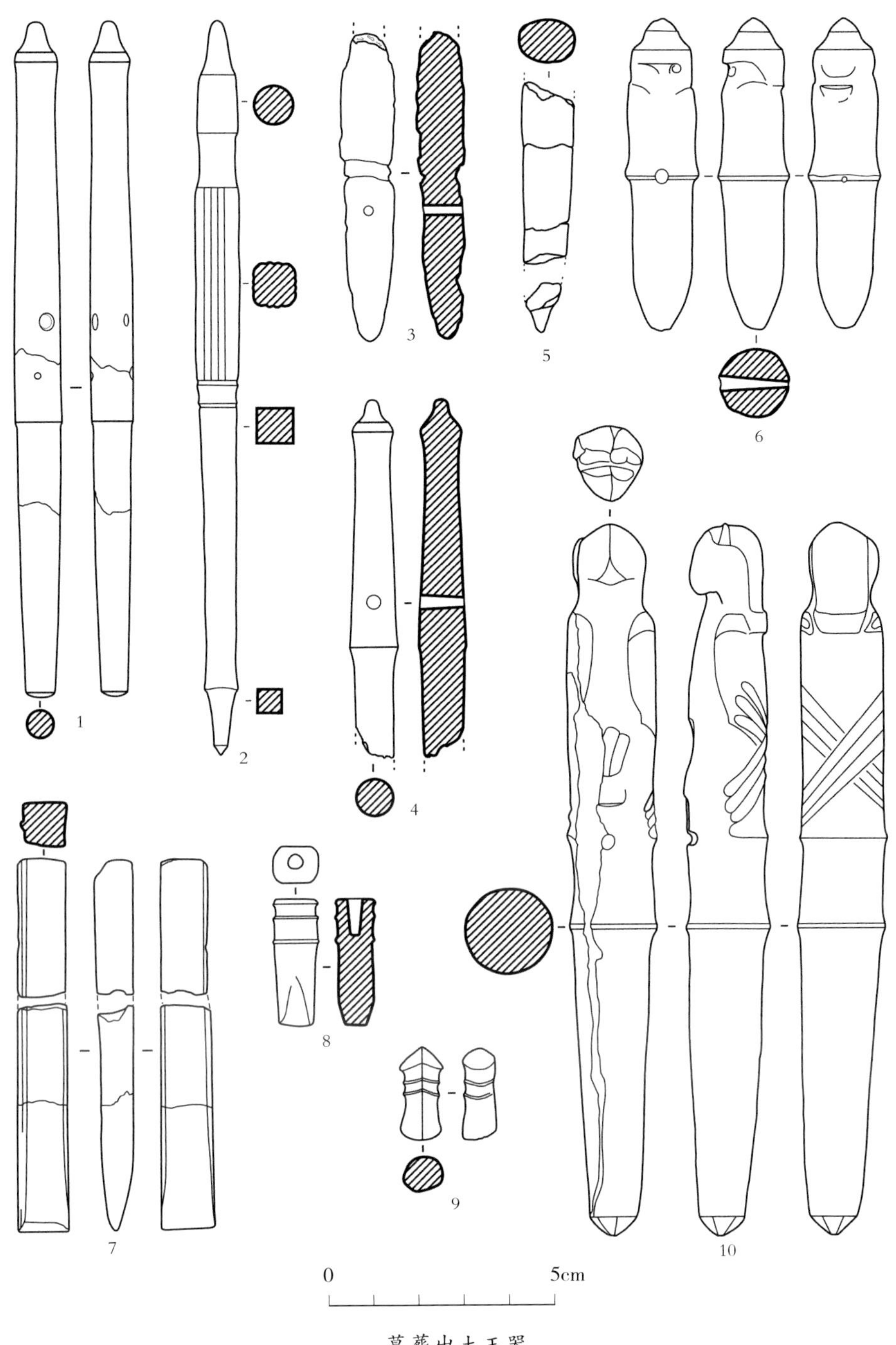

墓葬出土玉器

1、3 ~ 5、8 笄（M219：1、M64：1、M196：1、M142：1、M80：1 ~ 4） 2. 凿（M53：3、2、1）
6. 柄形器（M56：1） 7、9、10. 鹰首笄（M60 ：2、M120：15、M136：7）

现的宽扁足鼎在墓地基本不见，另外居址区常见的大型陶器缸、瓮等也不见于土坑墓。这种差异应是随葬品与实际生活用器之间的不同，而非时代的差异。

出土玉器 154 件，质地以透闪石为主，其次是阳起石，少量蛇纹石，并见有白云母—伊利石、滑石、石英以及铁绿松石等。绝大多数是器形不辨的玉器残片或残粒，完整或较完整可辨器形者

41件，具体器类有笄、璜、坠、璧、管、珠、环、冠状器、凿、纺轮和虎、鹰、龟、蝉等动物以及神面形象的佩（牌）饰等。其中最具特色的是神面牌饰和各种动物形象造型玉器。

四、结语

孙家岗遗址墓地的发掘，首次在洞庭湖地区完整揭示出一处新石器时代末期至夏代早期的聚落公共墓地，填补了洞庭湖地区在公元前2000年前后考古学文化上的空白，补上了长江中游文明进程中的一块重要拼图。

该墓地也是迄今为止已揭示出的规模最大的一处肖家屋脊文化墓地，整个墓地数百座土坑墓空间层级结构清晰，排列规整有序，反映出孙家岗聚落人群结构与社群秩序的长期稳定，成为研究早期国家孕育诞生时期长江中游地区社会情况的典型标本。

孙家岗遗址墓地出土陶器中最常见的广肩罐，以及浅腹圈足盘、长柄豆等正是肖家屋脊文化的典型陶器。另外，孙家岗墓地中出土有较多玉器，其中多见鹰、虎、蝉等动物造型，琢玉工艺以圆雕和减地阳纹为特色，也属于肖家屋脊文化玉器群特征。所以整体上，孙家岗遗存属肖家屋脊文化无疑。但已知肖家屋脊文化的墓葬皆为瓮棺墓，孙家岗遗址墓地却是以土坑墓为主，并流行“垫器葬”。这是其与汉东典型肖家屋脊文化遗存最大的差异。从这个角度看，孙家岗遗址出土遗存代表的是肖家屋脊文化的一个地方类型，我们暂称其为肖家屋脊文化的“孙家岗类型”。

肖家屋脊文化是长江中游地区在石家河文化末期，受到外来文化、特别是中原龙山文化煤山类型和造律台类型的冲击，由外来文化与石家河文化碰撞、交融而形成。孙家岗遗址的发现，是新石器时代末期中原龙山文化南下深入影响洞庭湖平原地区的实证。同时，孙家岗遗址墓地出土玉器是肖家屋脊文化玉器群的重要组成部分，其工艺和造型艺术风格对夏商周三代玉器影响深远。从这个意义上来说，夏代早期，洞庭湖畔，处于这一特殊时空节点的孙家岗遗址墓地，是洞庭湖地区最初参与中国化进程的实证，当然也是公元前2000年前后，从黄河到长江大范围中国化进程的见证。

■ 撰稿：赵亚锋、周华

湖北省随州市枣树林春秋曾国贵族墓地

工作单位：湖北省文物考古研究所、北京大学、随州博物馆、曾都区考古队

2018 年 3 月，经国家文物局批准，湖北省文物考古研究所、北京大学考古文博学院、随州博物馆、曾都区考古队联合队在枣树林墓地勘探，发现墓葬 86 座及马坑、车坑并进行了发掘。

枣树林墓地的发掘获得了一批具有重大学术价值和学术突破的材料，被列入“考古中国”之“长江中游地区文明进程研究（夏商周时期）”项目。墓地位于湖北省随州市曾都区东城办事处文峰社区一组、二组、十组，中心地理坐标为北纬 31° 42′ 27″ 、东经 113° 23′ 7″ ，海拔 83 米。墓地坐落在一条东北—西南向的长条形岗地上，高于四周约 3 ~ 5 米，东西宽约 200 米，南北长约 300 米，面积约 6 万平方米，南起汉东东路，北至文峰社区一组，涢水及其支流厥水交汇于墓地西南部。

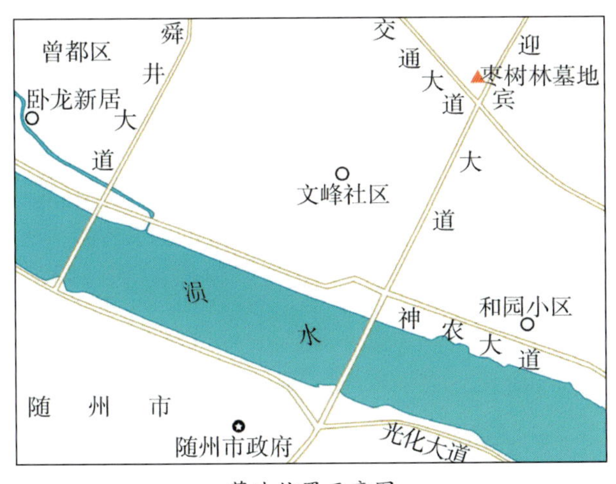

墓地位置示意图

枣树林墓地与近年发掘的文峰塔墓地均属于义地岗墓群。墓地共发掘大型墓 5 座、中型墓 19 座、小型墓 62 座。大、中型墓葬多为一椁重棺，小型墓均为一椁一棺。其中 5 座大墓分三组由北及南排列，北部为夫人墓，曾侯墓居中，南部东西两侧分别葬有马坑和车坑，中、小型墓葬分布在大墓外围，呈放射状分布。三组大墓墓主分别为曾公求及其夫人芈渔、曾侯宝及其夫人芈加和曾侯得，在布局和年代上都与墓地之南的曾侯與、曾侯郕墓葬衔接，整个墓地规划有序，墓葬排列整齐。

墓地出土铜器 2000 余件，大型墓的随葬礼器组合为鼎、簋、鬲、壶、簠、盘、匜、钘；中型墓的随葬礼器组合为鼎、簋、鬲、壶、簠、盘、匜或鼎、盏、簋、鬲、壶、簠、盘、匜；小型墓的礼器组合为鼎、壶、盘、匜或鼎、盏、盘、匜。大型墓出土编钟 88 件、编磬 60 件，部分中、小型墓出土编铃近 70 件。发现铜礼乐器铭文 6000 余字，其中曾公求编钟的铭文近 2400 字，是迄今考古发现金文数量最多的一套器物。

部分曾侯墓葬保存较好，周代封君墓葬棺椁结构得以较完整呈现，大量保存较好的漆木器如

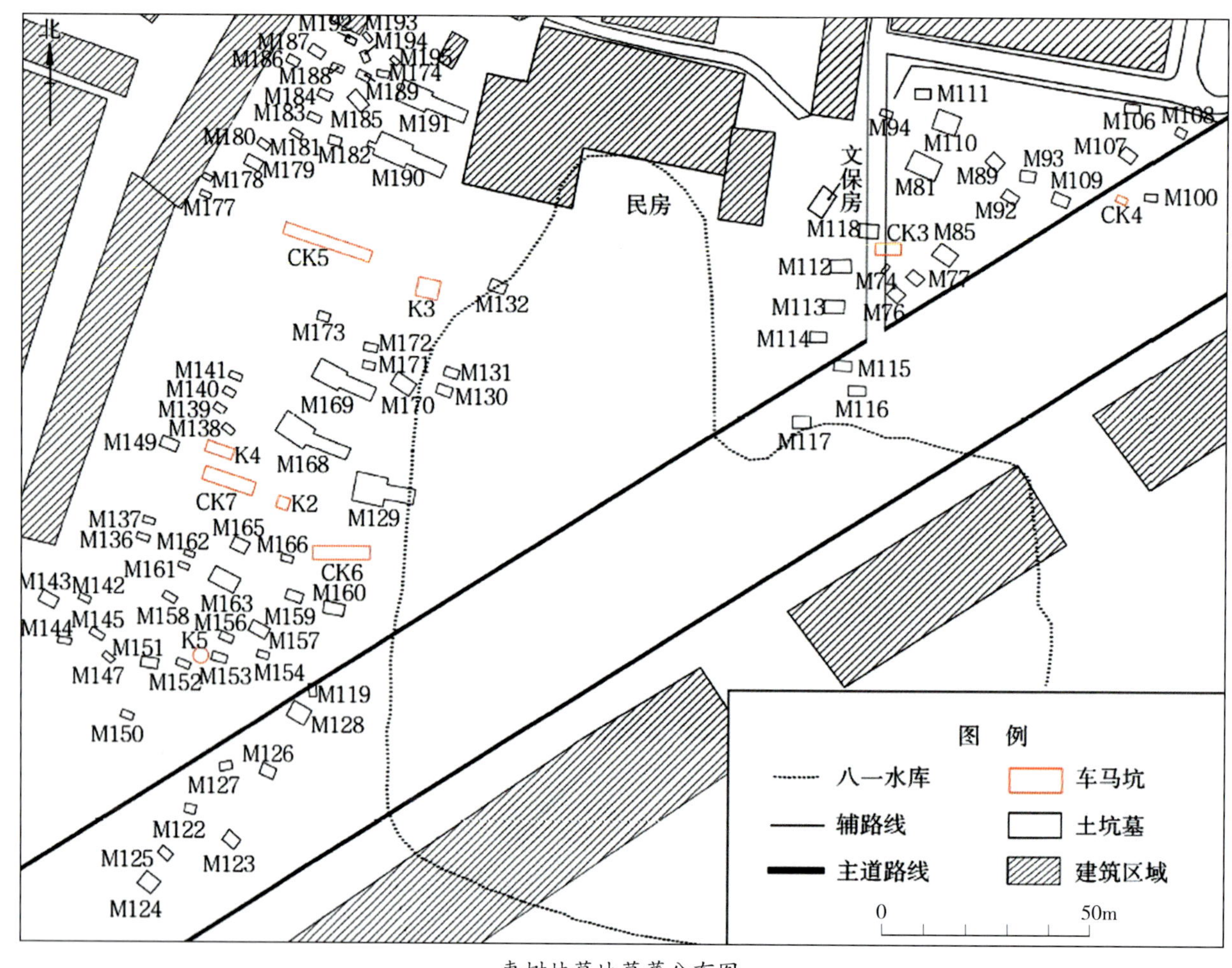

枣树林墓地墓葬分布图

豆、俎、瓒、彩绘钟架和磬架、兵器柲杆、绕线棒、盾等得到了较完整地提取保护。车坑内发现了较为少见的车饰种类，部分车器的使用方式，也是同时期所仅见。

大型墓 M190 位于墓地北部，为带斜坡墓道的“甲”字形墓，方向 113° 。墓室长 8、宽 5.8 ~ 6.8、距地表 6 ~ 7 米。M190 出土随葬器物 382 件（套），随葬品摆放有一定规律，椁室北部放置乐器，东部放置兵器、车马器及少量盥洗器，南部放置礼器及兵器，西部放置酒器、乐器。铜编钟、石编磬位于椁室西部及西北部，乐器构件如编钟架、横梁等漆木构件被拆分放置于椁室四周，皆有彩绘纹饰，还贴饰有大量的铜鱼。方壶、圆壶等铜酒器位于椁室西南角，鼎、簠等铜礼器位于椁室南部，盘、匜、钘等铜盥洗器位于椁室东部。漆木豆数量较多，均放置于椁室南部。车马器如马衔、马镳等分布比较零散，椁室西、南、东部都有发现。马甲、漆甲等带漆皮的器具出土于椁室东部，上饰漆绘纹饰，外饰一层铜皮护具，部分铜皮有錾刻纹饰。大部分铜銮铃、车铃、车軎出土于椁室东部；车轭出土 2 组，组合为铜銮铃、木车轭体、铜轭足。兵器主要出土于椁室南部、东部和北部。椁室西南角发现 1 件保存完好、带木柲杆的铜戈，柲杆长约 3 米，饰漆绘纹饰。椁室北部出土铜戈、箭镞、矰矢；椁室东北角出土铜戈、箭镞；椁室东部、东南部出土漆木盾、木弓等漆木兵器。椁

M169 出土铜编钟

室东部与东南部被盗扰，盗洞内发现了鼎腹片、鬲口沿、簠盖、戈等铜器残片，以及漆木豆等较完整器物，另有玉器、陶片、车马器、漆木器、果核、树叶、兽骨等。盗洞底部发现 2 件陶豆，应是盗墓者遗留的物品。根据出土铜器铭文可知墓主人为曾公求。

大型墓 M191 位于 M190 北侧 10.7 米。根据出土铜器铭文可知墓主人为曾公求夫人（芈）渔。

中型墓 M81 位于墓地东北部。长方形竖穴土坑墓，方向 120° 。墓口长 5.9、宽 5 ~ 5.08 米，墓底略小于墓口，长 5.7、宽 4.85 米，墓深 4.04 ~ 4.06 米。墓壁较直，四壁较粗糙，不见修整痕迹。墓内填土为黄褐、灰褐色花土，结构致密，呈颗粒状，包含较多碎小石块，未见明显的夯打痕迹。椁底板下置东西向垫木两根，直抵东、西墓壁，垫木槽宽 0.4、深 0.25 米，间距 2.1 米。M81 出土随葬器物 125 件（套），以铜器为主，随葬品摆放在棺椁之间，位于外棺的东、南和西侧。以铜器为主，其中有鼎 5 件、簋 4 件、鬲 5 件、壶 2 件、簠 2 件、纽钟 12 件，另有编铃、戈、矛、马衔、马镳、车軎、銮铃，还有玉玦、玉刀等。根据出土铜器铭文可知墓主人为曾叔孙湛。

小型墓 M171 位于墓地中部。长方形竖穴土坑墓，方向为 115° 。墓口长 3.7、宽 2.4、墓深 2.7 米。坑壁陡直规整，墓底平坦。坑内填土为黄褐、黄灰色花土，夹杂细小的黑色炭化物颗粒，土质较硬，结构致密，未见明显的夯打痕迹。M171 出土随葬器物 15 件（套），以铜器为主，有鼎、簠、盘、匜、戈、车軎、马衔、马镳等。

本次发掘清理了马坑 4 座、车坑 5 座，车坑和马坑分设。马坑内葬马数量不等，多者 20 余匹，少者仅几匹，马均为杀死后埋葬。车坑葬车多者十余辆，少者几辆，车结构完整，部分车体、车器、车饰形制独特，为同时期遗存的考古发掘中首次发现。

枣树林墓地出土的近 600 件铜礼乐器中大部分有铭文，铭文有“曾”“曾公”“曾侯”“曾叔”“曾

铜编钟（M169：9）拓本

M190椁室（上为北）

M190 出土铜礼器

M190 出土铜编钟

孙”等。根据出土铜器铭文、墓葬分布及器物组合，我们可以判断枣树林墓地为一处曾国高等级贵族墓地，并可将枣树林墓地墓葬分为两期四段，分别为春秋中期早段、春秋中期晚段、春秋晚期早段、春秋晚期晚段。

枣树林墓地与近年发现的叶家山、文峰塔、郭家庙、苏家垄等遗址和墓地，共同构建了周代封国中考古学文化序列最为完整清晰的曾国历史发展脉络，建立了中国南方周代青铜考古学文化研究的标尺。枣树林墓地的考古发现在曾国乃至周代考古领域具有重大意义。

三组曾侯墓是经过科学考古发掘保存最好的春秋中期侯级墓葬，为研究春秋时期侯级墓葬形制、礼器组合等相关问题提供了翔实的实

铜鼎（M190：107）

铜圆壶（M190：104）

铜镈钟（M190：32）

物资料，意义重大。芈加编钟铭文“帅禹之堵”“以长辝夏”，可与传世豳公盨、秦公簋的“禹”“夏”铭文相印证，反映了春秋时期不同文化区域对“禹”和“夏”的共同认知，为研究中华文明起源问题提供了新材料。芈加编钟铭文从铭文记载的角度辨析周代从“稷”到“文”“武”的世系，为建立曾国世系提供了最直接的铭文资料。曾公求编钟铭文涉及周王朝昭王南行、经略南方等重大历史事件，为研究周王朝开发南土提供了新材料。曾侯宝夫人芈加铜器铭文“楚王媵随仲芈加”、曾公求夫人渔墓铜器铭文“唐侯制随侯行鼎”，充分证明曾即为随，从而为学术界长期争论不休的“曾随之谜”画上了句号。早晚墓葬随葬器物

M191 椁室（上为北）

M81 椁室（上为北）

铜鼎（M191：15）

铜鼎（M81：7）

铜鬲（M191：13）

铜簋（M81：3）

神人驭龙双通车构件（CK5：4）

铜缶（M169：28）铭文拓本

M171（上为北）

K3（上为北）

M191 出土铜鼎铭文

之间的差异说明了春秋中期曾国从“左右文武”到“左右楚王”的转变，为探讨中央与地方青铜器的发展变革提供了重要的实物资料。

曾国在西周早期至战国中期的存世阶段，从国君到中小贵族的墓葬、中心区域遗存都有揭露，曾国成为商周考古中物质文化面貌揭示最为完整、全面的诸侯国。曾国历史从传世文献记载不明，到考古揭示出清晰的国君世系、社会阶层、文化面貌，体现出考古写史的作用和意义。

■ 撰稿：郭长江、陈虎、李晓杨

甘肃吐谷浑墓葬群
考古研究项目

武威地区唐代吐谷浑王族墓葬群位于甘肃省武威市西南，地处祁连山北麓，主要分布于武威南山区南营水库以西，冰沟河与大水河中下游北岸的山岗之上。

2019 年，甘肃省文物考古研究所在西距青咀湾、喇嘛湾 15 千米的天祝县祁连镇岔山村发掘了吐谷浑喜王慕容智墓，该墓是目前发现的唯一保存完整的吐谷浑王族墓葬，出土各类随葬品 800 余件。同年，唐代吐谷浑王族墓葬群的考古及文物保护工作被列入“考古中国”重大项目中。

该项目以武威地区唐代吐谷浑王族墓葬群为主要研究对象，通过系统的考古调查、发掘、文物保护和研究工作，力图厘清该墓群的分布范围、墓葬数量、墓葬特征及葬制葬俗，进一步提高对该墓群文化内涵的认识。为推动武威地区吐谷浑王族大遗址群的可持续发展和文物保护利用提供关键基础，为古代丝绸之路历史文化研究提供新的方向，为铸牢中华民族共同体意识提供文化保障，为“一带一路”倡议的实施提供学术支撑。

2020 年以来，项目组在武威南山区持续开展考古调查、勘探和发掘工作，调查面积 400 余平方千米，共发现吐谷浑王族墓葬 23 座，发掘墓葬 3 座，取得阶段性成果。

从目前的考古发现及研究来看，武威南山区至少存在两个吐谷浑王陵区，即大可汗陵区和阳晖谷陵区，时间上先后相承。两陵区内墓葬均零散分布，整体呈现“大集中，小分散”的基本特征。墓葬皆营造在一个个山岗之上，坐北朝南，“牛岗僻壤、马鬣开坟”，独具特色。墓群年代集中在唐代早中期，墓葬均具有唐代早中期高等级墓葬的基本特征，以唐代葬制为主，葬俗兼有明显的吐谷浑文化、西域文化、草原文化因素。

通过项目的开展，为我们认识吐谷浑民族融入中华民族共同体的轨迹，提供了大量文献缺载的历史信息。考古发掘和研究所呈现的墓葬独特的选址、形制特征及出土的大量丝绸、金银器、漆木器、陶器等文物，提供了唐浑之间交往、交流与交融的众多线索，揭示了吐谷浑民族融入中原文明体系的史实，为铸牢中华民族共同体意识提供文化自信，为丝绸之路历史文化研究提供了新方向，为“一带一路”倡议的实施提供了重要学术支撑。

■ 撰稿：陈国科、刘兵兵

甘肃省天祝县唐代慕容智墓

工作单位：甘肃省文物考古研究所

一、工作缘起

慕容智墓位于天祝县祁连镇岔山村浩门组所在的山顶之上，东距武威市35千米。墓葬地处祁连山北麓，为顶部较为平缓的山地和纵谷结合地貌。2019年9月27日，甘肃省天祝藏族自治县自然资源局在祁连山区进行土地整备时发现该墓，甘肃省文物考古研究所随即对其进行了抢救性发掘。经发掘，该墓为武周时期吐谷浑王族成员喜王慕容智墓。墓葬保存较好，出土文物丰富，考古信息齐全，有重要的考古学、历史学、艺术学研究价值，是丝绸之路考古的重大发现，其文物保护及相关吐谷浑王族墓葬群考古被纳入“考古中国”重大项目中的“甘肃吐谷浑墓葬群考古研究项目”。

二、遗迹概况

该墓为单室砖室墓，由墓道及壁龛、封门、照墙、甬道和墓室等组成，平面近刀把形，通长23.8米，方向170°。墓葬是先挖成带长斜坡墓道的瓦刀形竖穴土圹，后在土圹内砌筑砖室，形成单室砖室墓。

墓葬俯视图

（一）墓道及壁龛

墓道位于墓室南部，开口平面呈长方形，长斜坡底。通长 17.5 米，底距地表深 3.8 米。填土中包含有碎砖块、木块等，并随葬有彩绘木杆、木构件等，底部散见墨绘画像残砖、调色砖和调色石等，墓门前有整马、羊殉牲。

墓道底部墓门前东、西两侧各有一壁龛，均呈拱形顶，龛外均使用青砖封堵，封龛墙均高 1.12、宽约 0.7 米。东、西壁龛内壁及底皆涂抹一层草拌泥。西龛内随葬彩绘陶仪仗俑和木俑，共计 43 件（组）；东龛内随葬彩绘陶俑，共计 27 件（组）。

（二）封门、甬道及照墙

封门由砖砌封门墙和木门两部分组成。

封门墙位于墓道与甬道之间，青砖砌筑，共四道。第一、二道墙由墓道东、西壁龛前封龛墙及中间的砖墙组成，东西总宽 1.4、进深约 0.7、高 1.12 米，共用砖砌筑 12 层。第三道封门墙紧贴甬道口，宽 1.4 ~ 1.5、进深 0.34 ~ 0.36、高 2 米，共用砖砌筑 18 层。第四道封门砌筑方法与第三道相同，亦共计 18 层砖，高度相同，唯底部较第三道低 0.1 米，因整体砌入甬道券门内 0.2 米，顶面较第三道墙低 0.1 米。

封门砖墙北侧、甬道券门口内约 20 厘米处安设有木门，由门柱、门轴、门槛、门楣、门额及双扇门扉组成，门扉四边各用一条形铜片包饰，正中边沿处各镶嵌一鎏金铜衔环泡钉，上安一鎏金铜锁。扉面上对称钉有排列整齐、大小相同的鎏金铜泡钉 5 排 10 列，共计 50 个。因木门柱底部部分腐朽，门整体由南向北坍塌，平铺于甬道内。

甬道位于墓道北侧，为在土圹内用砖砌筑的拱形券顶结构。土圹平面近长方形，东壁基本与墓道东壁平齐，东西宽 2.28、南北进深 2.1 米，底距现存地表深 3.8 米。甬道砖结构平面呈长方形，南端内宽 1.26、北端宽 1.3、进深 2.1、高 1.9 米。

墓门券顶以上用条砖叠砌照墙，照墙表面先抹有一层草拌泥，再于其上涂白灰一层，以白灰层为底，绘有彩绘壁画。

（三）墓室

墓室土圹近方形，东壁较甬道向东微宽出 10 厘米左右，东西宽 4.1、南北长 4.2、深 3.9 米。土圹内紧贴圹壁用青砖砌筑墓室，砖室结构平面呈方形，顶部遭破坏，从残存情况判断，应为四角攒尖式穹隆顶。砖室内南北长 3.6、东西宽 3.4、残高 3.7 米。砖室内底用砖纵向错缝平铺一层。西侧设棺床，宽 1.5、高 0.13 米。棺床上用砖错缝横向平铺一层，铺底砖上均铺有一层白灰，厚 0.5 ~ 1 厘米，白灰层上再铺一层草席，草席多已朽，从残片看，厚仅为 0.2 厘米左右。草席上铺有一层丝织品，其上靠西侧南北向顺置一木棺。

木棺保存较好，棺头朝北，由弧形棺顶盖、箱式棺和棺座组成，整体呈头较高且宽、尾较低且窄的舍利棺状。其中弧形棺顶盖置于箱式棺上，由 7 块长木条板使用榫卯结构拼接而成。箱式棺平面呈梯形，由左右侧板、前后挡板、底板和盖板组成。箱式棺长 2.43、头端宽 0.87、高 0.76、尾端宽 0.74、高 0.7 米。棺座为平面呈“目”字形的框架结构，上置箱式棺。棺顶盖与箱式棺使用铁钉加固，头、中、尾边沿各一颗，共用钉 6 颗。棺木总长 2.55、头端宽 0.94、总高 1.19、尾宽 0.76、总高 1.05 米。

（四）壁画

共两处，一处位于甬道口上端的照墙上，从

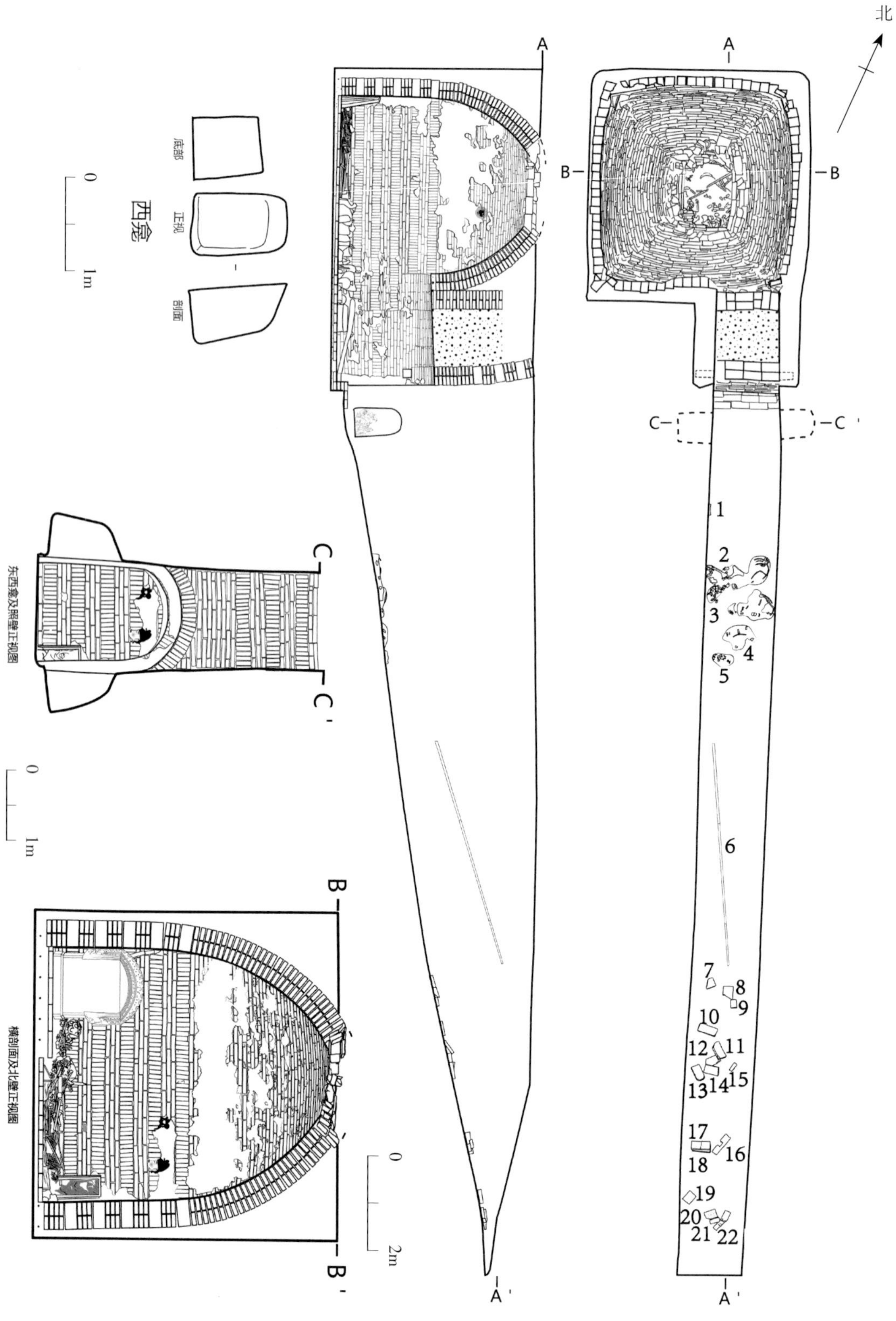
北
A
A'
B
B'
C
C'
西龛
底部
正视
剖面
东西龛及照壁正视图
横剖面及北壁正视图
0
1m
2m
1
2
3
4
5
6
7
8
9
10
11
12
13
14
15
16
17
18
19
20
21
22

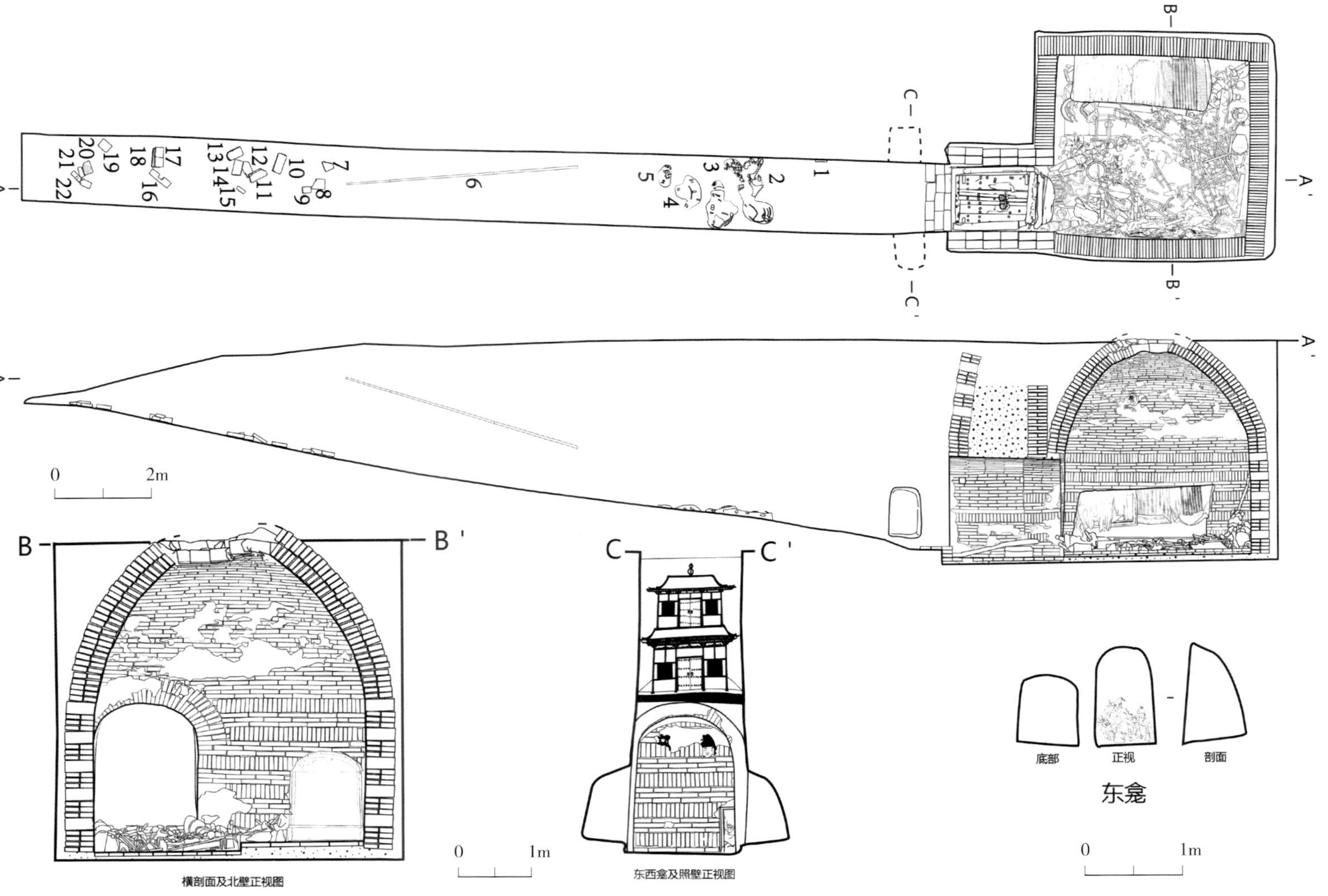

墓葬平、剖面图

1、7～14、19. 碎砖块 2～5. 殉牲骨骼 6. 墨绘木杆 15～18、22. 木构件 20. 调色砖 21. 调色石

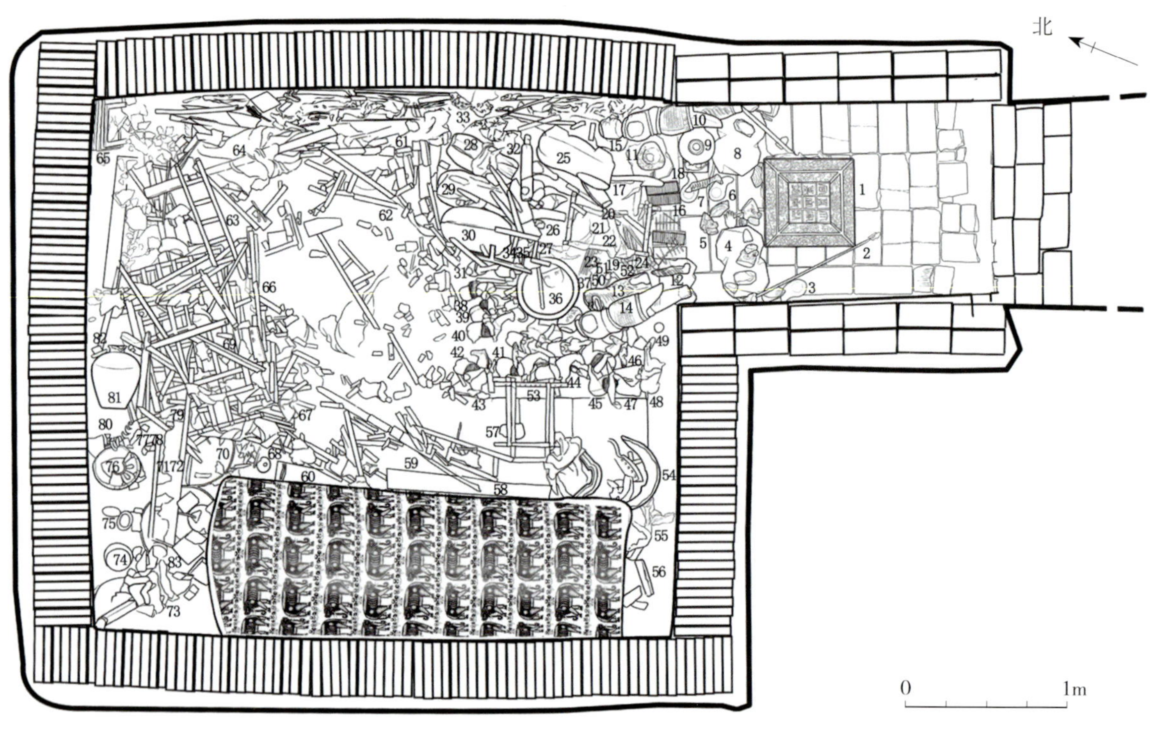

墓室随葬品分布图

1. 石墓志　4、8. 武士俑底座　2、3、5、6. 武士俑残件　7. 镇墓兽残件　9、74、76、81. 陶罐　10、14. 武士俑俑身　11. 镇墓兽（带底座）　12. 镇墓兽底座　13. 镇墓兽俑身　15. 武士俑头　16. 木屋残件　17、19. 镇墓兽残件　18、49. 陶狗　20、67、80. 木俑残件　21 ~ 24. 木风帽俑　25. 木马俑身　26. 木马车　27. 木厨具　28、29. 木俑　30. 木骆驼俑身　31. 木骆驼俑残件　32. 木马残件　33. 木俑残件　34、35. 木朱雀　36. 陶盆　37、52. 陶鸡　38 ~ 48. 陶骑马俑　50、51. 陶羊　53. 木胡床　54. 马鞍　55、61、64. 丝织品　56. 木器残件　57. 皮盒　58. 胡禄　59. 木弓　60. 铁甲　62、63、66、69. 木床榻构件　65、木六曲屏风　68. 铁胄　70. 漆盘（内有漆碗、银筷、银匙、核桃、面食等）　71. 木玄武　72. 木朱雀残件　73. 谷物袋　75、82. 陶罐盖　77、78. 木俑残件　79. 嵌金腰带　83. 漆盘（内有羊骨架、木朱雀尾、铜饰件、木器残件、丝织品残块等）

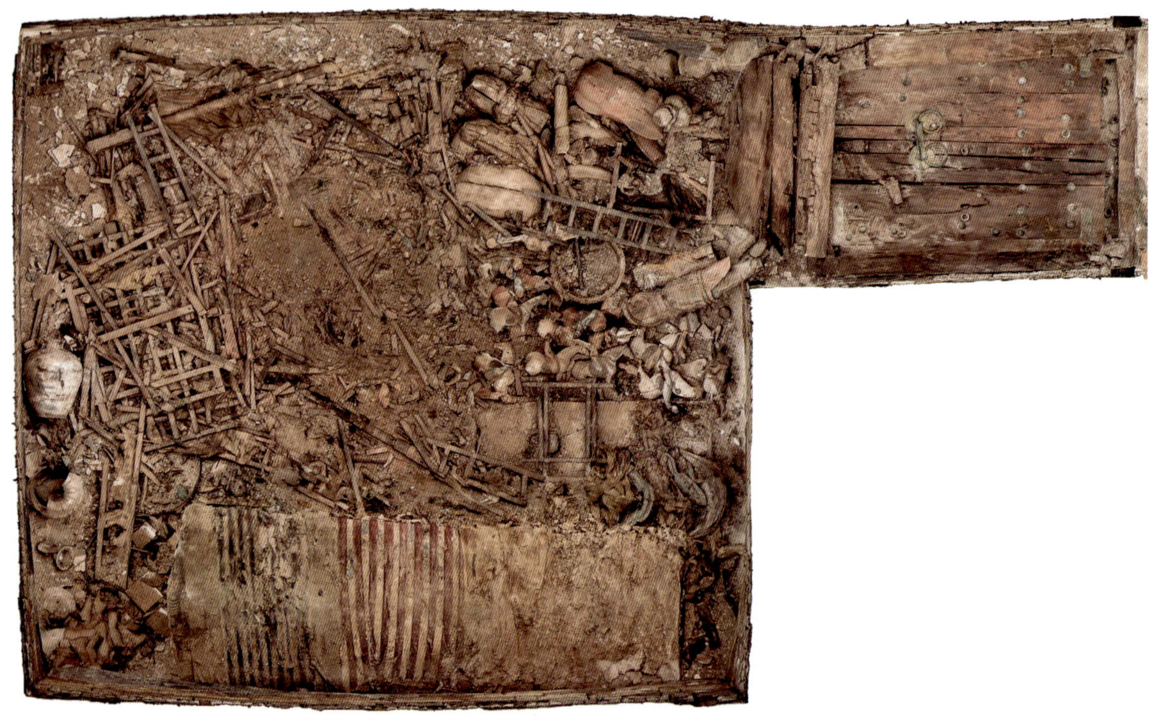

甬道、墓室随葬情况正射影像图

墓道东侧壁龛内随葬的仪仗俑群

封门墙及照墙壁画

甬道内倒塌的木门

甬道顶开始，直至墓葬开口处，另一处壁画位于甬道及墓室中。其中照墙上的壁画宽 1.25、高 1.65 米。壁画以白灰为底，上用红、黑线条勾绘出双层门楼结构。甬道及墓室内均满绘壁画，多已脱落，从残存部分看，砖室壁画内容共分上、下两部分。甬道东、西两壁及墓室内由底至高 1.86 米处以白灰为底，用墨线勾绘男女人物画像，并在人物的脸部、嘴部、发式及手部等施红、黄等彩色，具体内容已不详。墓室顶部以白灰为底，上涂一层青灰色颜料，其上再绘天象图。墓室东壁近正中涂圆形红色区，在其内墨绘一三足乌，代表太阳；在其对面的西壁上，亦见有一圆形白色区，内墨绘一桂树，树下墨绘一正在捣药的玉兔，代表月亮。由墓室西北角起直至东南角有一条带状白色区域，表示银河。在墓室四面穹顶上散见有直径为 3 ~ 5 厘米的红色点状物，代表星辰。

三、出土遗物

墓葬内随葬品较为丰富，有陶器、漆木器、金属器、石制品、革制品及丝织品等。

陶器种类有生活用器、大量彩绘仪仗俑和少量家畜、家禽俑。其中生活用器主要有彩绘陶罐、双耳罐、陶盆等，以轮制为主，多为泥质灰陶，个别为红陶，部分陶罐配有木质器盖。彩绘仪仗俑群类型多样，造型各异，主要有各种文官俑、武官俑、男女侍俑、男女骑马俑等。家畜、家禽俑有陶羊、狗、鸡。彩绘仪仗立俑多以泥质红陶为主，前后合模制作而成，内部中空。骑马俑马身上的人物和马匹系单独制作而成，后拼合粘接在一起，组成完整的造型。

木器有各类木俑及生活实用器、模型器等，部分髹漆。木俑主要有镇墓兽、武士俑、男女侍俑、马及牵马俑、骆驼及牵驼俑等。皆以木头雕刻而成，表面施有彩绘。可分为小型木俑和大型木俑两种，小型木俑由一整块木头圆雕而成，大型木俑则是将各部位分别雕刻，最终组合粘接而成。生活实用及模型器皆由木头加工而成，部分表面髹漆，或有金属片作为装饰。种类主要有带帷帐的床榻（顶部站立朱雀、玄武、羽人、凤鸟等）、门、胡床、马鞍、六曲屏风、漆盘、漆碗及列戟屋、马车、农具（磨盘、碓、锨）、乐器（笙、排箫、鼓、鼓槌）、餐具（筷、勺、叉）等。

金属器主要有金、银、铜、铁器等，金银器主要为餐饮器具、腰带饰及马具等。铜器见有锁、泡钉、各漆木构件上的饰件及“开元通宝”铜钱等。铁器见有甲胄、马具及铁钉等。

革制品主要为嵌金腰带、方盒等。石器有调色石、石构件及墓志等。纺织品数量大、品类多，主要为丝织品，有罗、绢、锦、刺绣等。

另外，墓室西北角、棺内还随葬有数量较多的粮食。

四、结语

墓葬出土墓志一方。志文载，墓主为“大周云麾将军守左玉钤卫大将军员外置喜王”慕容智，因病于天授二年（691年）薨，于“其年九月五日迁葬于大可汗陵”。志文内容显示，慕容智系吐谷浑国末代统治者，唐敕封拔勤豆可汗、青海国王慕容诺曷钵第三子。慕容智史无载，结合目前有关其家族文献记载及相关研究，可对慕容智生平进行钩稽。慕容智于永徽元年（650年）生于吐谷浑王城（伏俟城），在他14岁时其国为吐蕃攻灭，遂同父母逃亡至今武威地区，在武威生活一段时间后，与其父母部族移居今宁夏吴忠。大约在武威生活的少年时代或成年后，至唐都长安，入侍宫廷，担任禁卫军职，宿卫皇帝。因出身高贵且尽忠职守，官至“左玉钤卫大将军”。慕容智其人，智勇双全，望重边亭，誉隆藩邦，其在吐谷浑族中封号为喜王。691年三月，因病在宁夏吴忠逝世，同年九月灵柩运

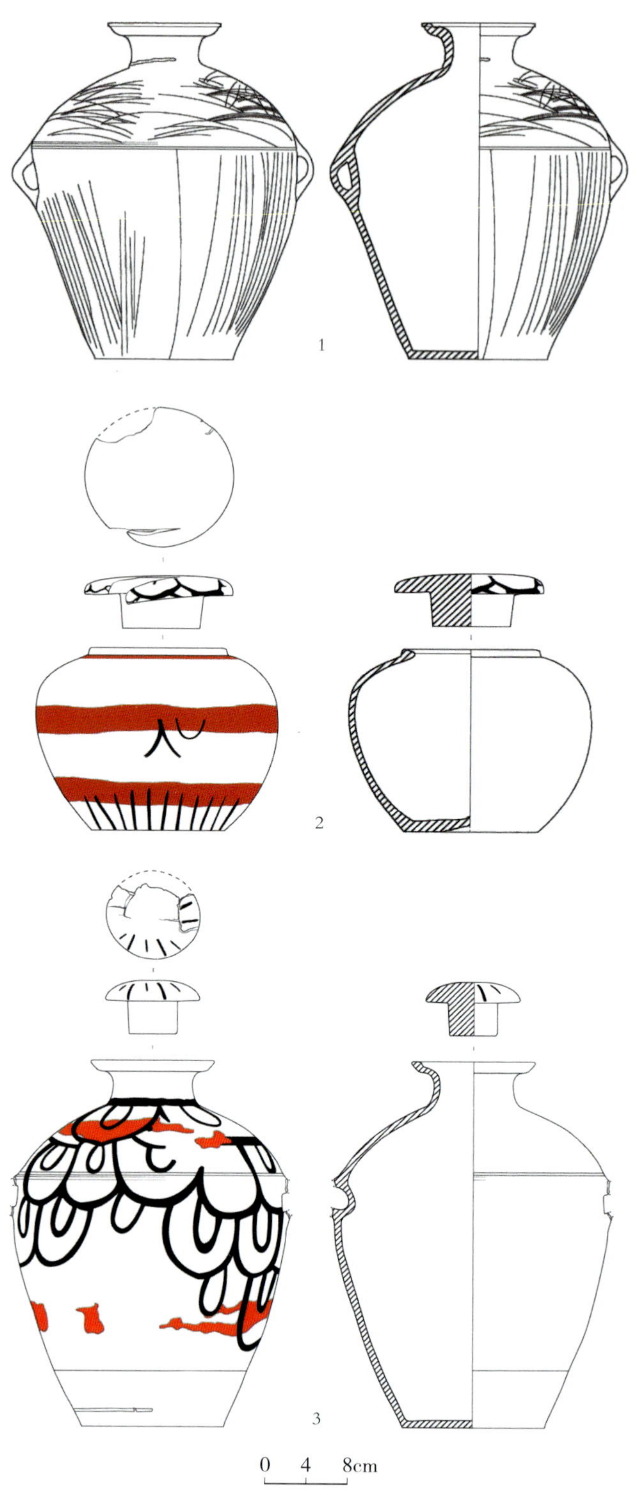

陶罐

1. 陶双耳罐（MS：14） 2. 彩绘陶罐（MS：78） 3. 彩绘双耳罐（MS：73）

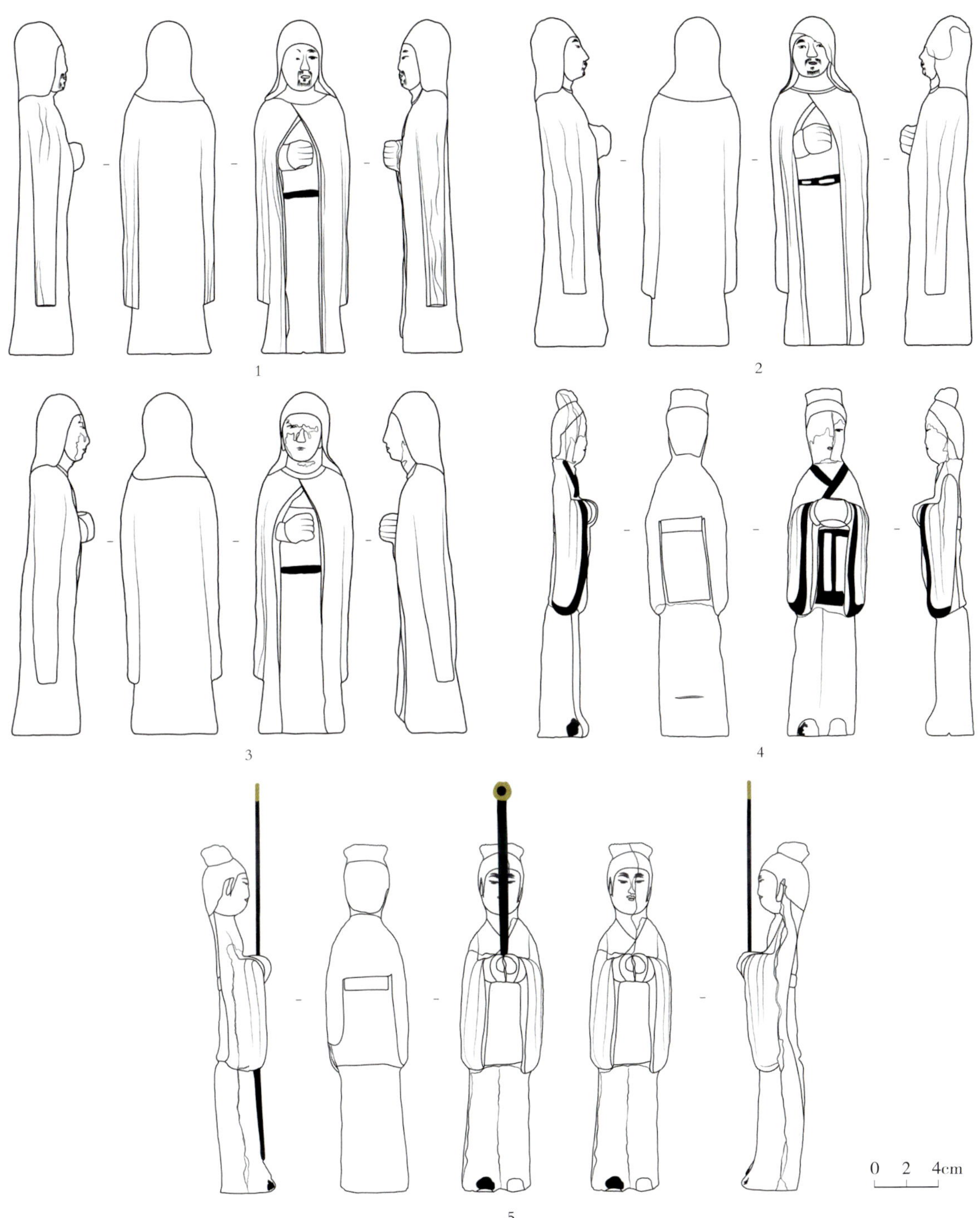

彩绘陶人俑

1～3. 风帽男俑（MDK1：34、MDK1：40、MDK1：41） 4、5. 双髻女俑（MDK2：27、MDK1：15）

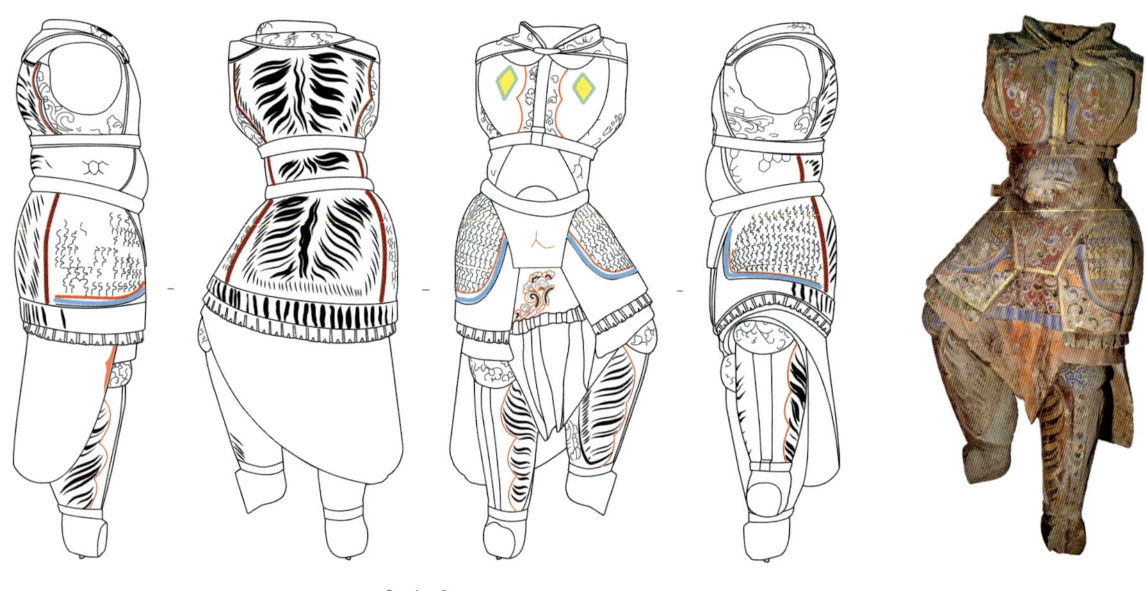

彩绘贴金木武士俑

彩绘陶动物俑

1. 羊（MS：27） 2、3. 狗（MS：15、MS：45）

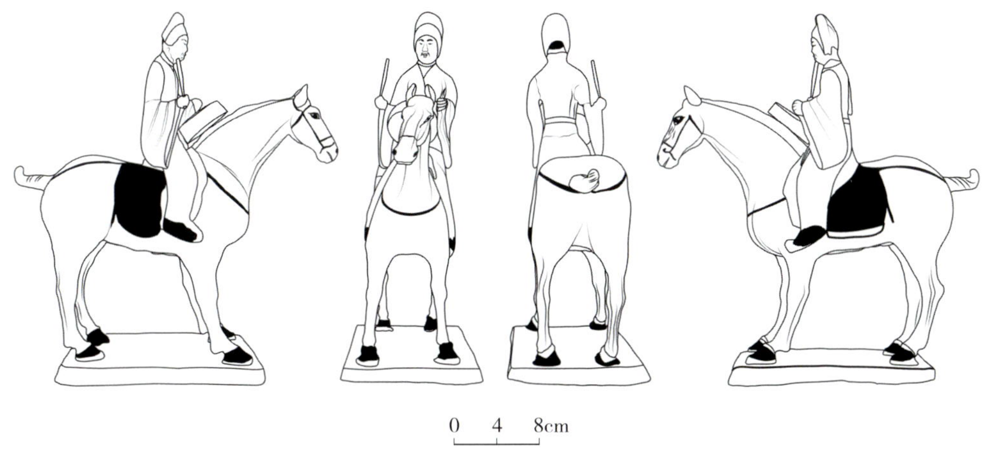

彩绘陶戴笼冠骑马击鼓俑

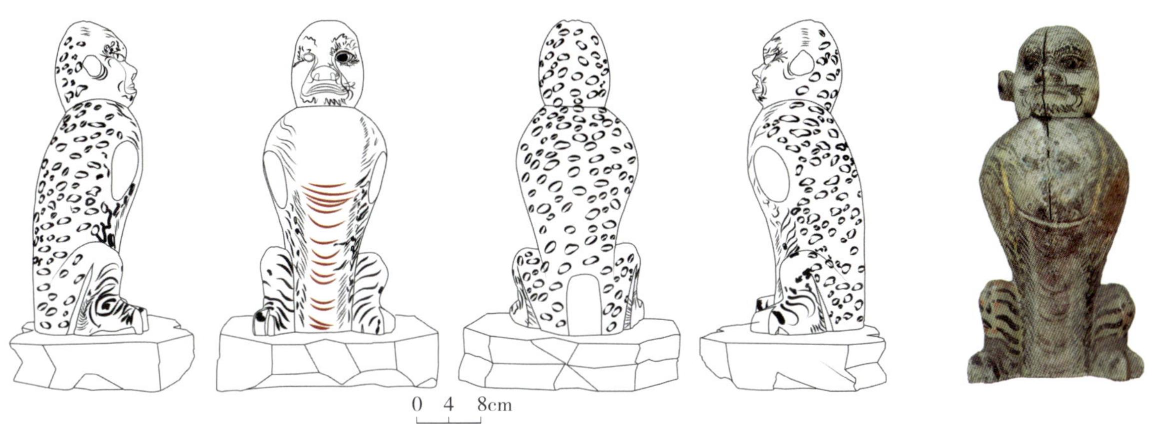

彩绘贴金木镇墓兽

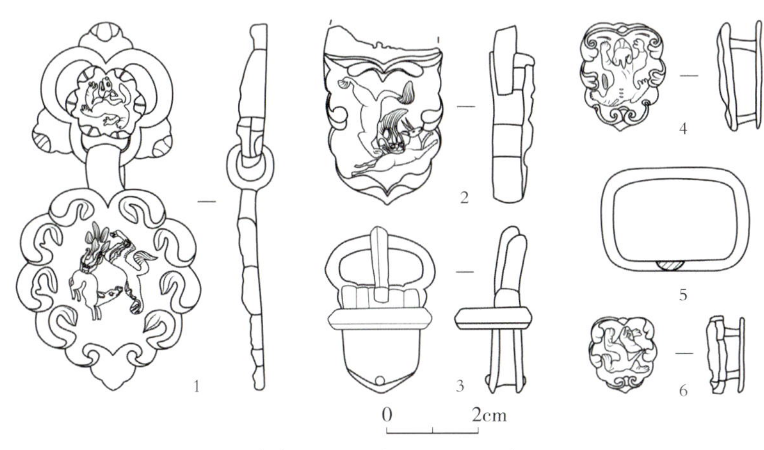

鎏金银马具（MS：85-2）

1. 三叶花形鎏金银节约及鎏金银杏叶 2. 圭形鎏金银带饰 3. 鎏金银带扣 4. 三角形鎏金银带饰 5. 桃形鎏金银带饰 6. 银带箍

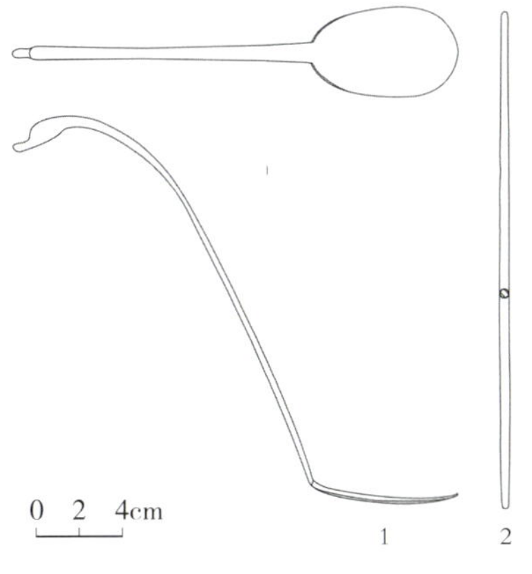

银匙及银筷

1. 银匙（MS：81-8） 2. 银筷（MS：81-9）

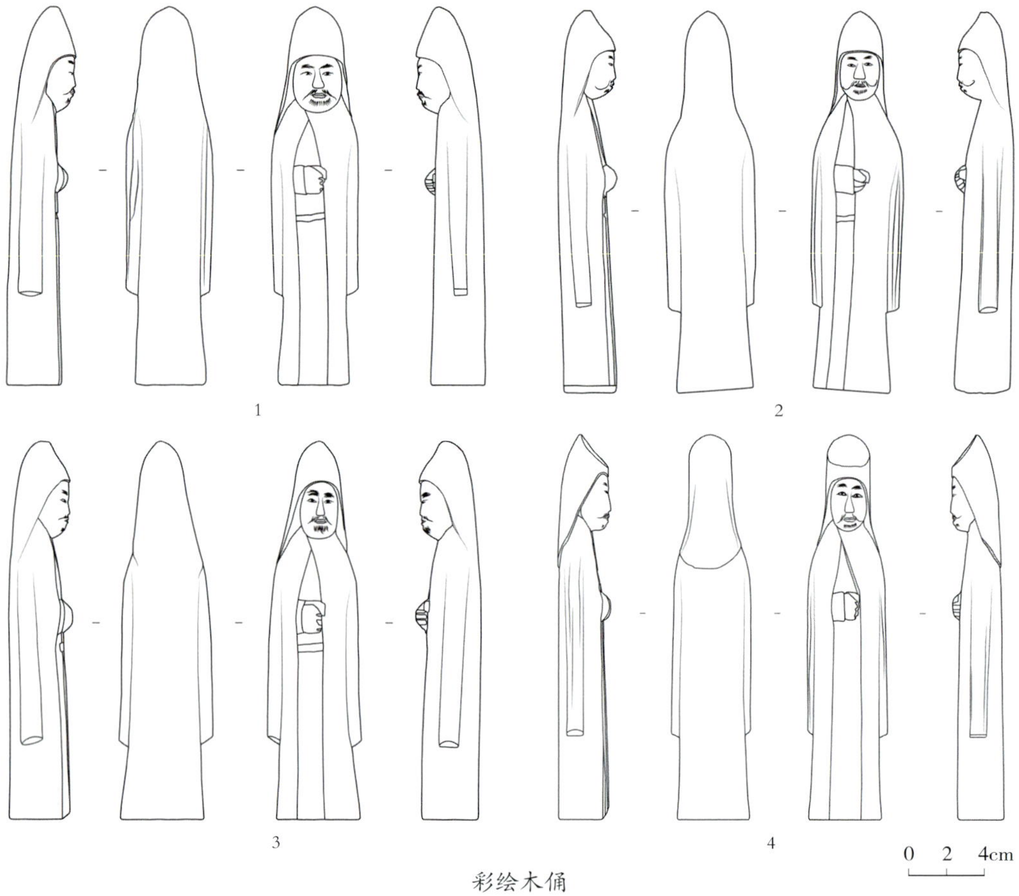

1 2

3 4

0 2 4cm

彩绘木俑

1～3. 尖顶风帽俑（MS：21、MS：23、MS：24） 4. 平顶风帽俑（MS：22）

彩绘木鸟

彩绘陶女立俑 彩绘陶风帽男俑 彩绘木风帽俑 彩绘木朱雀残件

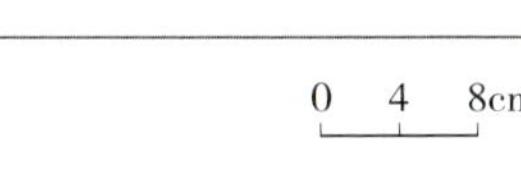

墓志盖

覆盖在棺木上的丝织品

至武威，归葬于其父诺曷钵的“大可汗陵”区。

慕容智墓为国内目前发现和发掘的唯一保存完整的吐谷浑王族墓葬，墓葬以唐代葬制为主，葬俗兼有明显的吐谷浑文化因素，为认识吐谷浑民族融入中华民族共同体的轨迹，提供了大量文献缺载的历史信息。魏晋至隋唐时期，边疆民族对于深化中华文明多元一体格局、进一步建构统一多民族国家做出了重要贡献。慕容智墓及出土的大量丝织品、各类金属器、漆木器、彩绘陶器等文物遗存，提供了唐浑之间交往、交流与交融的若干线索，揭示了吐谷浑民族融入中原文明体系的史实，生动讲述了吐谷浑民族在中华民族共同体形成过程中所发挥的历史地位和作用。

■ 撰稿：陈国科、刘兵兵

新疆考古研究项目

新疆地处亚欧大陆腹地，历来是东西交通要冲与中华文明向西开放的门户，区内众多的历史文化遗产对于阐明中华民族和中华文明多元一体、家国一体发展历程具有重要的实证价值。在当前贯彻新时代党的治疆方略、推进“一带一路”共建的大背景下，新疆考古尤其具有重大的社会政治意义。为此，国家文物局在2017年指导制定《新疆考古工作规划（2018-2022）》（以下简称《规划》），并于次年将新疆考古整体纳入“考古中国”重大项目。《规划》锚定服务新疆社会稳定与长治久安总目标，设立完善新疆考古学文化谱系、促进考古成果转化、加强合作交流等主要任务，规划新疆境内人类文化起源及其特点、新疆史前考古学区系类型及聚落形态、国家管理与文化认同、丝绸之路交通与保障体系、多元宗教及其本土化等重大研究课题，选取重点地区、针对薄弱环节开展工作。

2018年以来，共实施子课题26项，勘探遗址面积20余万平方米，发掘5万余平方米，清理墓葬1000余座，出土文物万余件，先后有3个项目获评“全国十大考古新发现”或“考古中国”重大成果，成绩斐然。石器时代考古取得重大突破，通天洞遗址将新疆有人类活动的历史上推至距今4.5万年前。东、西天山地区基本建立了由夏商至汉初的考古学文化序列。吉仁台沟口、呼斯塔等聚落中心遗址提供了有关生业经济转化、冶金技术传播等项研究的重要材料。历史时期考古成为新疆主动性考古工作的主流。汉西域都护府遗址群、唐安西和北庭都护府遗址群等城址的持续发掘，楼兰、哈密等地交通保障体系的系统梳理，对建立汉代以后器物年代标尺、探究历代西域军政建置体系沿革具有重要意义。克亚克库都克烽燧遗址出土大量珍贵文书和木简，填补了历史文献关于唐代军镇防御体系记载的空白，实证了唐王朝对西域的有效管治。龟兹、高昌等地石窟寺考古资料的整理与研究有利于正确阐述新疆多元一体宗教格局。

此外，新疆维吾尔自治区文物考古研究所、中国社会科学院考古研究所、中国国家博物馆、北京大学、西北大学、南京大学、中国人民大学、中央民族大学等十余家考古机构、高校的密切合作，为增进考古工作质量、加快报告发表进度、推动人才队伍建设、提升学术话语权提供了机制保障。多种形式的公众考古活动，也发挥了考古成果以史育人的功能。

■ 撰稿：李文瑛

新疆尉犁县
克亚克库都克烽燧遗址

工作单位：新疆文物考古研究所

一、工作缘起

克亚克库都克烽燧遗址位于新疆维吾尔自治区巴音郭楞蒙古自治州尉犁县东南 90 千米处的荒漠地带，东距营盘古城 47 千米，东南距楼兰古城 233 千米。沿孔雀河北岸，自库尔勒市至营盘古城之间长约 150 千米的范围内分布有 11 座烽燧，称为孔雀河烽燧群，是全国重点文物保护单位，克亚克库都克烽燧就是其中一座。

1896 年，瑞典探险家斯文·赫定首先发现了孔雀河烽燧群，此后国内学界对孔雀河烽燧群进行了多次调查和研究。2017 年克亚克库都克烽燧遗址考古发掘项目列入新疆考古规划（2018 ~ 2022 年）的重大课题和重点项目。2019 年新疆文物考古研究所向国家文物局申报尉犁县克亚克库都克烽燧遗址主动性考古发掘，获得审批同意，并被纳入“考古中国”重大项目中的“新疆考古研究”项目。2019 ~ 2021 年，新疆文物考古研究所连续对克亚克库都克烽燧遗址进行考古发掘，三年发掘面积分别为 600、500、1200 平方米，发掘时间累计已达 14 个月，目前田野发掘工作仍在进行中。

二、遗迹概况

克亚克库都克烽燧修筑于一处大型红柳沙堆上，是由烽燧本体、居住房屋等建筑构成的一处军事设施。已发现房屋、木栅栏和灰堆等遗迹 11 处。

红柳沙堆大致呈椭圆形，上小下大，下底东西长约 60 米，南北最宽 35 米，原始高 9.8 米。在环境变迁中，沙堆顶部西侧形成了一层雅丹状的黄土堆积，呈倾斜状分布，最厚处深达 3 米。在修筑烽燧时，先对沙堆顶部进行平整，在沙堆边缘平铺芦苇草对其进行加固，这样既增加了沙堆的稳定性，又扩充了沙堆顶部的使用面积。

烽燧修筑于沙堆顶部东侧，平面呈方形，立面呈梯形。由于罗布泊盛行东北季风，烽燧处于迎风面的东、北两侧因风蚀坍塌严重。经清理复原，烽燧下底边长 9.4 米，现残高约 5.6 米。烽燧由三层或四层土坯夹一层芦苇草，中部夹放胡杨枉木垒砌而成。在烽燧南侧还发现有土坯垒筑的护坡，推测烽燧使用时期至少加固过三次。

在沙堆顶部西侧的雅丹黄土中，采用“减地法”和“平地立起框架式台梁结构” 两种构筑方式修筑有三间房屋，建筑面积 80 平方米。房屋内还发现有凉炕、灶、柱洞等遗迹，墙体内壁局部还残存有草拌泥皮和白灰墙面。

沙堆顶部雅丹黄土一部分被打制成土坯用来修筑烽燧和房屋墙体，一部分废弃不用的被直接

克亚克库都克烽燧遗址

抛倒于沙堆南侧下，形成了一道土埂。土埂中不见任何包含物，为纯净的黄土。沙堆南坡中部，沿斜坡走势修建有上下沙堆的踏步，现仅存外侧护栏。在烽燧南侧沙堆下，还发现木栅栏一道，呈南北向排列分布，性质可能为牲畜圈的一道墙。

以烽燧为中心，在沙堆四周发现了6处灰堆遗迹，灰堆多依靠沙堆边缘斜坡呈倾斜状堆积，其中1、2、3、4、6号灰堆为各类生活垃圾的堆积，5号灰堆为烽燧风蚀坍塌后，烽燧顶部突“灶”遗迹垮塌后形成的堆积。

三、出土遗物

遗址中出土各类遗物主要见于1、2、3号灰堆中，质地有陶、铜、铁、木（漆）、石、骨、角、纸、皮、草、纺织品等，以有机质文物为主。遗物种类丰富，均为戍边将士日常生活、工作实用器物残件，反映了1200年前边塞军旅生活的方方面面。截至2020年12月31日，已累计清理发掘出土各类遗物1368件（组），其中包括文书861件、陶器12件、铜器44件、铁器27件、木器270件、石器29件、骨器44件、角器40件、皮革2件、纺织品16件、草编器22件、其他1件。遗址中出土的这批纸文书、木简是近年新疆乃至全国考古发掘出土数量最大的一批唐代汉文文书资料。文书内容丰富，涉及军事、政治、经济、文化等诸多方面，其中军事文书数量最多，为研究唐代安西四镇羁縻府州军事管理制度和边塞军事生活提供了第一手资料。

克亚克库都克烽燧遗址考古发掘积极邀请多学科参与，出土各类遗物经过科技考古检测分析。铜器有带扣、花押等器形，经便携式X荧光、扫

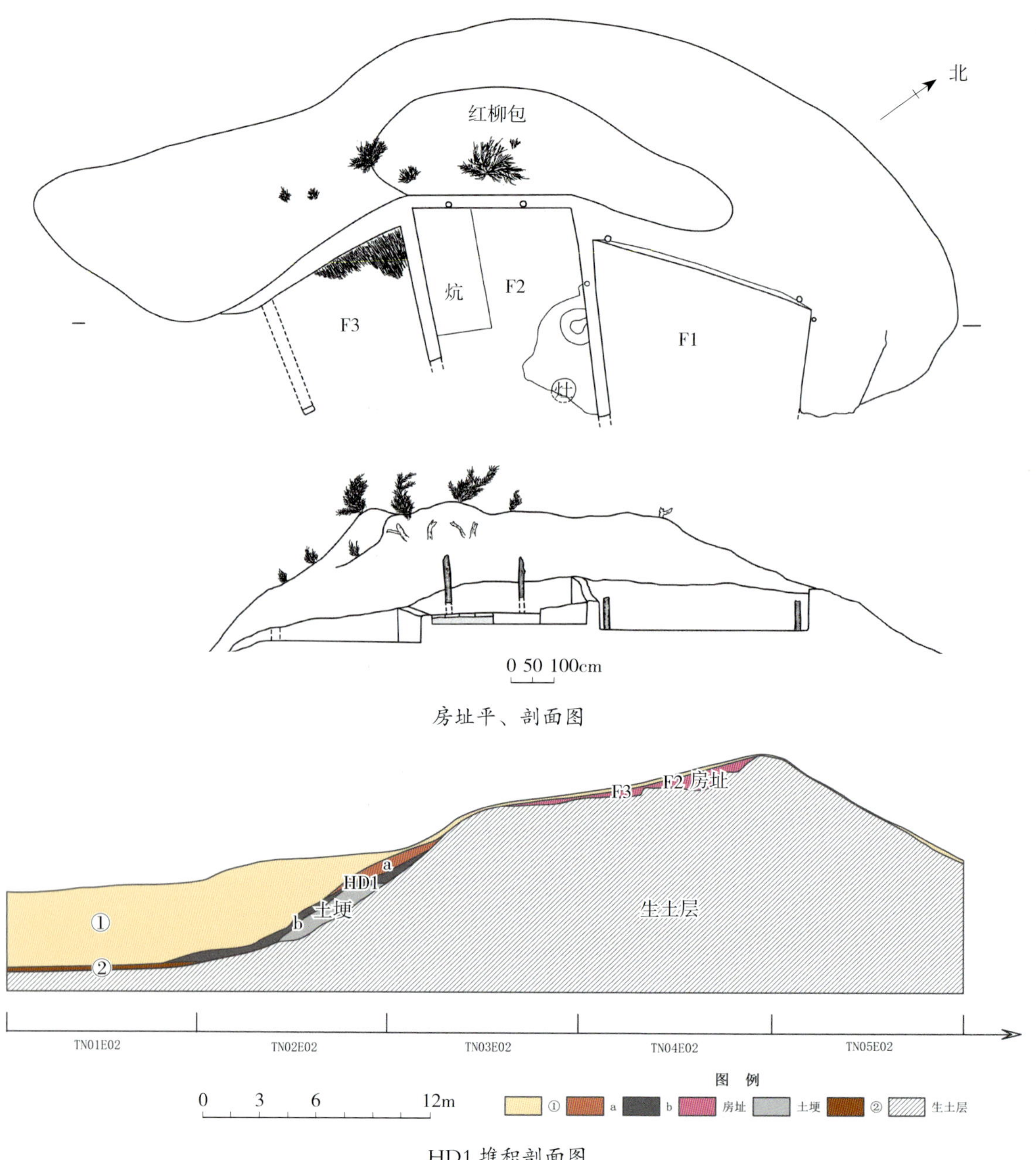

房址平、剖面图

HD1 堆积剖面图

描电镜—能谱和金相分析，材质包括铅锡青铜和黄铜两种类型，且青铜均为铸造成型，而黄铜为热锻制品。铁器主要为箭镞，经金相和夹杂物分析，材质包括碳钢和熟铁，初步推测可能存在生铁制钢和块炼铁两种不同技术来源。在残留物分析检测中，在出土的葫芦残片上发现有丁香酸成分，结合出土文书关于“蒲陶酒”的记载，证明在遗址中确有葡萄酒的存在。文书纸张用造纸纤维测量仪分析，纸张纤维与碘染色剂作用后呈酒红色，样品纤维壁上有明显横节纹及纵向条纹，初步判断为麻纸。用扫描电镜及红外光谱分析，推断该纸张样品没有添加矿物类的填料或者涂料，也没有表面施胶的工艺。克亚克库都克烽燧遗址出土纺织品，质地有丝、毛、棉、麻四种。出土的织物残片采用超高效液相色谱—飞行时间质谱联用仪（Waters UPLC H-Class 和 Waters

克亚克库都克烽燧西立面

G2-XS QTOF MS）进行染料分析，发现红色染料为茜草，黄色染料为黄檗，绿色染料为靛蓝和黄檗，青色染料为靛蓝，蓝色染料为靛蓝和黄酮类植物。

灰堆中出土有大量动植物标本资料，目前已发现40余种不同的植物种类，包括粮食作物6种：水稻、青稞、大麦、小麦、粟、黍。园艺作物9种：桃、杏、枣、核桃、沙枣、西梅、亚麻、葱、葫芦。其他为各种杂草。动物标本初步鉴定有马鹿、野猪、黄羊、马、牛、羊、驴、骆驼、天鹅、白鹭、鱼等，以野生动物骨骼为主。

四、结语

克亚克库都克烽燧遗址考古发掘是国内首次对唐代烽燧遗址进行的主动性考古发掘项目。遗址地处罗布泊荒漠无人区，自然条件极为恶劣，春季多风沙，夏季地表温度可达60多摄氏度，考古队员在极端恶劣的自然环境中，克服了无路、无电、无水、无信号等种种困难，通过连续三年田野工作，取得重大收获。考古发掘揭开了深埋流沙之下1200多年的秘密，生动再现了唐代戍边将士军旅生活的场景。

1. 了解了烽燧遗址的结构布局、构筑方式。烽燧地处孔雀河北岸的一处大型红柳沙堆上，这一修筑地点的选择，是由烽燧瞭望预警、传递信号的功能和性质决定的，基层的烽、铺都围绕它进行设置和布防。沙堆上下各处区域根据功能不同，也有明确划分和布局。沙堆顶部为戍守烽燧

出土木梯

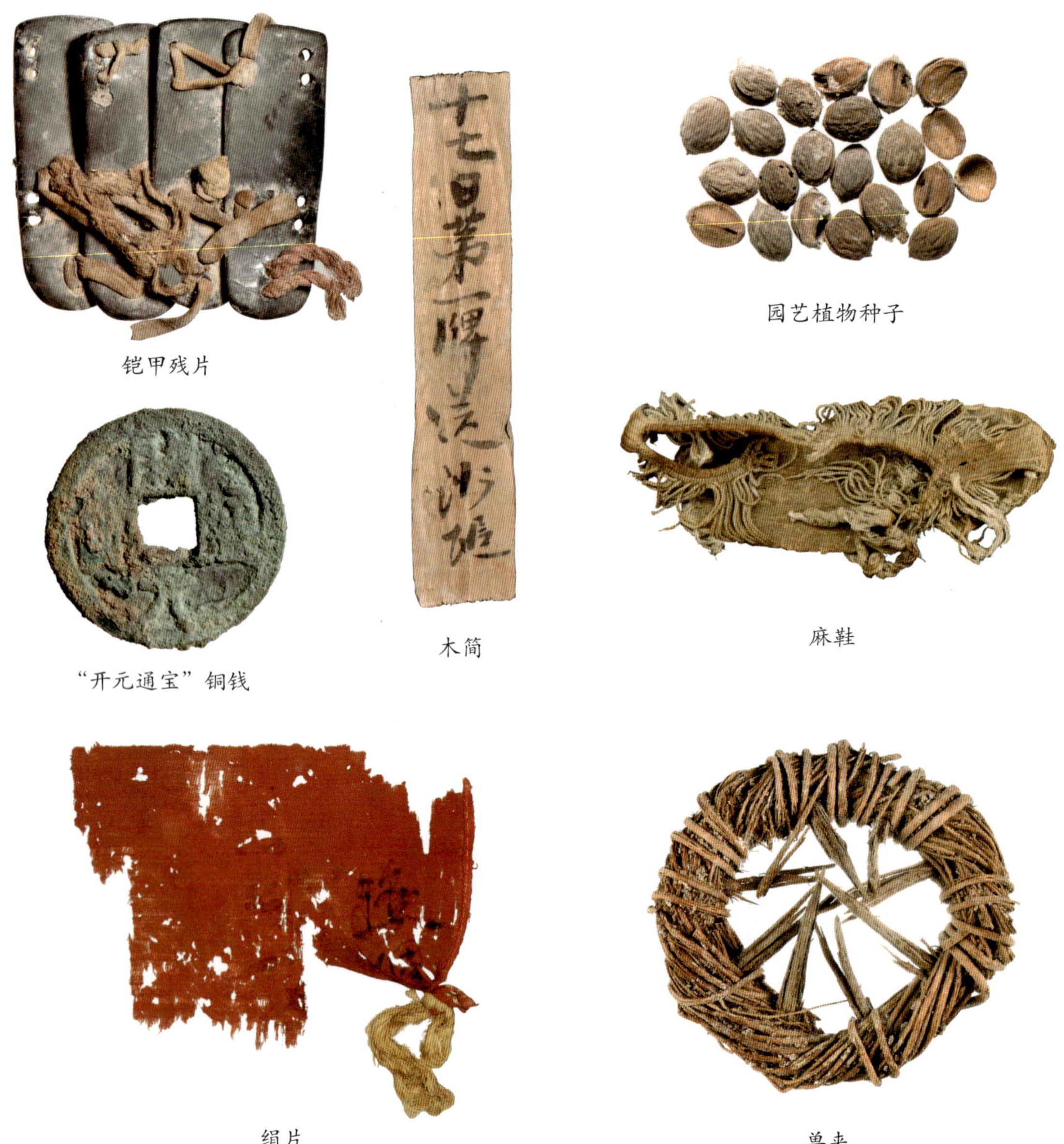

铠甲残片

木简

园艺植物种子

“开元通宝”铜钱

麻鞋

绢片

兽夹

的将士工作和起居的场所，沙堆下部为生活垃圾堆放和牲畜活动区域。烽燧、房屋等遗迹所使用的建筑材料为就地取材，并采用当地传统构筑方式进行修筑，显示了因地制宜的特点。这对我们了解汉唐时期边塞军事建筑的布局规律和构筑方式提供了新的参考资料。

2. 明确了烽燧修筑年代为唐代。克亚克库都克烽燧遗址地层单一，在自然风积土层下只有一层文化层堆积，出土各类遗物均为唐代。出土文书、木简带有明确的纪年，已发现有“先天”“开元”“天宝”等年号。烽燧本体、灰堆等遗迹中采集的 8 件碳十四标本，在不同实验室进行了检测分析，测试结果均为公元 700 年前后。克亚克库都克烽燧修筑年代为唐代的确定，对我们认识孔雀河烽燧群及以烽燧为代表的新疆长城资源的年代和性质将有莫大推动。

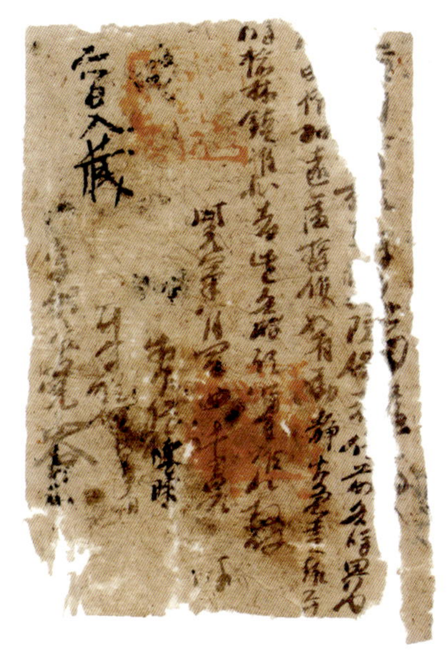

纸质文书“开元四年榆林镇下各烽牒”

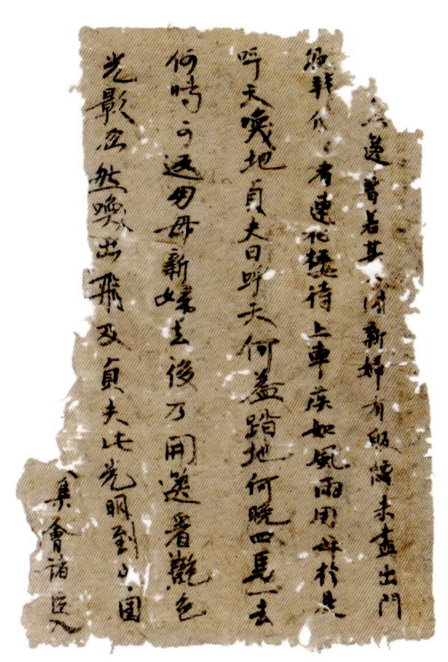

纸质文书“韩朋赋”

3.确定了克亚克库都克烽燧遗址为唐代沙堆烽故址，实证了唐王朝对西域的有效管辖和治理。出土文书显示，克亚克库都克烽燧遗址为焉耆镇下属军事预警设施，在唐代被称为“沙堆烽”，同时也是一处游弈所治所。新发现了榆林镇、通海镇、麻泽镇、掩耳守捉、焉耆守捉、沙堆烽、临河烽、马铺烽、横岭烽、悭泉谷铺、猪泉谷铺、苏累铺等军事设施机构及楼兰路、麻泽贼路、焉耆路等新的防御线路，填补了历史文献关于唐代安西四镇之一焉耆镇军镇防御体系记载的空白。在安西、北庭两大都护府下，修筑不同级别的军事设施，构成了唐朝在西域完备的镇防体系，也保证了唐王朝对西域长期的稳定统治。

4.克亚克库都克烽燧遗址及出土遗物是阐述中华民族多元一体重要的实物材料。烽燧遗址出土的以纸文书和木简为代表的各类遗物，是难得的历史实证资料，不但对了解唐代边塞军事生活提供了文字支撑，而且对敦煌吐鲁番学、文献版本学、书法艺术史等方面的研究将有极大的促进，对传承中华文化基因，凝聚中华民族共同体意识等方面也具有十分重要的政治意义和现实意义。

■ 撰稿：胡兴军

其他研究项目

2018 ~ 2020 年，“考古中国”重大项目在重点推进“夏文化研究”“河套地区聚落与社会研究”“长江中游地区文明进程研究”等项目外，在其他研究领域也有重点地组织开展工作，为全面阐释中华文明延绵不断、多元一体、兼收并蓄的总体特征和中国统一多民族国家形态及文明特征提供了许多重要资料。

甘肃白石崖溶洞遗址是目前东亚地区首次发现丹尼索瓦人化石和丹尼索瓦人 DNA 的旧石器时代遗址，是青藏高原史前考古的重大进展。

浙江余姚井头山遗址是中国沿海地区迄今发现年代最早的海岸贝丘遗址，考古发现显示出浓厚的海洋文化特征，是中国海洋文化考古和海洋环境研究的重大突破。河北兴隆遗址出土距今 7700 年左右的炭化黍，是中国北方地区粟黍驯化和旱作农业起源的重要证据。

山西闻喜酒务头商代晚期高等级墓地的发现，修正了学界以往认为“晋南地区缺少晚商阶段遗存”的认识。陕西澄城刘家洼遗址调查发现的 10 余万平方米的城址、有板瓦等重要建筑的居址区和包括周代诸侯大墓在内的几处墓地的考古发掘，证实此地乃春秋早期芮国的都城遗址。湖北荆州龙会河北岸墓地 M324 出土战国楚简 324 枚，记载东周时期 10 余位楚王、楚国高级官员以及西周武王、周公旦的相关事迹，为佐证西周重大史实，研究东周时期楚国历史和政治、军事思想史等提供了重要资料。

湖北荆州胡家草场墓地 M12 出土西汉简牍 4546 枚，内容包括历日、岁纪、律令等，是历年来荆州地区单座墓葬中出土简牍数量最多的一次。陕西西安北里王发现的两座汉代“甲”字形积沙墓，规模大、结构复杂、等级高，墓主信息明确，是西汉晚期京畿地区少见的贵族墓。陕西西安南郊焦村两座十六国时期墓葬，是关中地区目前发现的规模最大、等级最高、结构相对完整、随葬品较为丰富的的十六国时期墓葬。青海都兰 2018 血渭一号墓是目前青藏高原保存最完整、结构最清晰的唐吐蕃时期高级贵族墓，形制完整的墓园建筑是热水墓群考古研究的新突破和新进展。乌兰泉沟墓葬是青藏高原首次发现的吐蕃时期壁画墓，对探讨古代汉藏文化融合进程和青海丝绸之路的文化交流具有重大学术价值。

辽宁北镇新立辽代建筑遗址、琉璃寺遗址的考古发掘，为我们解开了辽代两座帝陵——显陵和乾陵具体位置在何处的历史谜团。

“南海 I 号”宋代沉船船货清理取得阶段性成果，共出土 18 万余件文物，充分展现了宋代繁盛的海外贸易体系。“南海 I 号”沉船的整体打捞和保护发掘工作，是我国水下考古事业快速发展的缩影，堪称世界水下文化遗产保护的典范之作。

甘肃省夏河县
白石崖溶洞遗址

工作单位：兰州大学、甘肃省文物考古研究所

一、工作缘起

青藏高原史前人类活动研究是近年学术界广泛关注的热点科学问题。作为世界上平均海拔最高、面积最大的高原，青藏高原在人类演化、扩散以及其对高海拔环境的适应研究中扮演了重要角色。

过去十余年，兰州大学环境考古团队联合甘肃省文物考古研究所和青海省文物考古研究所，在青藏高原东北部开展了大量的旧石器考古调查、发掘与研究工作，为重建青藏高原史前人类活动历史提供了可靠证据，大大加深了我们对青藏高原史前人类活动及其高海拔环境适应等问题的认识。

白石崖溶洞遗址位于甘肃省甘南藏族自治州夏河县甘加乡，北纬 35° 26′ 54.44″，东经 102° 34′ 13.31″，海拔 3282 米。20 世纪 80 年代，一名佛教僧人在该洞穴发现一件古人类下颌骨化石，在六世贡唐仓活佛的努力下，辗转多年，该化石终于交由科研人员进行研究。2010 年开始，兰州大学环境考古团队联合多家境内外科研团队，对这件化石开展了体质形态学、分子生物学和年代学等分析，最终确定该化石形成于至少 16 万年前，属于丹尼索瓦人，将其命名为夏河丹尼索瓦人（简称夏河人）。

这件古人类下颌骨化石，将青藏高原此前最早的人类活动历史由距今约 4 万年推早至距今至少 16 万年。这是青藏高原上发现的最早的人类化石遗存，也是西伯利亚丹尼索瓦洞以外发现的第一件丹尼索瓦人化石，首次为丹尼索瓦人曾广泛分布在东亚地区提供了可靠的古人类化石证据，并首次揭露了这支神秘古人类的面貌信息，大大推进了青藏高原史前人类活动研究和丹尼索瓦人研究。该研究成果于 2019 年 5 月发表在国际顶级学术期刊 *Nature* 杂志，在国内外古人类学界和考古学界引起很大轰动。

为进一步了解夏河丹尼索瓦人并揭示白石崖溶洞遗址所蕴含的古人类活动信息，在国家文物局和各级地方政府和文物部门的支持下，2018 ~ 2019 年兰州大学和甘肃省文物考古研究所联合对白石崖溶洞遗址开展考古发掘，邀请中国科学院青藏高原研究所、中国科学院古脊椎动物与古人类研究所、德国马普进化人类学研究所、丹麦哥本哈根大学等境内外多家科研团队，共同开展遗址的多学科系统研究，包括遗址埋藏和堆积过程、遗址测年、沉积物古 DNA、石制品、动物骨骼、人类生存环境等分析，初步研究结果揭

白石崖溶洞

示该遗址蕴含有丰富的文化内涵，具有巨大的研究潜力，并进一步确认其在青藏高原甚至整个东亚古人类演化历史中具有重要意义。

二、遗址概况

白石崖溶洞位于甘加盆地北部，达里加山南侧石灰岩山体中，洞口朝向东南，拔河高度30余米，进深几百米，由近100米长的斜长向上的入口通道和内部大小不一的多个洞室构成，洞内总体较为干燥，可见较多松散堆积。发掘区域主要位于入口通道位置，发掘面积共计11平方米，分5个独立发掘探方。发掘出土丰富的古人类活动遗存，包括上万件石制品、动物骨骼以及用火遗迹等，并采集了用于古环境重建和测年的沉积物样品。

目前，基本完成了遗址地层和形成年代分析。根据土质、土色、包含物等，将已发掘地层划分为10个地层，均为出土丰富石制品和动物骨骼的文化层。通过进一步对沉积物进行分析，包括沉积物粒度组成、磨圆度、成分组成等分析，确定文化层沉积物及其包含的考古遗存主要为原生堆积，没有明显二次搬运或上下扰动。通过对15件骨骼标本进行AMS碳十四测年，并对12个沉积物样品的30000多颗矿物颗粒进行单颗粒光释光测年，为遗址T2探方2018年已发掘地层建立了距今约19万～3万年的可靠年龄框架，揭示白石崖溶洞遗址已发掘地层主要形成于中更新世晚期和晚更新世，是青藏高原目前已知年代最早、有可靠埋藏地层、出土丰富考古遗存的旧石器时代遗址。

三、遗物分析

白石崖溶洞出土了大量石制品和动物骨骼，目前正在开展系统分析。初步分析结果显示，石

A
B
Layer1
Layer2
Layer3
Layer4
Layer5
Layer6
Layer7
Layer8
Layer9
Layer10
Depth (cm)
0
10
20
30
40
50
60
70
80
90
100
110
120
130
140
150
160
End Layer 2 (28–5 ka)
B3 (C14) Outlier
B13 (C14)
OSL01 (Qtz OSL)
OSL01 (KF IRSL)
B16 (C14)
B18 (C14)
Transition 3/2 (34–32 ka)
B22 (C14)
B30 (C14)
B21 (C14)
OSL02 (Qtz OSL)
OSL02 (KF IRSL)
B20 (C14)
B67 (C14)
B94 (C14)
Start Layer 3 (48–44 ka)
End Layer 4 (49–45 ka)
B105 (C14)
OSL03 (Qtz OSL)
OSL03 (KF IRSL)
Start upper Layer 4 (53–46 ka)
Interval (middle Layer 4) (7–19 ka)
End lower Layer 4 (66–55 ka)
B147 (C14) Radiocarbon limit
OSL04 (Qtz OSL)
OSL04 (KF IRSL)
Start Layer 4 (72–60 ka)
Interval (Layer 5) (24– 39 ka)
B211 (C14) Radiocarbon limit
End Layer 6 (102–91 ka)
B218 (C14) Radiocarbon limit
OSL05 (Qtz OSL) Minimum age estimate
OSL05 (KF IRSL)
OSL06 (KF IRSL)
Start Layer 6 (104–95 ka)
End Layer 7 (106–97 ka)
OSL07 (KF IRSL)
Start Layer 7 (108–98 ka)
End Layer 8 (110–99 ka)
OSL08 (KF IRSL)
Start Layer 8 (113–101 ka)
End Layer 9 (117–103 ka)
OSL09 (KF IRSL)
OSL10 (KF IRSL)
Transition 10/9 (149–109 ka)
OSL11 (KF IRSL)
OSL12 (KF IRSL)
Start Layer 10 (225–157 ka)
300
200
100
0
Age (ka)

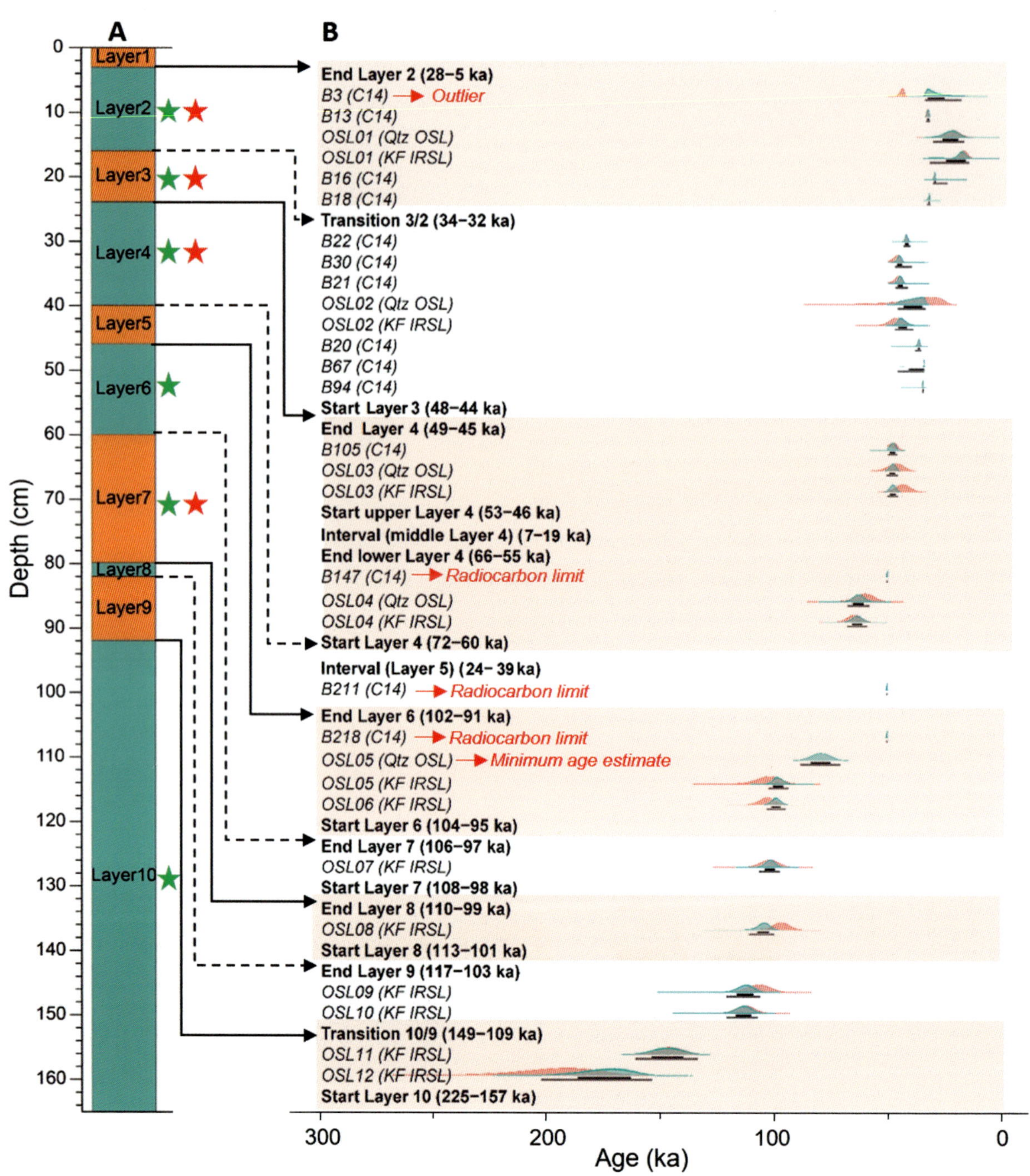

地层年代图

制品主要由采自洞前的河床砾石打制而成，打制方法以简单的石核石片技术为主，石制品类型包括石核、石片、工具和断块等；动物骨骼多较为破碎，初步鉴定结果显示，上部地层以羚羊、狐狸、旱獭等中小型动物为主，而下部地层则以犀牛、野牛、鬣狗等大中型动物为主。多件动物骨骼（包括食肉类动物骨骼）有火烧、敲击和切割痕迹。

此外，对多个地层的35个沉积物样品进行了沉积物DNA分析，一次性成功钓取242种哺乳动物和人类的线粒体DNA。哺乳动物的DNA结果与遗址出土的动物骨骼鉴定结果基本一致，均发现了鬣狗、犀牛、羚羊等种属。更为重要的是，在沉积物中还提取到古人类DNA，进一步的DNA分析显示，白石崖溶洞发现的古人类DNA为丹尼索瓦人DNA，并主要出现于距今10万年和距今6万年前后的地层中。相较于此前在该洞穴发现的夏河人下颌骨化石，此次沉积物DNA分析将该遗址的丹尼索瓦人活动历史由距今至少16万年延伸至距今10万年和距今6万年，甚至可能晚至距今4.5万年，揭示丹尼索瓦人曾长期生活在白石崖溶洞及其所在的青藏高原东北部地区。此外，这项新的研究也弥补了此前在夏河人下颌骨化石中未成功提取到古人类DNA的遗憾。在沉积物中提取的丹尼索瓦人DNA的进一步研究显示，白石崖溶洞距今6万年左右的丹尼索瓦人DNA与南西伯利亚丹尼索瓦洞的晚期丹尼索瓦人（Denisova 3和Denisova 4）有最密切的遗传联系，而距今10万年左右的丹尼索瓦人DNA则更早地与晚期的丹尼索瓦人分离开来，显示丹尼索瓦人作为一支始终保持密切内部遗传交流的人群在晚更新世曾长期分布在欧亚大陆东侧，并可能长期生活在青藏高原上。

白石崖溶洞遗址的最新发掘和研究成果于2020年10月发表在国际顶级学术期刊*Science*杂志。此项研究进一步揭示了白石崖溶洞在古人类演化历史中的重要价值，为丹尼索瓦人曾长期

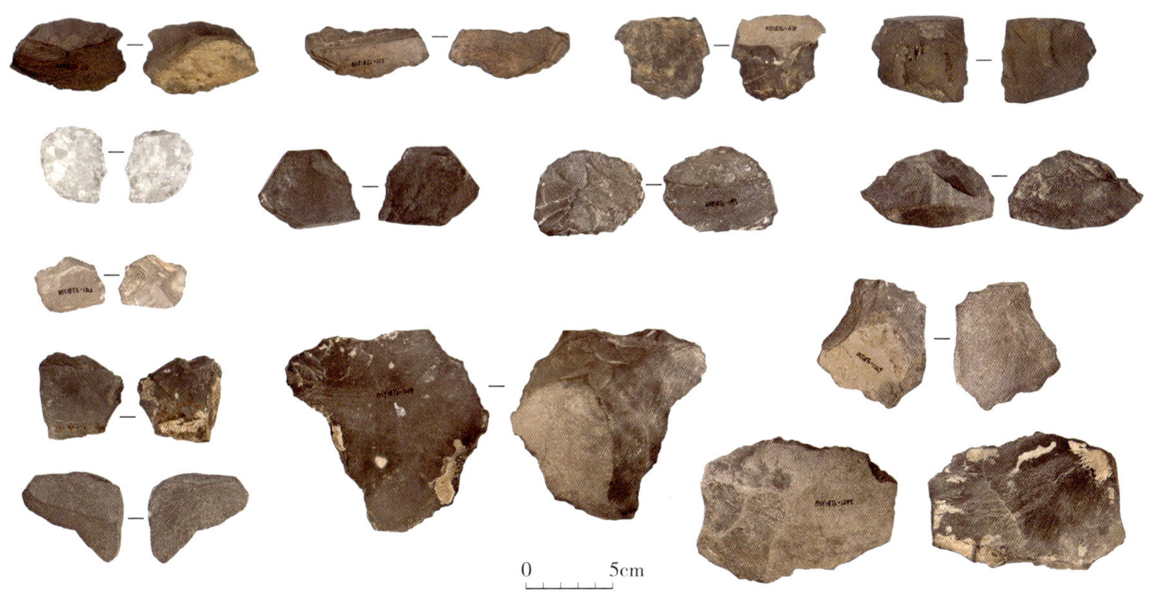

石片

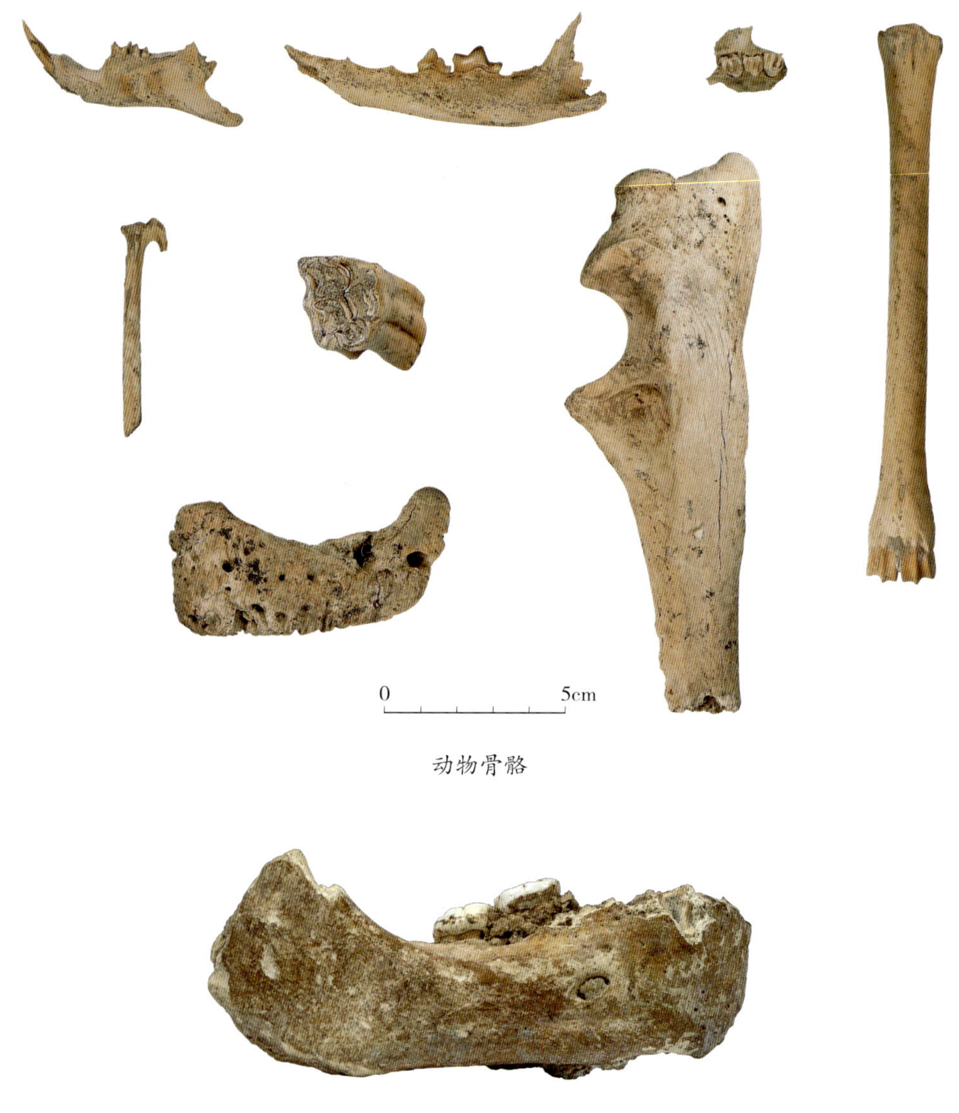

动物骨骼

夏河人下颌骨

生活在青藏高原提供了更为确凿的证据，再次揭示古老型智人丹尼索瓦人在现代人之前可能已经适应了高海拔环境。

四、结语

白石崖溶洞遗址是目前已知的东亚地区唯一一处丹尼索瓦人遗址，是青藏高原史前考古的重大进展，更是国际上丹尼索瓦人研究的重大突破。白石崖溶洞遗址的发掘和研究，为探索史前人类向青藏高原的扩散和高海拔环境适应、丹尼索瓦人及东亚古人类演化等问题提供了重要材料。然而，白石崖溶洞的发掘和研究工作才刚刚起步，其丰富的文化内涵还有待进一步揭露，相信未来多学科系统的研究工作将为青藏高原史前人类活动历史乃至东亚甚至世界古人类演化历史提供更多科学证据。

■ 撰稿：张东菊、申旭科、成婷、夏欢

浙江省余姚市井头山遗址

工作单位：浙江省文物考古研究所、宁波市文化遗产管理研究院、余姚市河姆渡遗址博物馆

一、工作缘起

井头山遗址位于中国东部沿海的北纬 30° 线南侧，杭州湾以南的宁绍地区东部、四明山脉脚下，地处浙江宁波余姚田螺山遗址西侧的三七市镇井头自然村南侧，临近河姆渡、田螺山遗址，遗址周围地面海拔仅 2 米左右。

2013 年 10 月，在河姆渡遗址发现整整四十年之际，在田螺山遗址西侧 2 千米的一家厂区，在建造厂房之前的地质勘探中，从地下深八九米处钻出了一些贝壳和骨头，以及碎小陶片等平常不曾见到的物品，在此放羊的两位王姓老人将这些东西送到田螺山遗址考古队。于是，这一特殊遗址才被发现，稍后经机械钻探调查，这里被确认为浙江省的首个沿海贝丘遗址，而且与河姆渡文化的来源密切相关。遗址总面积 2 万多平方米，年代距今 8300 ～ 7800 年。

2016 年，余姚市政府出资从企业主手里回购厂区地块提供给文物部门开展考古工作。2017 年，为积极把握井头山遗址这一重要发现的机遇，浙江省文物考古研究所向国家文物局申请井头山遗址的主动性发掘。同时，根据该遗址超大埋深和海相沉积覆盖的特殊性，浙江省文物考古研究所做出一个空前的决定，即在实施正式考古发掘之前先建设一个钢结构围护的基坑。2018 年 3 月 ~ 2019 年 8 月，完成发掘区的钢结构基坑工程，为这项特殊的考古发掘创造了关键条件。

2019 年 9 月，浙江省文物考古研究所联合宁波市文物考古研究所（2020 年 9 月更名为宁波市文化遗产管理研究院）和河姆渡遗址博物馆开始进行井头山遗址首次考古发掘，揭露面积 750 平方米，由于文化层处在距现地表下 7 ～ 8 米深的饱水土壤里，因此清理每一处遗迹和每件遗物都颇为不易。5 月 30 日，在余姚召开了井头山遗址考古成果新闻发布会和专家论证会，公布了发掘概况和重大学术价值。之后，又继续进行了三个多月的基坑内剩余范围内的文化堆积清理，并于 2020 年 10 月前完成了井头山遗址第一期发掘的全部工作量。

鉴于第一期发掘取得的重大收获，井头山遗址的考古工作在2020年下半年被列入国家文物局“考古中国”重大项目中的“东南、华南新石器时代与南岛语族起源研究”近期重点支持研究方向项目。

二、遗迹概况

该遗址文化堆积为超大埋深（距现地表 5 ～ 10 米）和被海相沉积覆盖的低海拔埋藏环境（-3 ～ -8 米）。文化堆积总体顺着地下小山岗

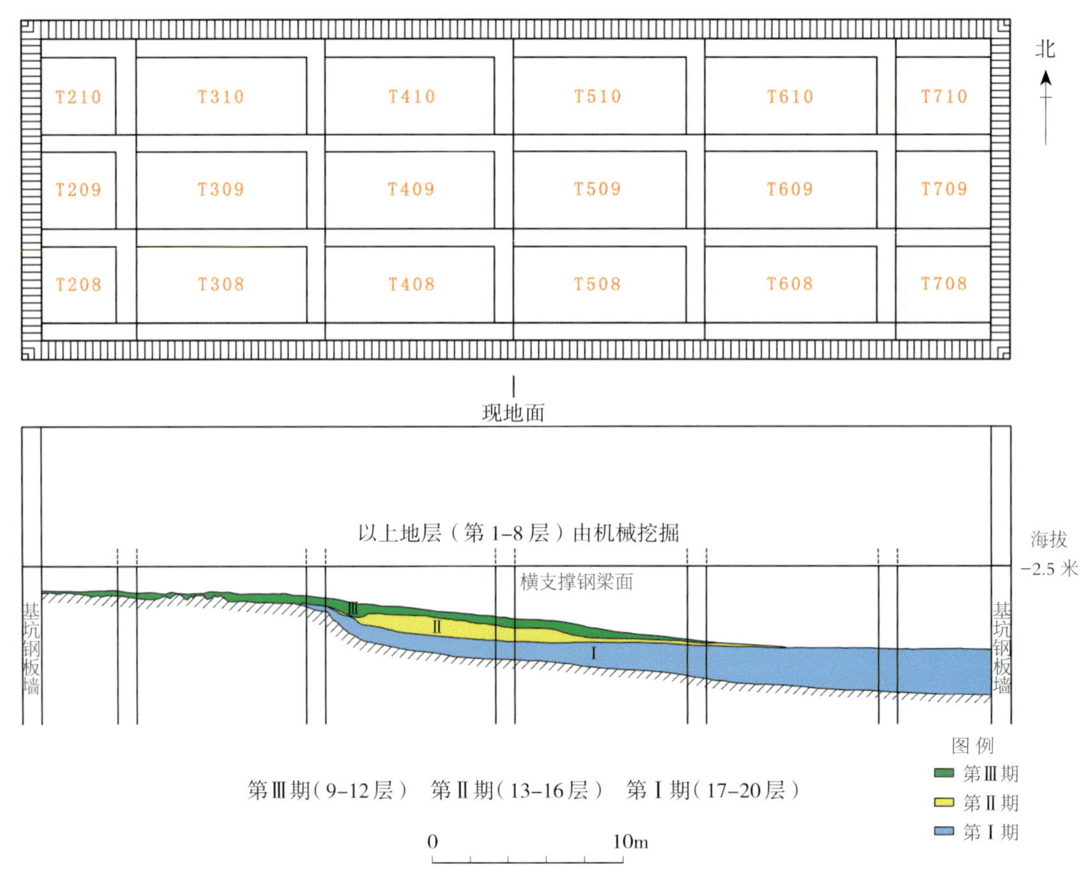

发掘基坑内探方分布平面图与地层横剖面图

横支撑钢梁面（海拔 -2.5米）

9
8a
8b
10
烧土浅坑1
2
3
11
13
12a
15
12b
14
16
17
18
19
20
石
0
1m

T409 北壁地层剖面图

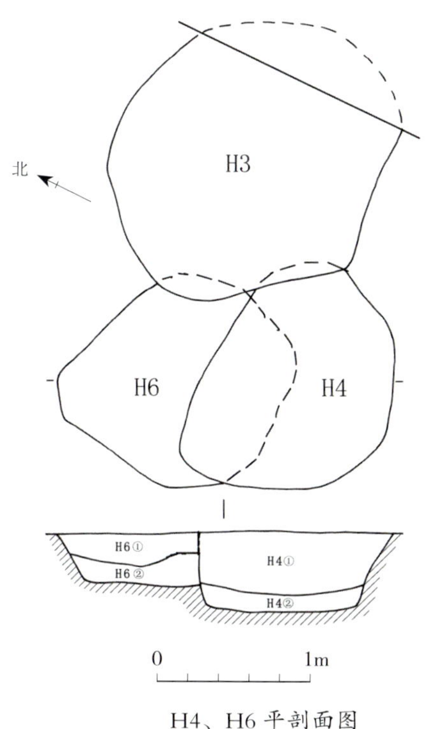

H4、H6平剖面图

的坡势由西向东倾斜，堆积最大到 2 米多，分为 12 小层（编号为第 9 ～ 20 层）。

发掘区堆积自西向东大致分为三大段，上坡处有一些灰坑（部分可确定是食物储藏坑）、露天烧土堆、生长的树木等居住生活的遗迹；中段是厚度 2 米左右的较单纯贝壳等生活废弃物的堆积场所；东段是加工器物和食物处理的靠近滩涂的遗址边缘的生产遗迹区。发现的 10 多处灰坑，位于村落边缘靠近滩涂的区域，其中 3 处灰坑中还保留着满坑的橡子、麻栎果等植物果子，多数灰坑近底部还残留一些完整的橡子或麻栎果，有些灰坑在废弃后已填埋很多生活垃圾。因此，总体上看，这些灰坑原本大多是食物储藏处理坑。

三、出土遗物

出土遗物数量很多，大多保存良好，尤其是木质遗存出土时均色泽鲜明，植物种子出土数量也很多。遗物总体上按性质可分为人工器

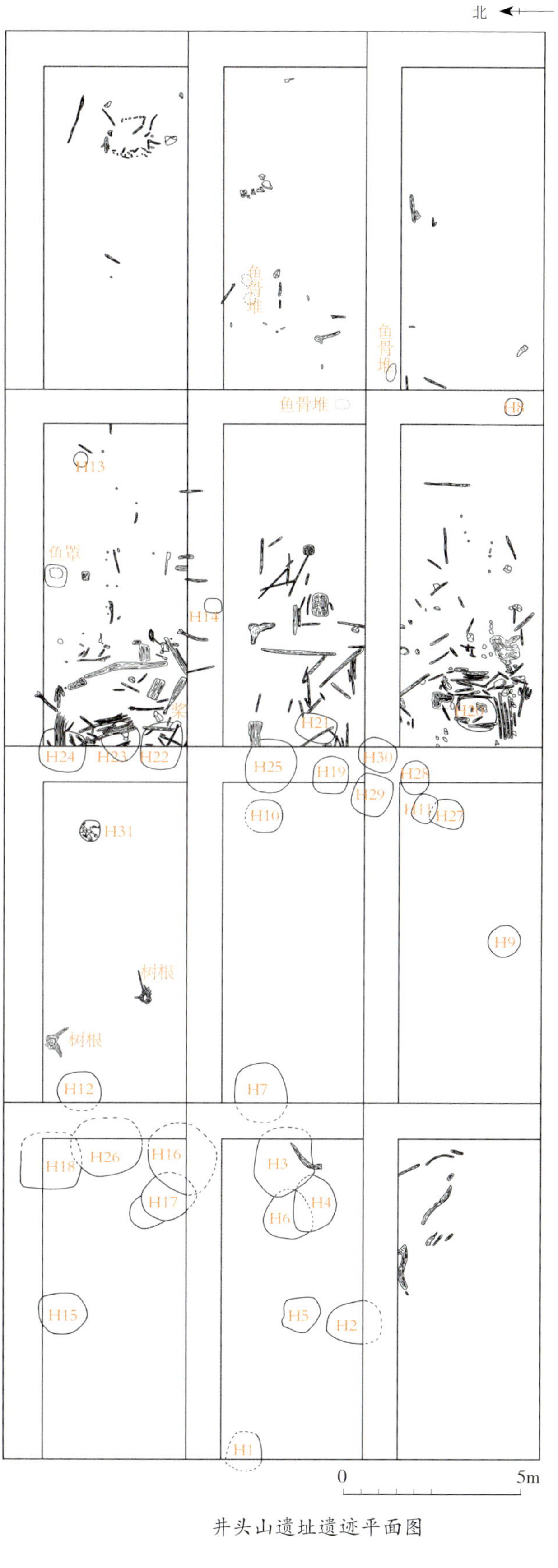

井头山遗址遗迹平面图

以贝壳为主要包含物的文化堆积

填埋废木料的灰坑 H25

麻栎果储藏坑 H13

物和自然遗存两大类。

1. 陶器、石器、骨器、贝器、木器、编织物等人工器物，达 400 多件。

陶器，已修复 30 多件。陶质分为夹砂陶、夹炭陶、夹细砂陶等，纹饰主要有绳纹、浅方格纹等，部分器表装饰红衣或黑衣。器形有卷沿敞口釜（饰绳纹、方格纹）、支脚、平底盆、圈足盘、红衣陶深腹罐、杯、碗、壶、拍等。

石器，较少，有斧、锛、锤、凿、镞、石球、垫饼、磨石等。

骨器，较多，有 100 多件，器形和工艺简单，有镞、锥、凿、鱼镖、笄、哨、鹿角锥、针等。

贝器，共出土数十件，是浙江省考古史上首次发现，用近江牡蛎壳加工而成，功能应与河姆渡文化的骨耜相近。

木器，共上百件，有桨、矛、柄、杵、点种棒、双尖头棍、碗、带销钉木器、扁担形器等。其中数量最多、加工最特殊的是挖凿有规整椭圆形卯孔的“刀”形器柄，推测它们应是与石斧、石锤等石器组装使用的木工工具。

编织物，出土 10 多件，均包裹在海相沉积淤泥中，保存极好，但野外清理难度很大。器物种类有筐、篓、篮、席、扇、鱼罩等生活用器，以及渔网残块。它们所显现的编织工艺非常先进和熟练，是中国新石器时代遗址中年代最早、保存最好、工艺最为熟练的一批编织物，编织材料

密集木头遗存出土情形

出土海洋软体动物贝壳

残存鹿角的鹿头骨

大致有细竹子和芦苇秆两种。

2. 人工利用后废弃的自然遗存：大量动植物、石块遗存。动物遗存中最多的是海生贝壳，种类有蚶、牡蛎、海螺、蛤、蛏等5大类，其次是各类渔猎动物骨骸，以鹿科动物骨头为主，也有一些猪、狗、圣水牛、水獭等动物的骨头，以及海鱼的脊椎骨、牙齿、耳石、蟹螯等；植物遗存中最多的是废木材和储藏坑中的麻栎果、橡子，以及橡子壳、桃核、松果、炭化米等。另有很多胶结着牡蛎壳的小块礁石。

四、结语

井头山遗址的发现、发掘和研究为解答"中国海洋文化从哪里来，在何时起源"，"之前在浙江、江苏、上海为什么没有发现贝丘遗址"和"河姆渡文化来自哪里"等问题提供了宝贵材料，初步显示出多方面的重大学术价值和社会意义。

彩陶盆（T510⑱：4）

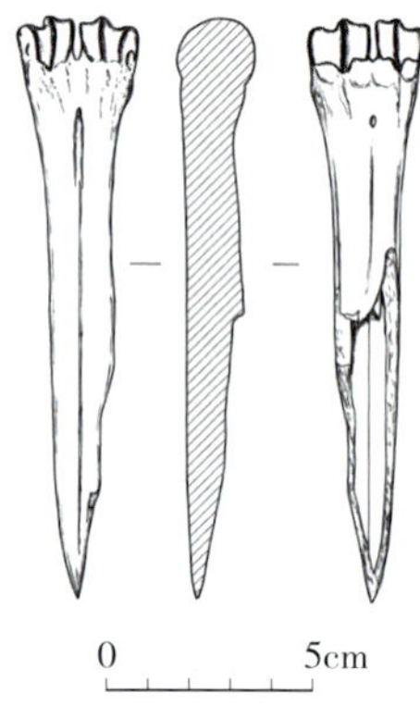

骨锥（T508⑬：2）

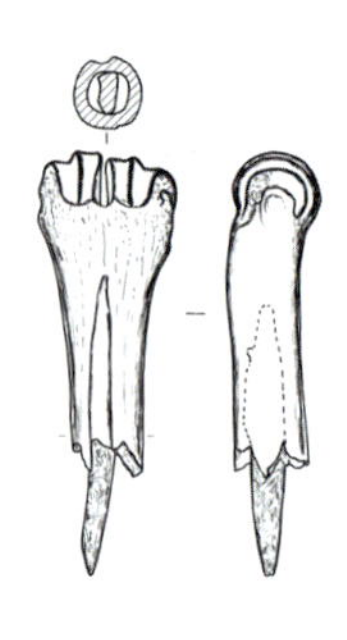

骨钻（T508⑱：13）

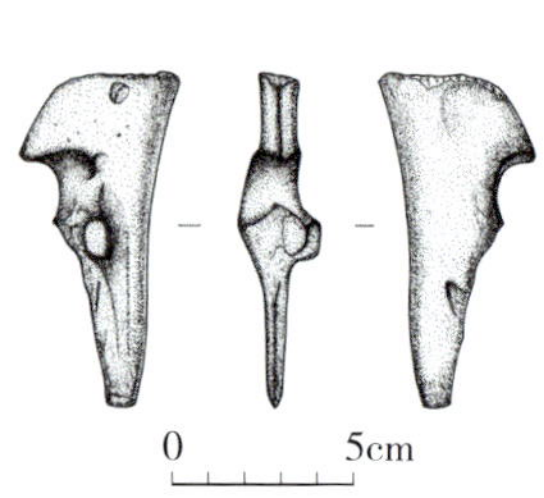

骨凿（T510⑱：3）

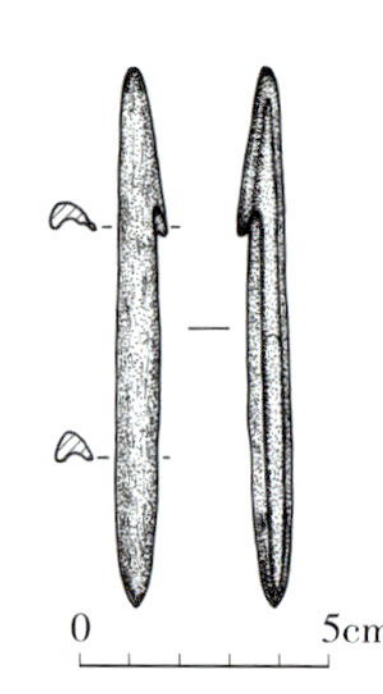

骨鱼镖（T409⑨：5）

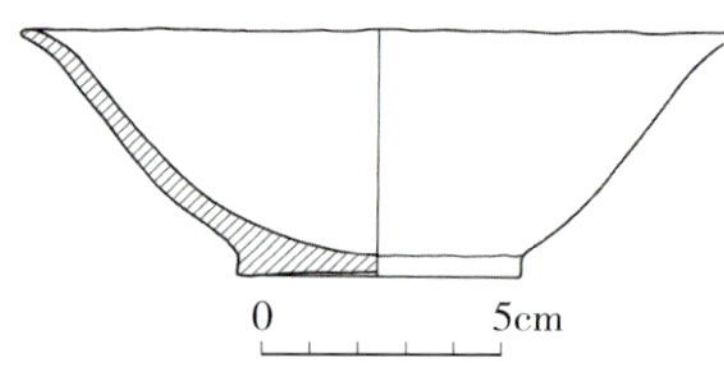

陶碗（T510⑰：17）

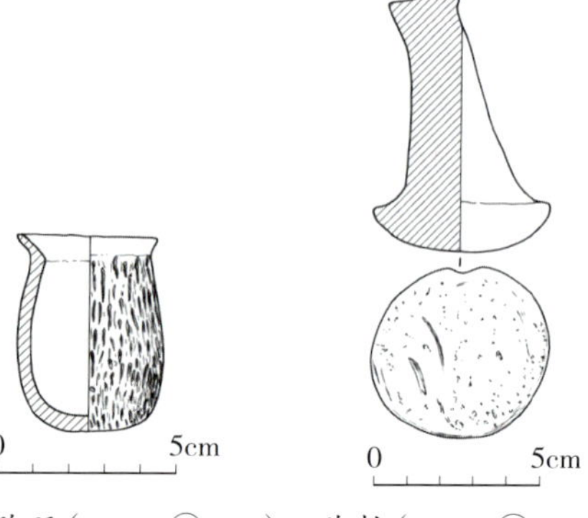

小釜形陶玩（T409⑰：6） 陶拍（T408⑪：1）

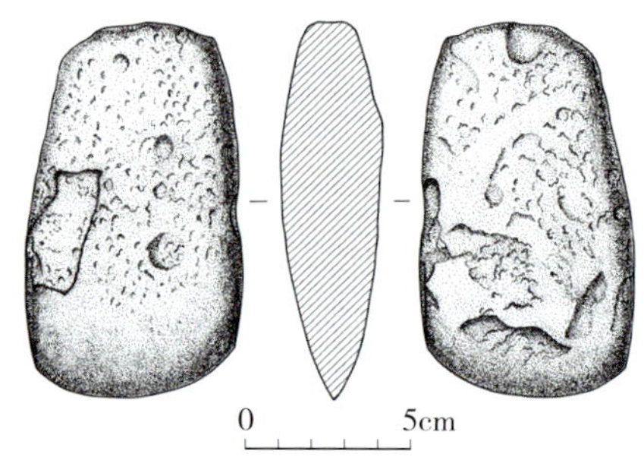

石斧（T410⑫：1）

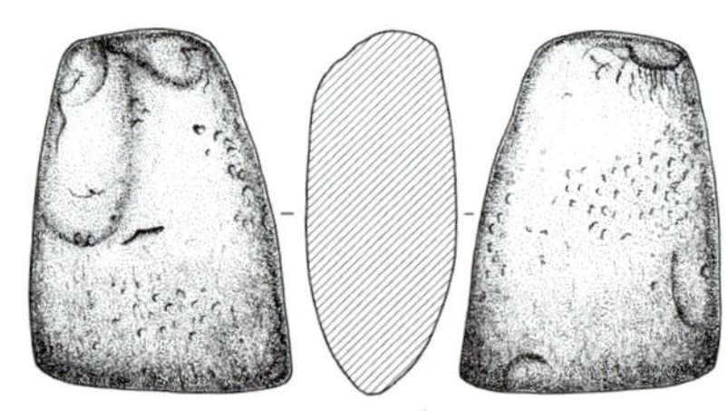

石斧（T608⑬：1）

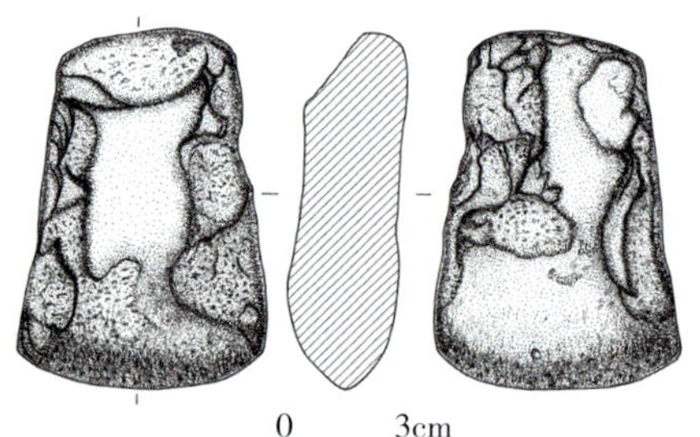

石锛（JKZ采：2）

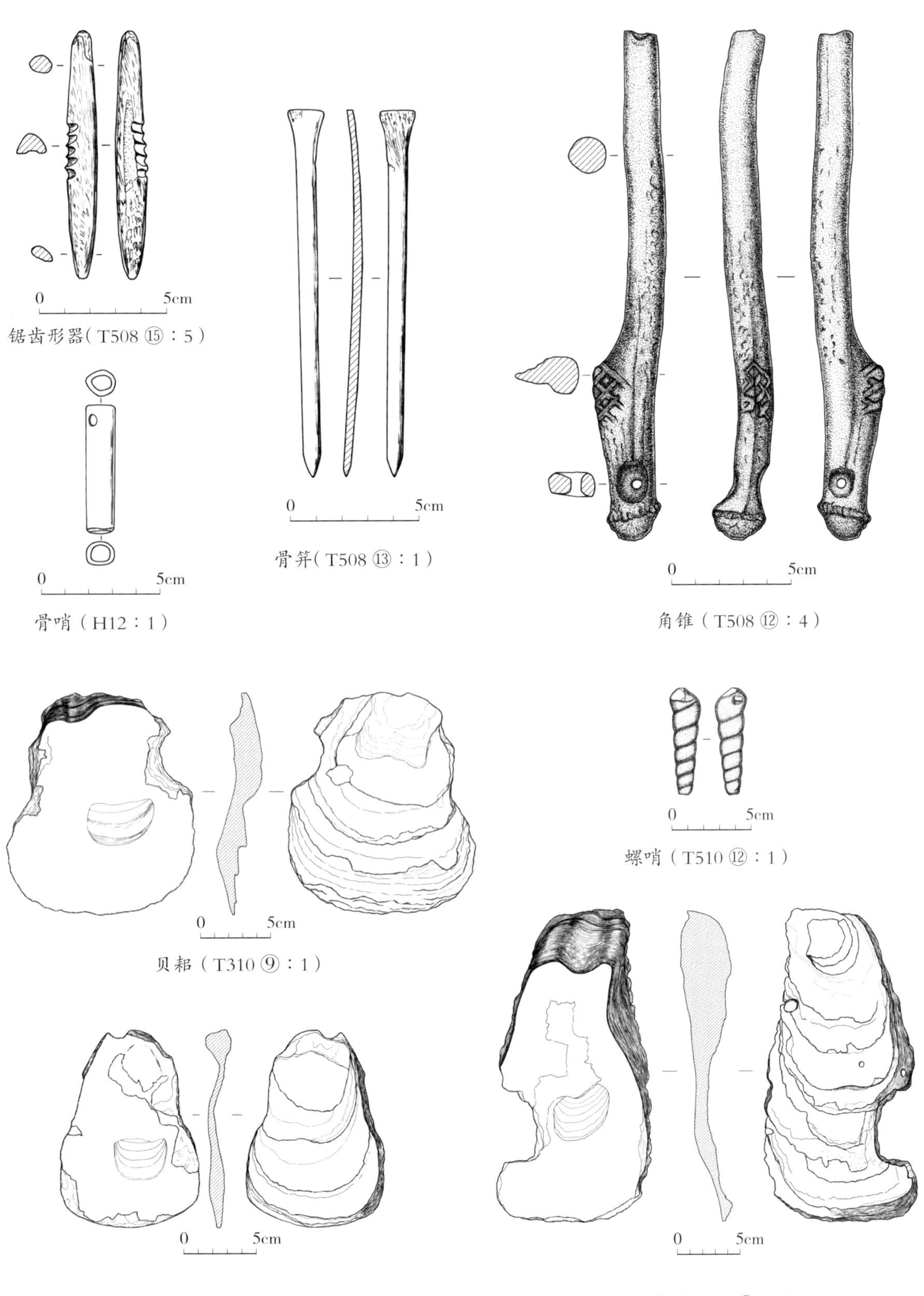

锯齿形器（T508⑮：5）

骨哨（H12：1）

骨笄（T508⑬：1）

角锥（T508⑫：4）

螺哨（T510⑫：1）

贝耜（T310⑨：1）

贝耜（JKZ采：1）

贝耜（T510⑱：7）

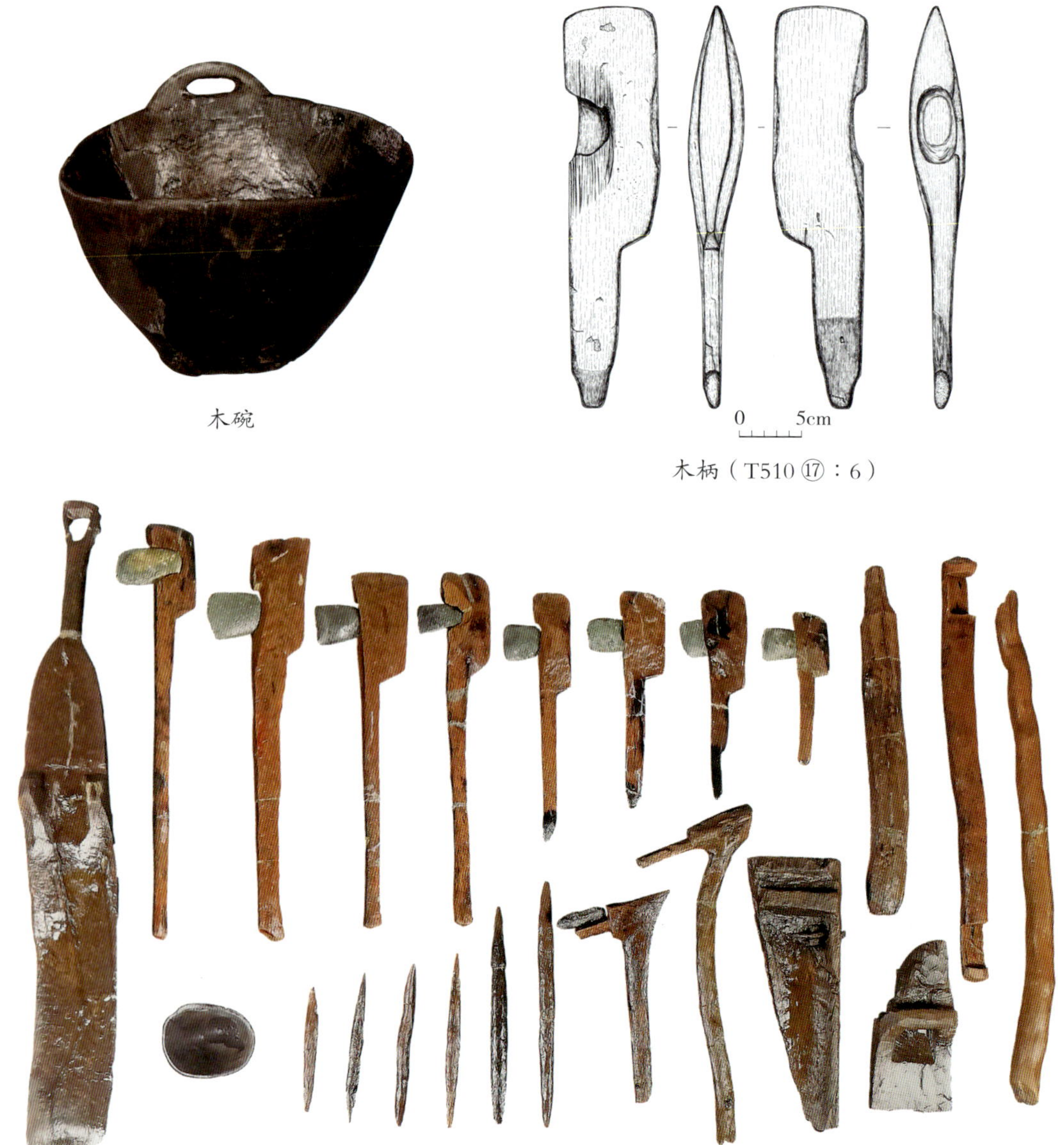

木碗

木柄（T510⑰：6）

出土木器组合

1、井头山遗址埋深 5 ~ 10 米，是浙江乃至长三角地区的首个沿海贝丘遗址，也是已知中国沿海地区埋藏最深的一处新石器时代遗址，突破了以往对我国沿海地区史前遗址时空框架及其分布规律的认识。

2、经北京大学考古文博学院碳十四实验室等多家实验室测定，井头山遗址的年代在距今 8300 ~ 7800 年之间，早于河姆渡文化 1000 年。这是宁绍平原史前考古年代学上的一个重大突破，也使宁波地区人文起源的历史在河姆渡文化基础上再往前推了 1000 多年。既是浙江和长三角地区沿海贝丘遗址考古的突破，也是中国海洋文化考古的历史轴线极大延伸和重大突破，更为全新世早中期中国沿海和全球海洋环境快速变迁提供了最宝贵的实例，并为今后开展海岸带考古和大陆架考古指明了可靠的方向。

3、井头山遗址代表的远古海岸聚落出现、发展到消亡的过程，与河姆渡文化一起清晰和较完整地反映了中国沿海地区远古先民走向海洋、适应海洋、利用海洋，与海洋互动的奋斗足迹，表明中国远古海洋文化与内陆古代文明交相辉映，才共同构成了古代中华文明的完整史篇。

4、井头山遗址出土遗物具有鲜明的自身文化特征。陶器主要器形以釜类圜底器和罐、碗类圈足器为主，不见三足器，与河姆渡文化陶器在基本器形和小耳状、鸡冠耳状鋬手等细部装饰方面有明显的相似性。从遗址环境、文化内涵、生业方式、年代差异方面来看，井头山遗址所代表的文化类型应该是河姆渡文化的直系祖源。

5、井头山遗址发现和发掘为全新世以来环境变迁，海侵时间、过程及中国沿海地区新石器时代人类文化的相互作用的人地关系研究提供了全新的视角和殊为难得的案例；典型反映全新世早中期环境变迁与中国古海岸线人类活动起源、发展的明确过程；为全新世早中期海岸环境和海平面上升过程树立精确的时空坐标；对研究西太平洋地区南岛语族起源和发展等重大学术问题也提供了关键材料。

6、井头山遗址考古工作中把钢结构围护基坑工程成功运用于此类超大埋深地下遗址的发掘，与“南海Ⅰ号”沉船发掘、四川江口张献忠沉银遗址发掘一起，成为我国针对不同环境条件特殊对象考古发掘的三个经典范例，为今后中国沿海地区类似深埋遗址的考古发掘在方法上进行了积极而卓有成效的开创性探索，并积累了宝贵的经验，具有重要的启迪意义。

7、井头山遗址的发现和发掘开启了浙江史前考古和文物保护工作的新篇章，是继河姆渡遗址发现近50年之后，在浙江沿海发现的又一处具有里程碑意义的新石器时代遗址，宁波、余姚两级政府及相关部门高度重视井头山遗址考古和保护利用工作。目前，井头山遗址第二期主动性考古发掘申请已获得国家文物局批准。此外，井头山遗址已与河姆渡遗址、田螺山遗址、鲻山遗址一起被纳入河姆渡国家考古遗址公园规划，并已初步决定在宁波成立中国东南沿海史前文化研究与科技保护中心，也将把这些遗址列入海洋强省、海洋强国和海上丝绸之路等地区和国家发展战略中开展后续综合性工作。

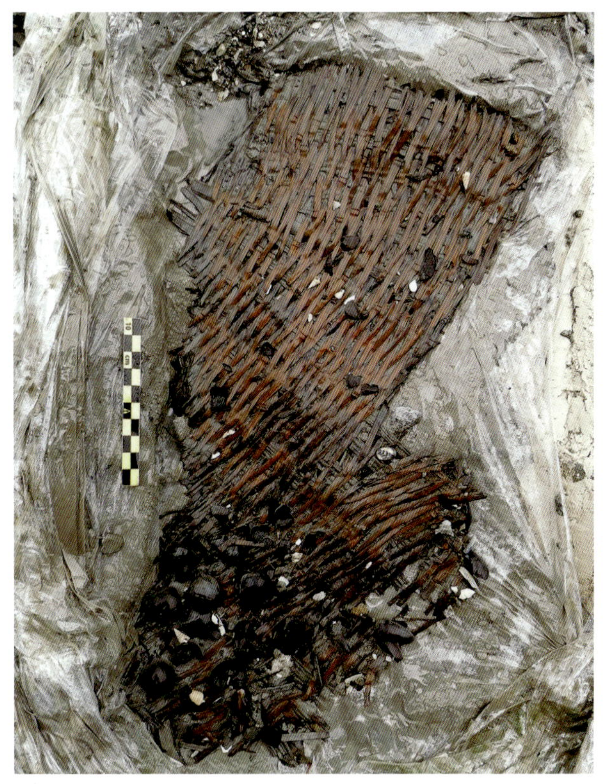

用芦苇编织的背篓

用芦苇编织的鱼罩

■ 撰稿：孙国平

河北省康保县兴隆遗址

工作单位：中国国家博物馆、河北省文物考古研究院、张家口市文物考古研究所

一、工作缘起

2009年，全国第三次不可移动文物普查期间，河北省文物局发现了赛圪垯沟中的两处新石器时代遗址（分别命名为兴隆遗址和赛圪垯沟遗址，但前者非本遗址），并初步判断其年代为旧石器时代晚期或稍晚。2015年，中国国家博物馆与河北省文物研究所等单位合作，设立旨在探寻和研究旧石器—新石器时代过渡期遗存的考古科研项目，并在当年对河北省西部五地市23区县的近百处史前遗址进行了系统考察。之后，项目负责人选择在康保县开展系统性长期工作。2016～2017年，联合考古队对康保县北部和张北县西北部区域进行了区域系统调查，在此过程中发现了兴隆遗址，并进行了小面积试掘。2018～2019年，经国家文物局批准，联合考古队对兴隆遗址进行了两个年度的正式发掘。

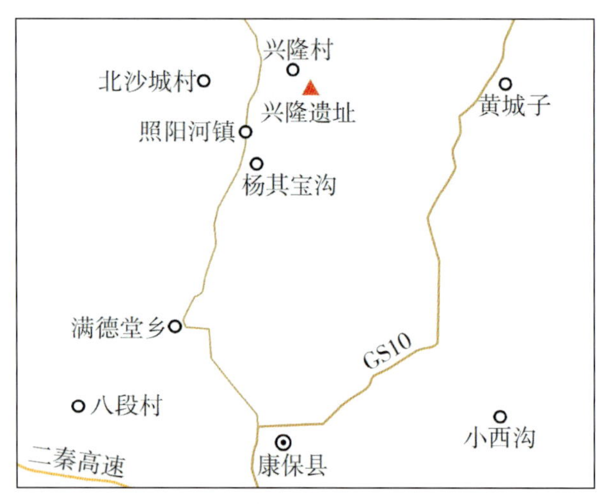

兴隆遗址位置示意图

二、遗迹概况

兴隆遗址位于河北省张家口市康保县照阳河镇兴隆村东南，地属长城以北冀蒙交界的坝上高原。遗址坐落于季节性河流赛圪垯沟西岸一低山南侧缓坡上，南距康保县城约30千米，距张家口市区北端的长城大境门关隘约135千米。

兴隆遗址的整体地势为西北高、东南低，海拔高度为1398～1410米。遗址西北侧紧倚基岩山体，南侧和东北侧勘探出壕沟两条。遗址主体堆积即位于两壕沟内侧，据初步勘探结果，遗址总面积约15000平方米。2018～2019年主发掘区位于遗址西南部，共布设10米×10米探方10个，并根据发掘情况适时扩方，实际发掘面积1025平方米。主发掘区已揭露部分的地层堆积可分为五层。其中北侧的文化层保存较为完整，在主发掘区南侧第2层到第4层依次消失。主发掘区文化堆积较厚，遗迹叠压、打破关系复杂，大部分区域仅发掘至第4层层表，只有少部分区域发掘了4层及以下的地层和遗迹。

除主发掘区，针对遗址南侧壕沟另布设35米×3米的探沟一条进行解剖，编号TG01，发掘面积105平方米。根据钻探情况，遗址两侧壕沟皆始自两边山坳处，并在遗址东南侧逐渐靠拢，形成一条宽度30米左右的狭长区域，应为遗址的进出通道。壕沟平均宽度为30～35、深度为2.5～3.5米。TG01揭示了壕沟的大体形制及堆积过程。遗址南侧壕沟（G5）现存开口以上的地层分为六层，壕沟叠压于第6层下，宽33、深2.5～2.75米；底部有一定起伏；两侧坡度不大，尤其内侧坡更为缓长，坡面较为平整光滑。根据发掘情况，推测壕沟应是在利用自然沟的基础上加以修整而成。壕沟内堆积可分为六层，时代跨度较大，说明壕沟的填充经历了较长时间，至历史时期方最终淤积平整。

兴隆遗址文化堆积较厚，延续时间极长，文化层及遗迹间的叠压打破关系清晰，出土遗物丰富，为辨识遗址各期的文化面貌和相对年代提供了难得的资料。北京大学考古文博学院、美国贝塔（Beta）实验室、中国国家博物馆文保院等单位检测了该遗址的大量碳十四和光释光测年样品，为认识遗址各期遗存的绝对年代也提供了充分依据。

三、出土遗物

据兴隆遗址旧石器—新石器时代过渡期地层的测年数据，其年代应为距今13500～10000年。但由于本期出土遗物非常有限，目前还难以总结其整体的石器组合和文化面貌。不过，本期遗物中锥形石核、楔形石核等遗物的形态，基本上不超出我国北方地区自旧石器时代晚期尤其是距今1.6万年以来普遍流行的细石器工业的范畴，应属中国北方地区旧石器—新石器时代过渡期细石器工业的典型遗存。

兴隆遗址主体堆积为新石器时代中晚期。初

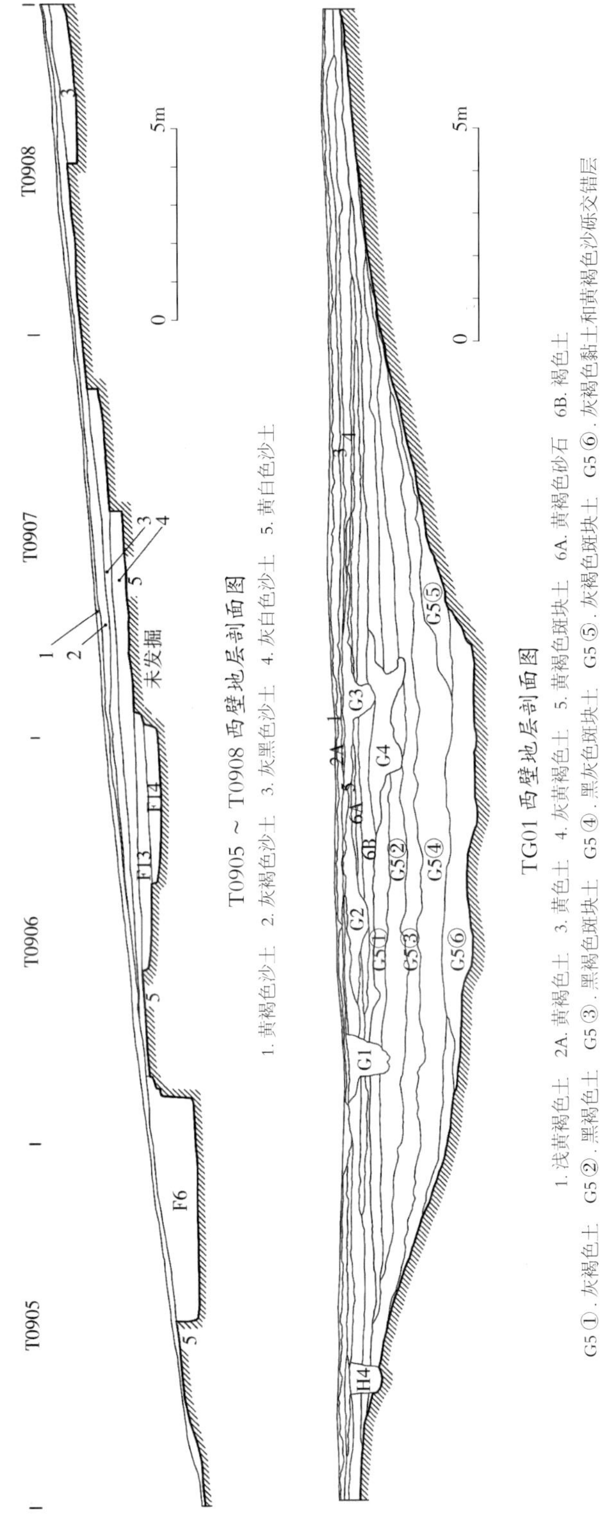

T0905～T0908西壁地层剖面图

1.黄褐色沙土 2.灰褐色沙土 3.灰黑色沙土 4.灰白色沙土 5.黄白色沙土

TG01西壁地层剖面图

1.浅黄褐色土 2A.黄褐色土 3.黄色土 4.灰黄褐色土 5.黄褐色斑块土 6A.黄褐色砂石 6B.褐色土
G5①.灰褐色土 G5②.黑褐色土 G5③.黑褐色斑块土 G5④.黑灰色斑块土 G5⑤.灰褐色斑块土 G5⑥.灰褐色黏土和黄褐色沙砾交错层

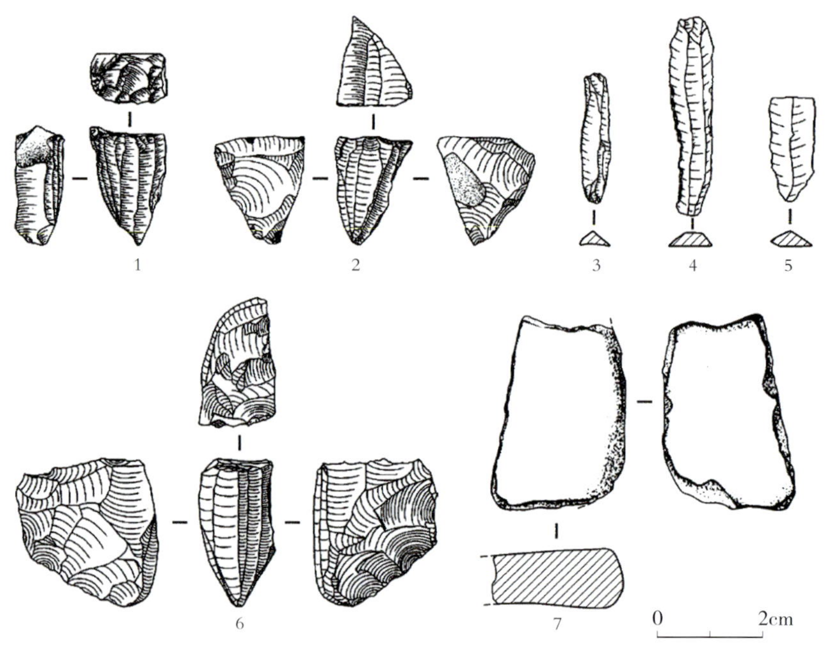

旧石器—新石器时代过渡期出土遗物

1、2、6. 细石核（G5⑥：2、3、5） 3 ~ 5. 细石叶（G5⑥：1、G5⑥：4、T0806⑤：1） 7. 磨石（G5⑥：7）

G5 第 6 层出土细石核

步判断，其新石器时代文化遗存至少可以分为五期：第一至第四期的年代约距今 8700 ~ 6000 年，揭露的遗迹以房址居多，还有一座室内葬合葬墓，出土遗物中石器以大量磨盘、磨棒、打制石器和细石器为主，陶器以尖圜底釜、筒形罐和板状器为代表，麻点纹盛行，此外还有精致的骨角牙蚌器，以骨柄石刀和小装饰品为主；第五期遗存年代距今 5800 ~ 5200 年，遗迹主要以“支石灶”、细石片堆和圆坑墓为代表。此期遗物以圆坑墓随葬品为主，骨角牙质的小装饰品为代表，其中微型石珠和马鹿牙串饰较为特殊，后者常见于旧石器时代以来的欧亚草原地区。

本遗址新石器时代第一期遗存的陶器以大口圜底釜和板状器为主，两者形成了一种较为固定的陶器组合，代表了一种新的考古学文化，可以以最早发现此类遗存的内蒙古化德县裕民遗址命名。石器和骨器方面，本期仍发现较多细石器，并且存有少量与旧石器时代末期以来相似的楔形石核；但已经开始大量出现石锛状器、石磨盘、石磨棒、骨刀柄等遗物。据本期遗存的测年数据，其年代为距今 8700 ~ 8100 年（校正后，下同）。本期遗存中房址及陶器等遗物的大量出现标志着遗址文化面貌和生业经济的重大转变，与北方地区旧石器时代及过渡期的情况相比，为一种根本性的变化。兴隆遗址第一期遗存代表了中国北方地区新石器时代早期年代最早的遗存之一。

本遗址新石器时代第二、三期遗存的文化面貌整体接近。相对于第一期遗存，在陶器方面的主要变化是平底筒形罐替代大口圜底釜成为主要炊器；此外，这两期遗存中还出现了较多的陶杯。但这两

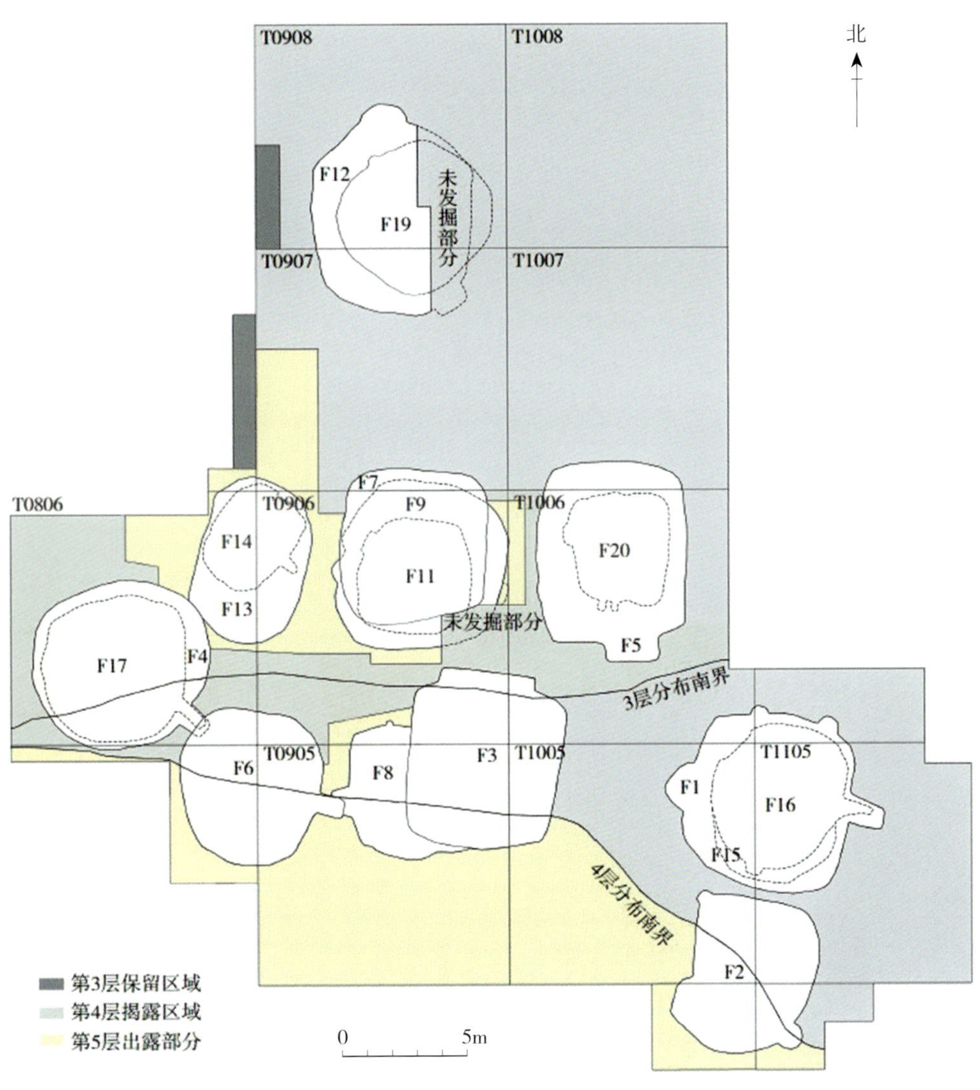

主发掘区第 3、4 层下房址平面分布图

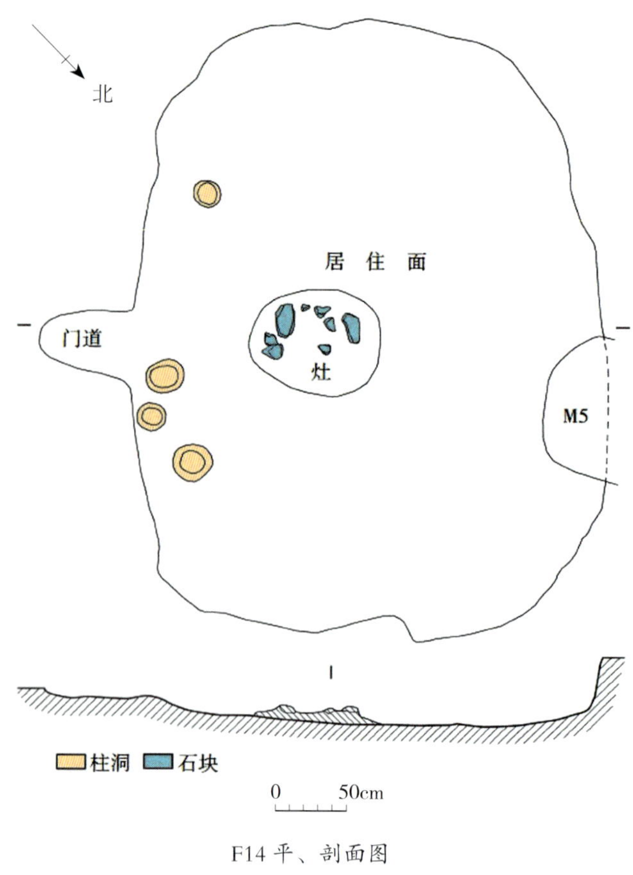

F14 平、剖面图

期陶器的纹饰仍多继承第一期遗存的特点，以编织物压印形成的麻点纹仍是主要纹饰，花边装饰也较为流行。在石器、骨器方面，变化也不明显。据测年数据，第二期遗存的年代为距今 8000 ~ 7600 年，第三期遗存的年代为距今 7450 ~ 7150 年。这两期遗存的时代大体与临近的辽河流域的兴隆洼文化相当，两者均以筒形罐为主要炊器，可能存在较紧密的关系；但两者的区别也很明显，其陶器组合不同，筒形罐的形制与纹饰差别也较大，总体属于不同的考古学文化。至于第二、三期遗存之间的差别和变化，仍待资料的进一步充实和整理加以辨别。

本遗址新石器时代第四期遗存数量非常有限，其整体文化面貌尚不清晰。但 F12 灶旁发现的束颈圜底陶釜与前期遗存中的炊器区别明显。此种陶器广泛出现于华北平原的镇江营遗址第一期遗存、北福地遗址第二期遗存、西水坡遗址第一至四期遗存以及其他同类遗存中，是后岗一期文化的主要炊器之一。本期遗存目前尚无充足的测年数据，根据层位关系，以

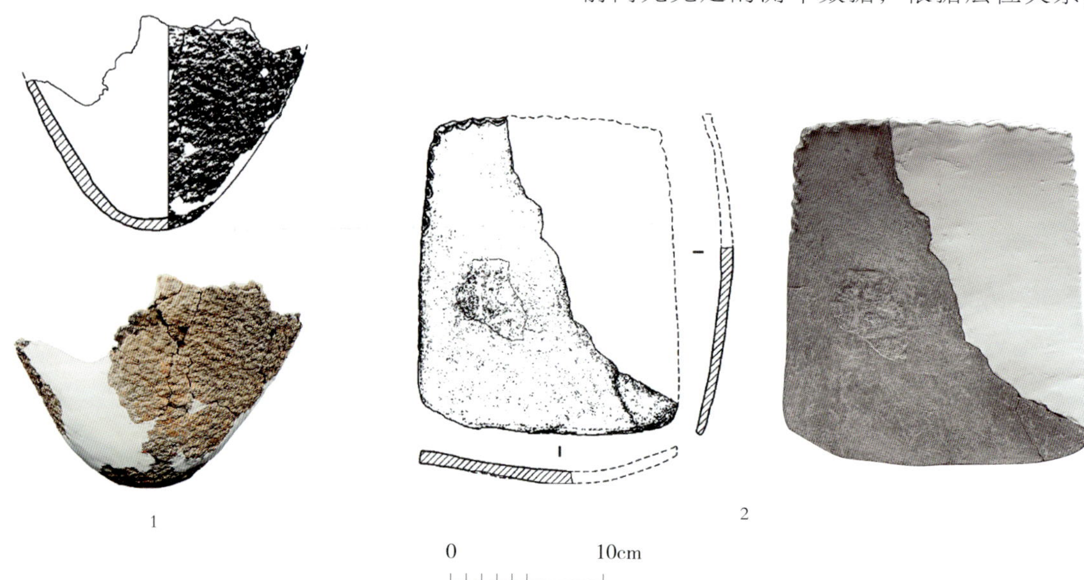

新石器时代第一期遗存出土陶器

1. 釜（F10 ： 13） 2. 板状器（F10 ： 14）

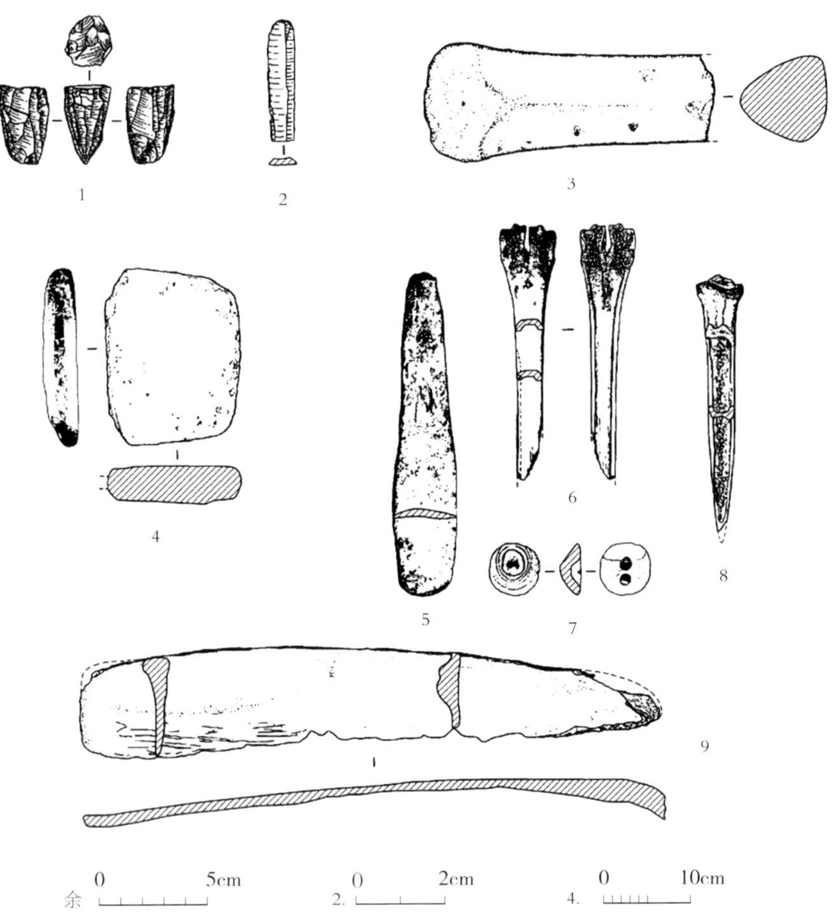

新石器时代第一期遗存出土遗物

1. 细石核（F10 ：16） 2. 细石叶（F10 ：23-1） 3. 磨棒（F16 ：2） 4. 磨盘（F16 ：14） 5. 骨匕（F14 ：2） 6. 骨刀柄（F16 ：3） 7. 蚌饰（F16 ：22） 8. 骨锥（F16 ：8） 9. 骨刀（F16 ：10）

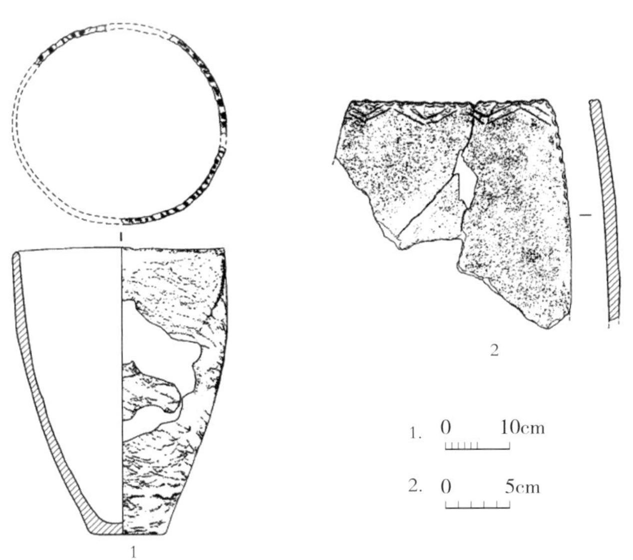

新石器时代第二期遗存出土陶器

1. 筒形罐（F20 ：19） 2. 板状器（F20 ：11）

及与上述遗存年代的比对，推测其年代应为距今7000～6000年。

本遗址新石器时代第五期遗存的情况较为复杂，发现的遗迹较多，但未发现明确的房址，也未见明确的共存陶器出土。它可能代表了流动性较强的一群先民及其生业经济。其文化面貌的整体情况也待进一步探索。据第五期遗存中圆坑墓葬的测年数据，其时代为距今5800～5200年，但不排除本期遗存中石灶和石片堆的年代与其相差较大的可能性。

陶筒形罐（F20：19）

陶板状器（F20：11）

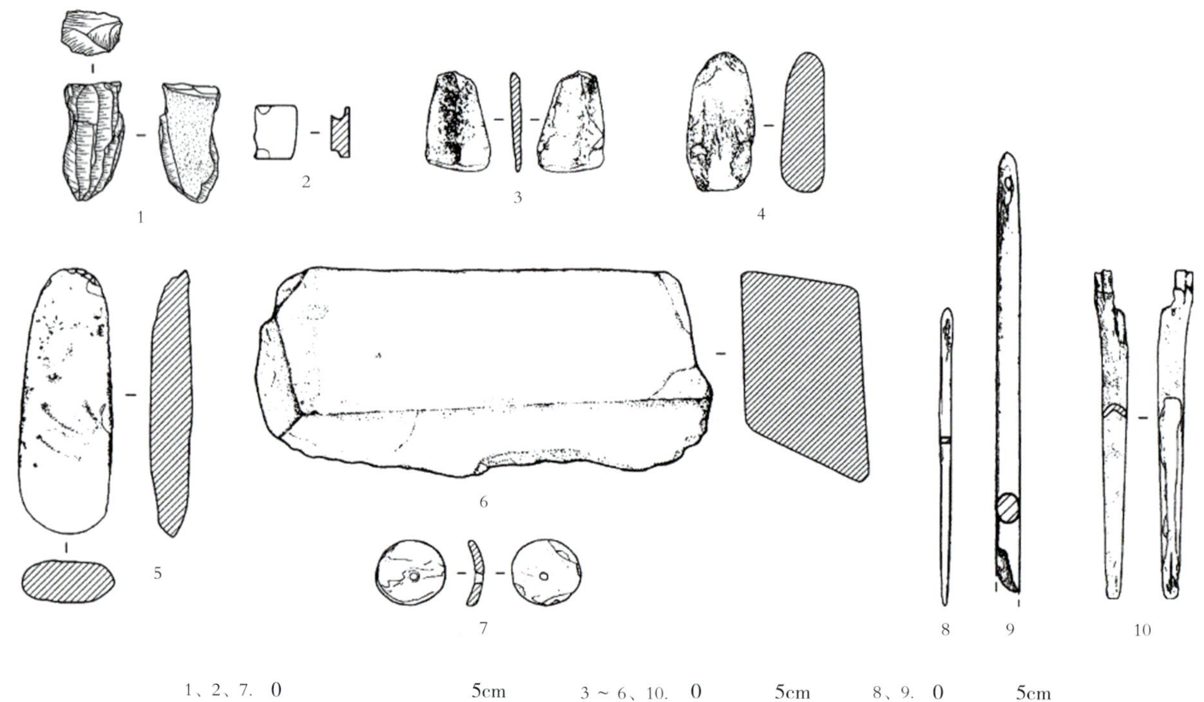

新石器时代第二期遗存出土遗物

1. 细石核（F15：17） 2. 玉饰（F19Z2：1） 3. 石刀（F15：10） 4. 石磨杵（F9HDM1：8） 5. 石斧（F15：18） 6. 磨石（F9J1：1） 7. 蚌饰（F9：2） 8、9. 骨针（F20：21、22） 10. 骨器半成品（F9：7）

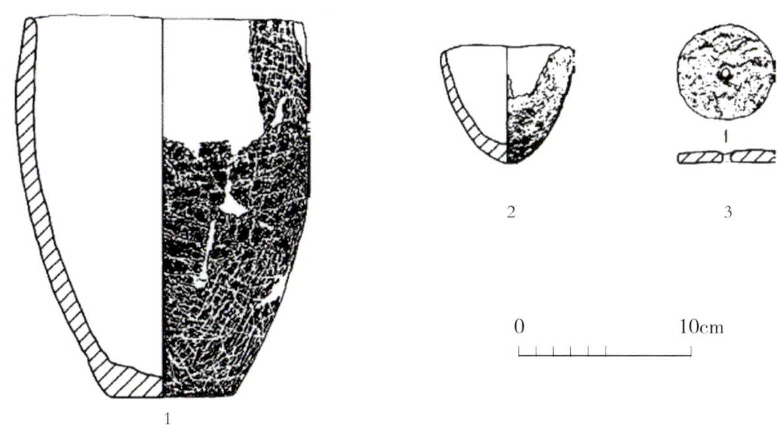

新石器时代第三期遗存出土陶器
1. 筒形罐（F2HDM1 ：2） 2. 杯（F6HDM1 ：7） 3. 纺轮（F2HDM1 ：8）

陶筒形罐（F2HDM1：2）

陶杯（F6HDM1：7）

四、结语

兴隆遗址所在的坝上地区在2010年之前基本未进行过史前遗址的考古发掘工作，以至这一区域史前时代的文化面貌此前并不清晰。兴隆遗址堆积丰厚，延续时间长，出土遗物丰富，自旧石器—新石器时代过渡期出现最早阶段遗存，至新石器时代早期的第一至三期遗存繁荣，再到新石器时代中期的第四、五期遗存衰微，中间未有较大缺环。尤其多数阶段可复原器物较多，文化面貌较为清晰，为建立本区域旧石器—新石器时代过渡期至新石器时代中期的文化序列提供了重要的支撑。此外，结合兴隆遗址及周边遗址的调查发掘情况，初步揭示出这一区域在史前时代，尤其是旧石器—新石器时代过渡期至新石器时代中期，有着较为繁荣的社会和文化。而作为区域内面积较大、延续时间长、较长时期内应为常年性居住聚落的遗址，兴隆遗址的发掘将为解决中国北方地区旧石器时代向新石器时代的过渡，以及期间发生的人口迁移、农业起源等重大问题提供重要的资料和视角。

■ 撰稿：郭明建、邱振威、王刚、池振锋

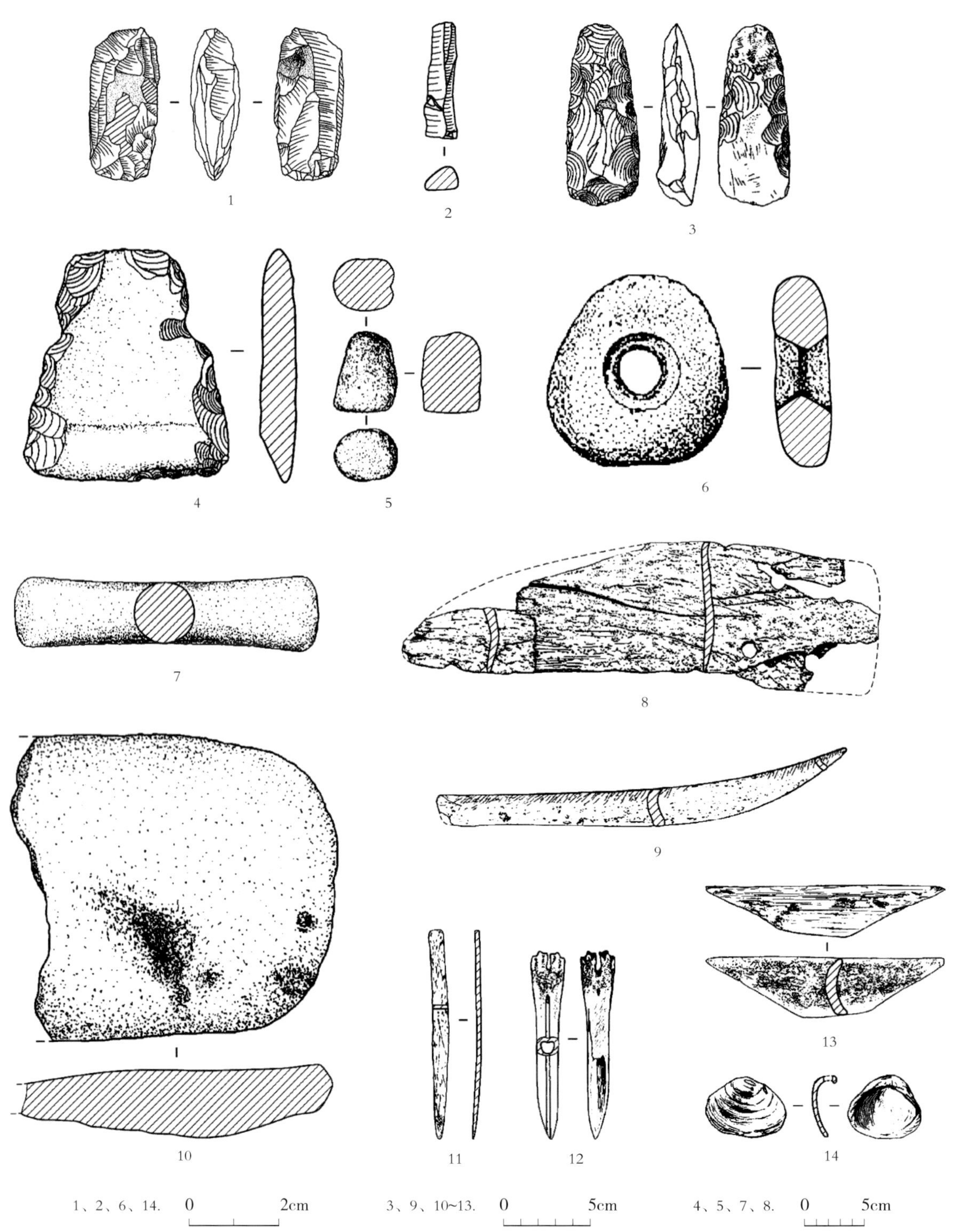

新石器时代第三期遗存出土遗物

1. 细石核（F6J1 ： 1） 2. 细石叶（F6HDM1 ： 8） 3. 石锛状器（F2J1 ： 4） 4. 石锄（F6 ： 7） 5. 石磨杵（F6 ： 10） 6. 穿孔石器（F6Z1 ： 1） 7. 石磨棒（F2 ： 2） 8. 石磨盘（F6HDM1 ： 3） 9、10. 骨刀（F2 ： 11、18） 11. 骨笄（F6 ： 2） 12. 骨锥（F2 ： 2） 13. 梯形骨器（F2 ： 17） 14. 贝饰（F2 ： 4）

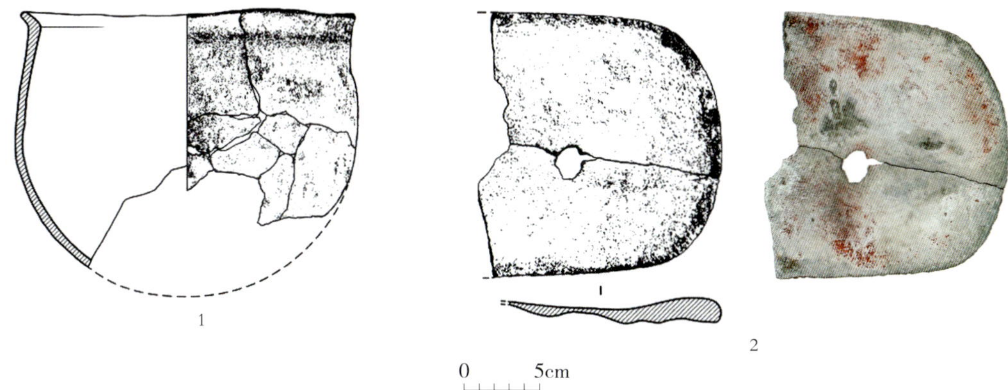

新石器时代第四期遗存出土遗物

1. 陶釜（F12HDM1 ： 1） 2. 石磨盘（F12 ： 6）

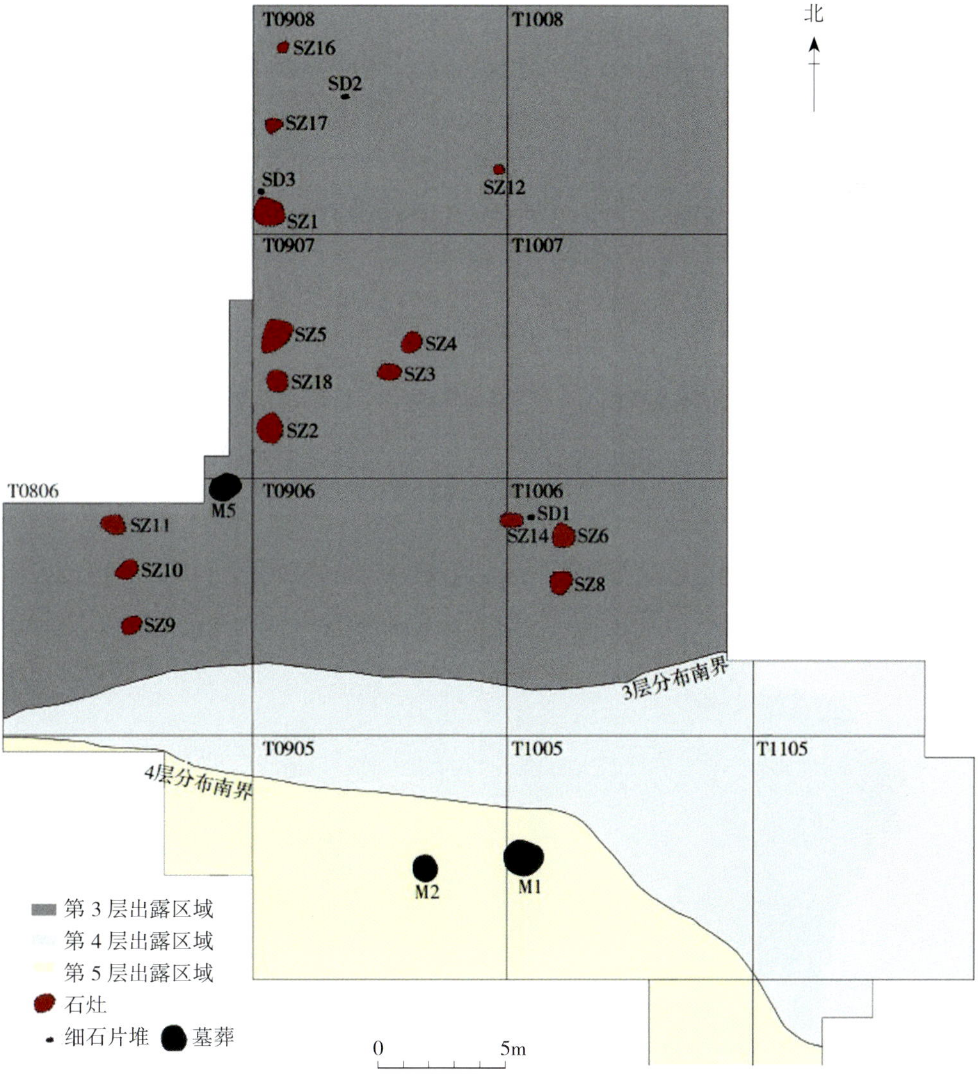

T0908 T1008 北
SZ16 SD2 SZ17 SD3 SZ12 SZ1
T0907 T1007
SZ5 SZ4 SZ3 SZ18 SZ2
T0806 M5 T0906 T1006
SZ11 SD1 SZ14 SZ6 SZ10 SZ8 SZ9
3层分布南界
T0905 T1005 T1105
4层分布南界
M2 M1

第 3 层出露区域
第 4 层出露区域
第 5 层出露区域
石灶
细石片堆 墓葬

0 5m

主发掘区新石器时代第五期遗存遗迹平面分布图

山西省闻喜县酒务头商代墓地

工作单位：山西省考古研究院

一、工作缘起

酒务头墓地位于山西省运城市闻喜县河底镇酒务头村西北200米处，北临沙渠河，南临间歇性河流小涧河，东南望中条山南端最高峰汤王山、涧山（草山）。墓地坐落在地势呈东高西低的台地上，距离闻喜县城约20千米，地理坐标为北纬35° 19′ 56″，东经111° 24′ 02″，海拔高度730米。

2015年开始，墓地遭受严重盗掘，地方文物部门上报并请求抢救性发掘。2017年6月，由山

酒务头墓地全景

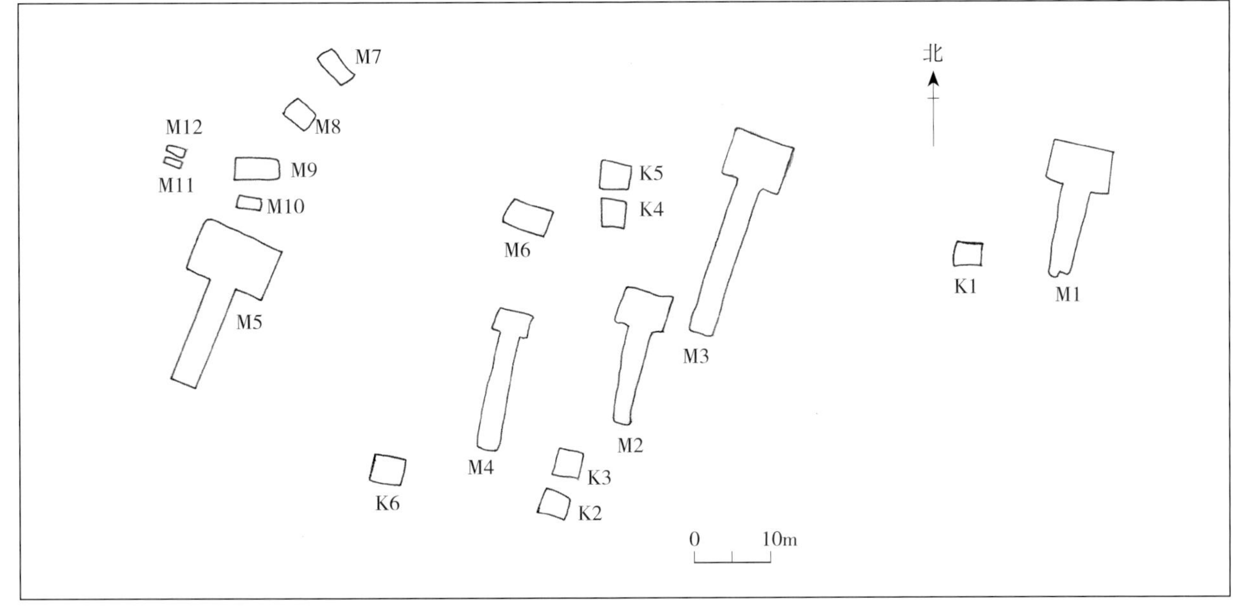

酒务头墓地遗迹分布图

西省考古研究所牵头，联合运城市外事侨务和文物旅游局、运城市文物工作站、闻喜县文物旅游管理中心对墓地进行勘探，同年8月，考古队对墓地进行了抢救性发掘。发掘期间，酒务头墓地考古发掘工作被列入国家文物局“考古中国”项目。在该项目支持下，山西省考古研究所进行了为期一年半的田野考古工作，于2018年12月底结束。

二、墓地概况

酒务头墓地考古发掘面积约6000平方米，在此范围内共发现12座墓葬、6座车马坑、5处灰坑。其中，“甲”字形大墓5座，中小型竖穴墓7座，车马坑均为大墓陪葬坑。

从大的空间环境看，墓地位于运城盆地东北角，北接临汾盆地，东南可进入垣曲盆地，是三个盆地互通的咽喉要地。

从墓地的分布情况看，大墓自西向东、由早至晚依次横向排列，M1、M3居北，余3座居南。早期墓在南，略晚的靠北。中小型墓除M6位于M4北侧外，其余墓葬均集中分布于M5北侧；陪葬车马坑位于大墓西侧或西南侧，其中，M1、M4各有1座陪葬车马坑，M2、M3各有2座陪葬车马坑，M5没有陪葬车马坑。

5座“甲”字形大墓坐北朝南，略向西偏，M1～M3方向为195°，M4方向为198°，M5方向为210°。大墓由墓道、墓室组成，墓室由二层台、椁室、腰坑等构成，5座大墓墓室均为东西较长、南北较短的横长方形，与以往发现的大多数“甲”字形大墓墓室形状不同，较为特殊。根据墓室面积可分为大、中、小三类：最大的为M5，墓室面积接近64平方米；中等的有M1、M3，M1墓室面积约38平方米，M3墓室面积约41平方米；较小的有M2、M4，M2墓室面积约18平方米，M4墓室面积约12平方米。5座大墓埋藏较深，二层台距开口深度4.5～5.8米，M5埋藏最深。墓道有斜坡和台阶两种，长11.4～19.1米，M3墓道最长。M1～M4墓道坡度20°～25°，M5墓道坡度为30°。椁室均呈长方形或近长方形，M1～M4长3.1～3.4米，宽1.5～1.7米，深度1～1.2米；M5椁室最大，

M1 正射影像

M1 椁室

M1 椁室铜器出土情况

长 3.9 米，宽 2.2 米，深 1.2 米。均一椁一棺。

4 座中型墓（M6～M9）均为土坑竖穴墓，均由二层台、椁室、腰坑构成；埋藏较深，M6 深度 6.65 米，M7～M9 深度在 2～3 米；面积 8.4～15.75 平方米，M6、M9 面积较大，M6 为 15.75 平方米，M9 为 13.44 平方米。3 座小型墓（M10～M12）均为土坑墓，结构简单，没有腰坑、二层台；埋藏较浅，墓底距开口深度 0.38～1.1 米，M10 最深，M11 最浅；面积为 1.3～3.5 平方米，M10 面积为 3.5 平方米，M11 面积为 1.3 平方米。

墓内二层台均为生土二层台，仅在二层台与椁室贴合之处填活土。二层台上常见殉狗（除 M11、M12 外，其余墓葬均有殉狗），少量殉羊（M3），此外还有鼍鼓等器物痕迹。

腰坑均呈圆角长方形，深度多在 0.2～0.4 米，M4 最深，达 0.7 米。腰坑内常见殉狗，M4 还随葬 1 件陶鬲。

M2、M4、M5 有殉人。其中，M2 殉人位于棺椁之间，墓主人北侧；M4 殉人位于墓室填土中，距墓葬开口 2 米。M5 殉人痕迹最多，发现六七处，墓室西南角二层台之上仅殉葬一个头骨，其余几处殉人均位于椁室，由于扰动及保存原因，仅能根据痕迹判断殉人位置，在垫木槽内亦发现殉人痕迹，且其年龄不大。

墓主人骨保存状况极差，从残留痕迹看，M2、M10、M11、M12 墓主头西脚东，M1、M4 墓主头向似朝东，其余墓葬由于扰乱极其严重，无法辨识墓主头向。葬式多为仰身直肢，小墓有侧身屈肢的情况；殉人葬式为仰身直肢与侧身屈肢并存。

三、出土器物

酒务头墓地出土有青铜器、陶器和玉、石、骨、贝器（饰）等600余件（组）。其中，青铜器数量最多，约占出土器物总数的85%；种类较为齐全，有容器、乐器、兵器、工具、车马器等；纹饰简单，常见兽面纹，以云雷纹衬底，有少量夔龙纹、凤鸟纹；部分青铜器造型精美，纹饰繁缛，兽面纹仍是主流；器形普遍较小，工艺简单，制作粗糙，尤其是M1出土的戈、矛等兵器，器身扁薄，不具有实用性。青铜容器、兵器和陶器基本集中分布在东、西两侧的棺椁之间，部分兵器分布在南、北两侧，玉石骨器（饰）多滑落至腰坑。墓中出土的玉、石、骨、贝器（饰）等小件有鱼、蚕、虎、柄形器、圭、璧、刀等，造型简单，多数作为装饰使用。

M1保存完整，共出土青铜器125件，种类齐全，组合完整，容器有鼎、簋、甗、觚、爵、盘、盉、提梁卣、斝、尊、罍等，乐器有铙、铃，兵器有钺、戈、矛、刀、斧等，工具有锛、凿等，车马器有弓形器等。另外还出土有陶器、玉石器（饰）、骨器和卜骨、鼍鼓等。

标本M1：21，涡纹铜鼎。方唇，直口，微

涡纹大铜鼎（M1：21）

鬲形铜鼎（M1：86）

兽面纹铜甗（M1：20）

铜提梁卣（M1：62）

涡纹铜罍（M1：85）

束颈，双耳直立，弧腹下收，圜底近平，三圆柱状实心足微向内收。上腹部饰一周九个圆饼状纹饰，其上饰四个圆涡纹，中心饰一小圆。涡纹之间饰圆形雷纹组成的“十”字花瓣纹图案。器腹内壁有上下两字“叵敄”族氏铭文。通高 25 厘米，口径 20 厘米，腹深 12.7 厘米。重 2426 克。

标本 M1：86，鬲形铜鼎。方唇，直口，平沿，双耳直立，弧腹，分裆，三柱足。沿下腹上部饰一圈三组双体夔纹组成的连体兽面纹，双角作云纹状，圆目直鼻，尾端向上内卷，躯干上有钩状刺，下有兽足，以雷纹为地。器腹内壁有“叵敄”铭文。通高 19.2 厘米，口径 15 厘米，腹深 8.5 厘米。重 1134 克。

标本 M1：20，兽面纹铜甗。甑、鬲一体。方唇，侈口，双耳直立，腹壁斜直，下部内收，鬲裆较高，三柱状蹄足。甑部下底有铜箅子与鬲腔相隔，一端有穿与甑底所嵌铜环相扣，一端有半圆形环，可向上活动箅子，箅子上有四个“十”字形镂孔。器体大部分为素面，仅鬲部三袋足饰粗线条简化兽面纹，上腹部饰三组一首双躯兽面纹。上腹内壁有“匿敄”铭文。通高 33 厘米，口径 21.5 厘米，腹径 15.1 厘米。重 3240 克。

标本 M1：62，铜提梁卣。整器横截面呈椭圆形，盖上正中为一菌状纽，纽呈花苞状，分六瓣，每瓣聚向中心饰四条倒“人”字形波线纹。盖下部呈亚腰状与器口部相合，素面。器方唇，直口，弧腹外鼓微下垂，平底，喇叭状圈足。上腹部配左右对称的半环形耳，耳上套接绹索形半环状提

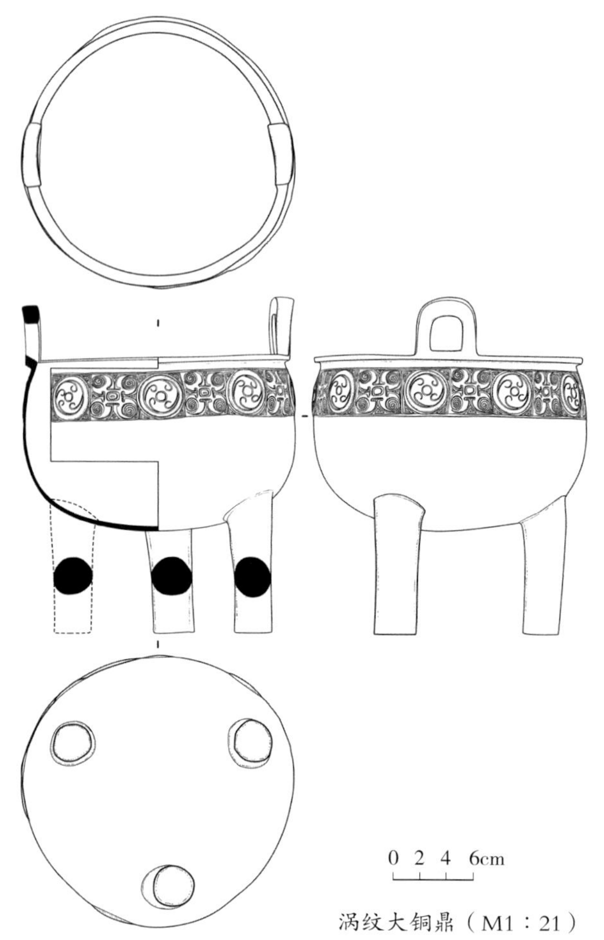

涡纹大铜鼎（M1：21）

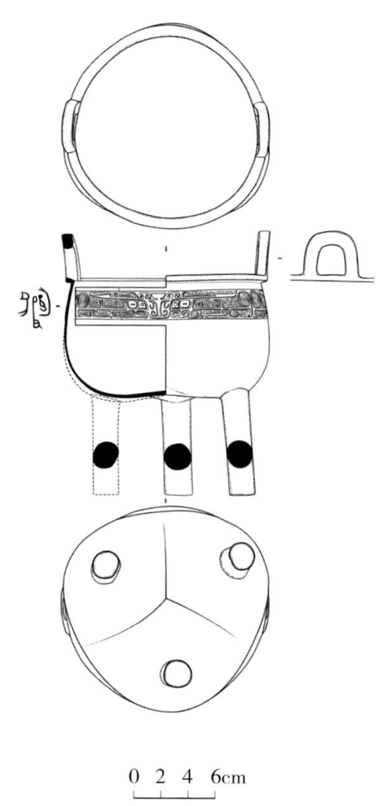

鬲形铜鼎（M1：86）

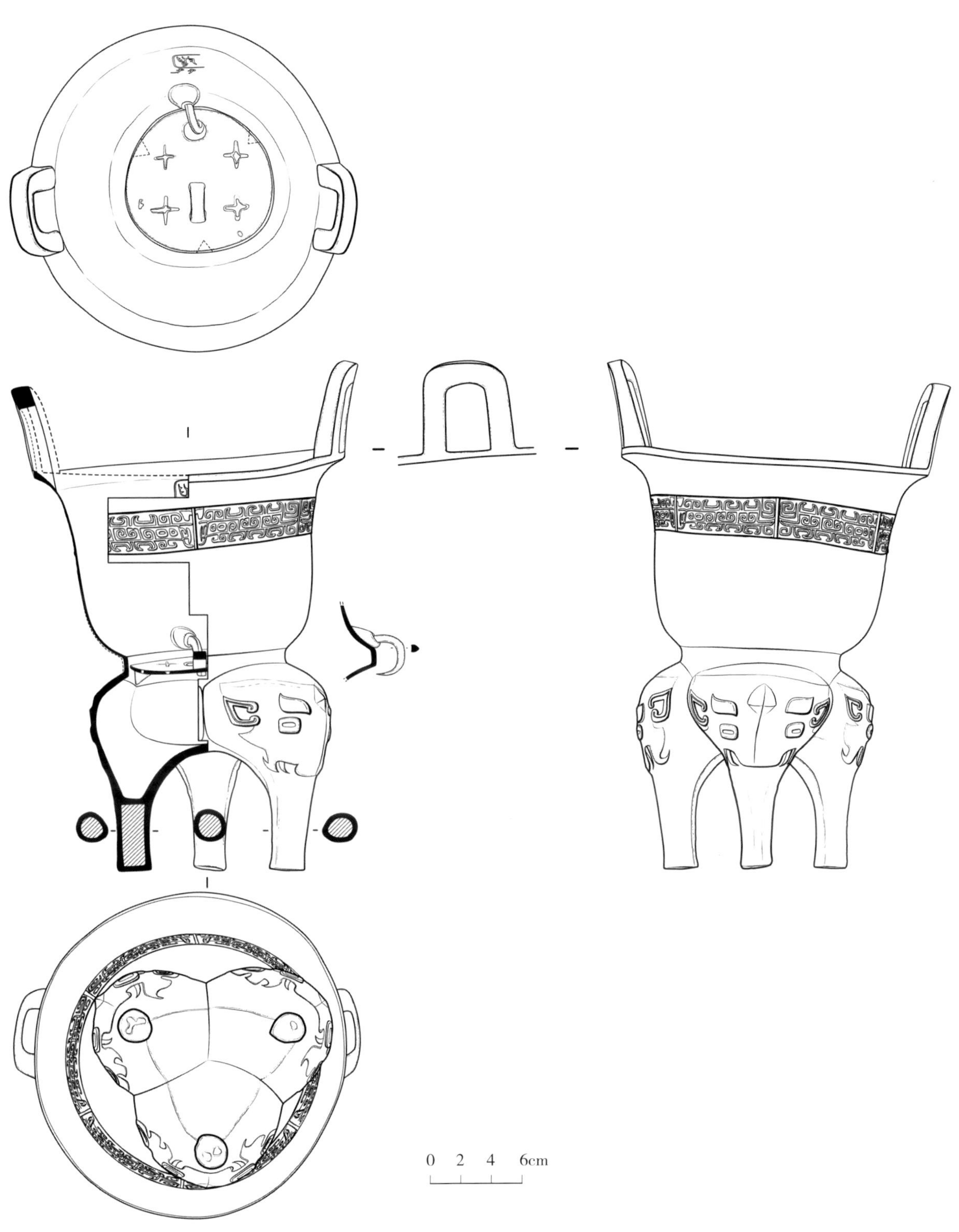

兽面纹铜甗（M1：20）

梁。盖上部呈弧形，饰一周四组菱形雷纹，每组以方格分割，其上下均以两带圆圈纹为界。两耳之间饰一周八组菱形雷纹，每组以方格分割，其上下均以两带圆圈纹为界，与盖上纹饰基本相同，每两组纹饰为一大组，正中饰圆雕兽首。圈足饰两周凸弦纹。盖内与器底正中均阳刻铭文“匿[瓦攵]”。通高 29.3 厘米，口长径 13.1、短径 10.8 厘米，腹深 16.6 厘米，圈足长径 16.5、短径 14 厘米。重 2857 克。

标本 M1：85，涡纹铜罍。圆形器盖，喇叭口状纽，盖身有四个凸起的圆饼状装饰，上饰涡纹，盖表原有宽叶植物覆盖。器方唇，侈口，束颈，圆肩，弧腹下收，平底，圈足外撇。颈部饰两周平行凸弦纹，肩部有六个圆形涡纹状凸起，肩下饰一周凹弦纹；器身两侧各有一个兽首形衔环耳，左右对称，衔环为扁圆状；下腹正中有一兽首形鋬。颈内部口沿下阴铸铭文“叵□”。通高 27.2 厘米，盖高 4.7 厘米，盖径 12.4、器口径 12.5 厘米，腹深 19 厘米，圈足径 13.5 厘米。重 2832 克。

标本 M1：10~12，铜铙。3 件 1 组。形制、纹饰、

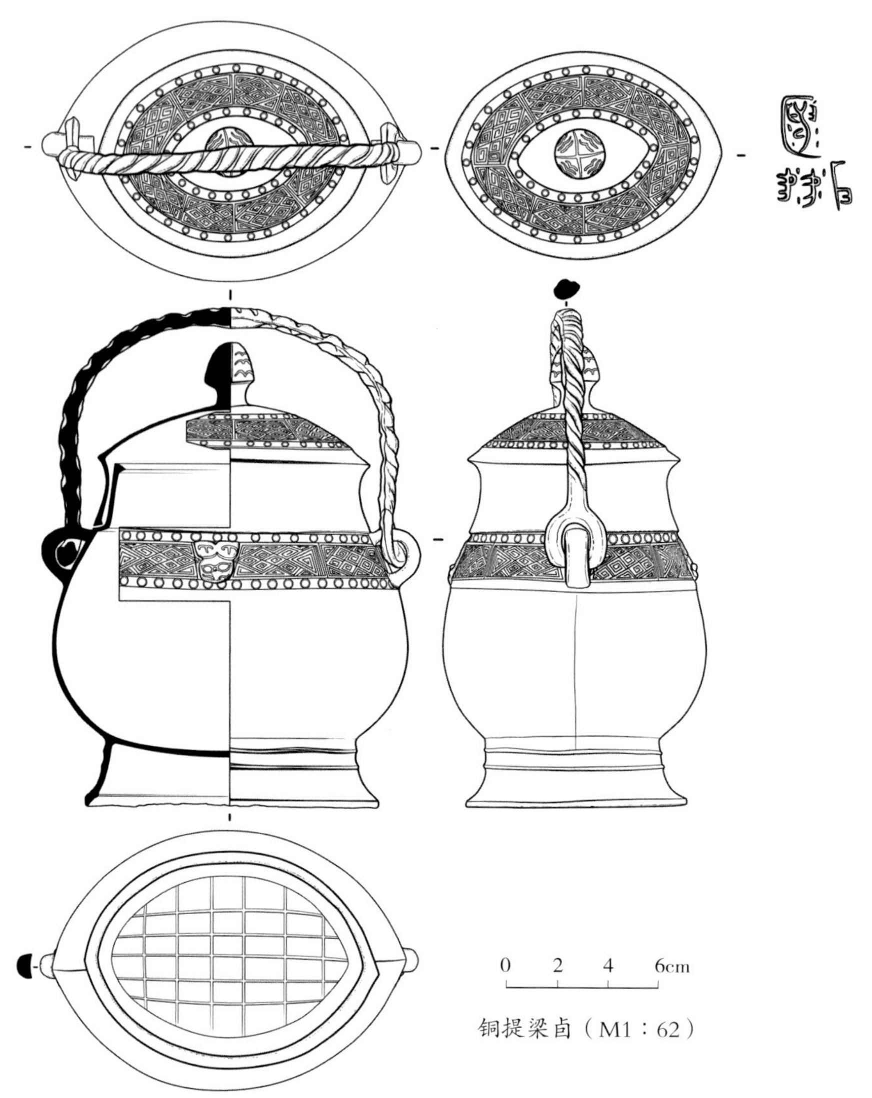

铜提梁卣（M1：62）

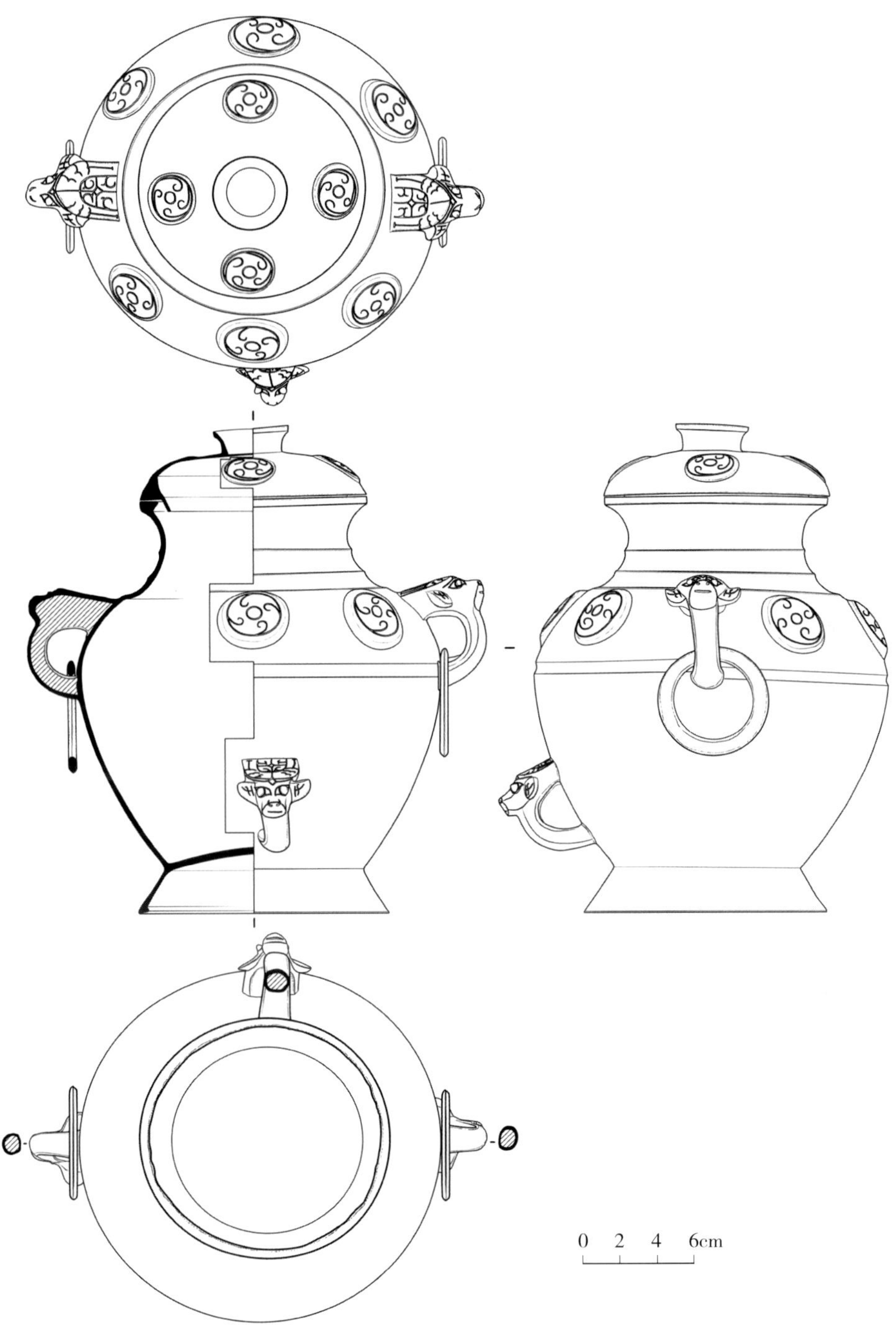

涡纹铜罍（M1：85）

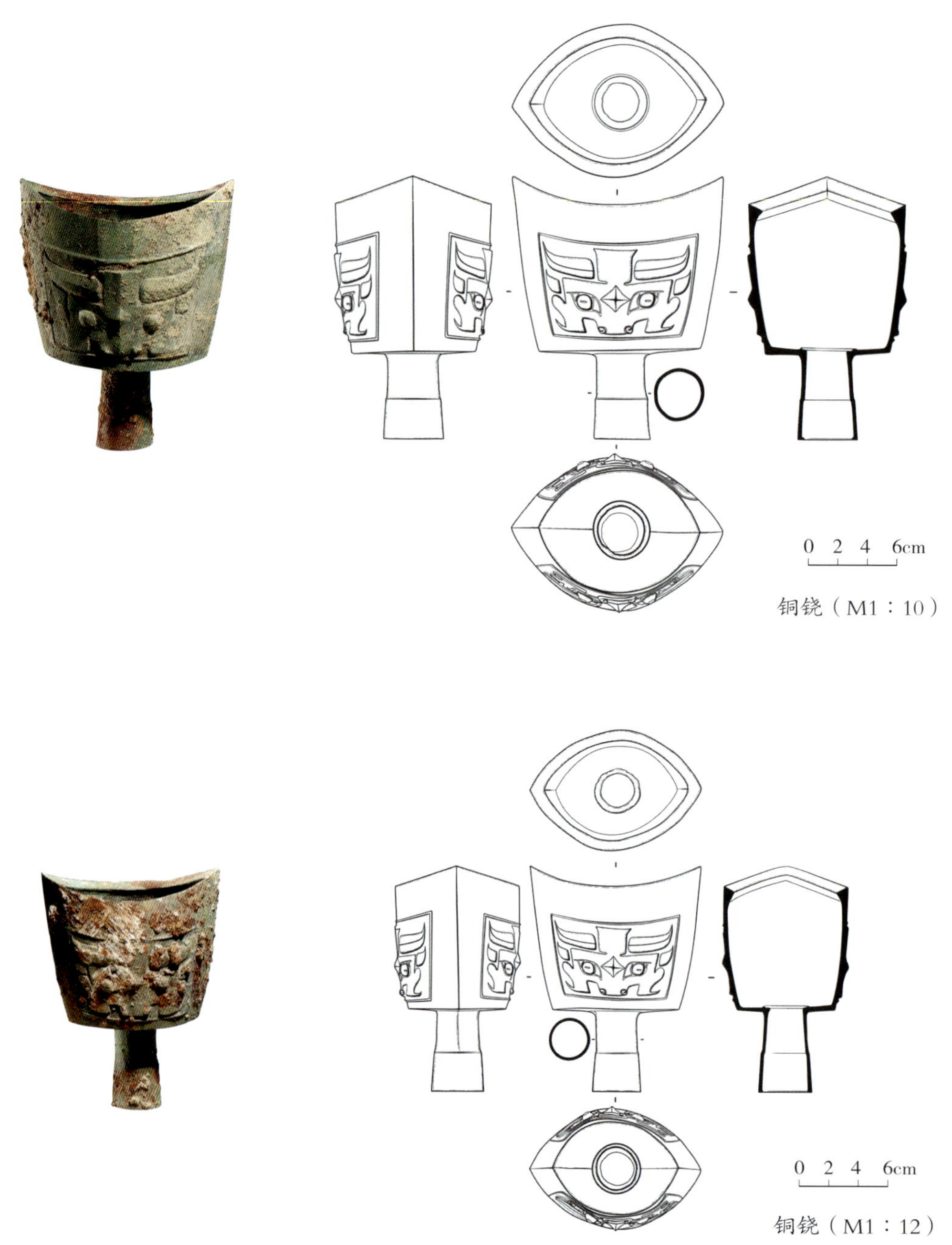

铜铙（M1：10）

铜铙（M1：12）

铭文均相同，大小依次递减。器体呈扁筒形，口内呈凹弧形，平顶。顶中部有管状甬，甬和征相通。征两面饰粗线条兽面纹。鼓内壁有铭文“匿䟒”。M1：10，通高17.4厘米，口长13.5、宽9.9厘米，壁厚0.4厘米。重1185克。M1：11，通高13厘米，口长9.8、宽7.4厘米，壁厚0.3厘米。重475.5克。M1：12，通高15.9厘米，口长11.3、宽8厘米，壁厚0.3厘米。重767.5克。

M2虽遭盗掘，仍出土一些青铜器、陶器等。残存青铜器以兵器为主，尤以出土的宽叶矛、兽

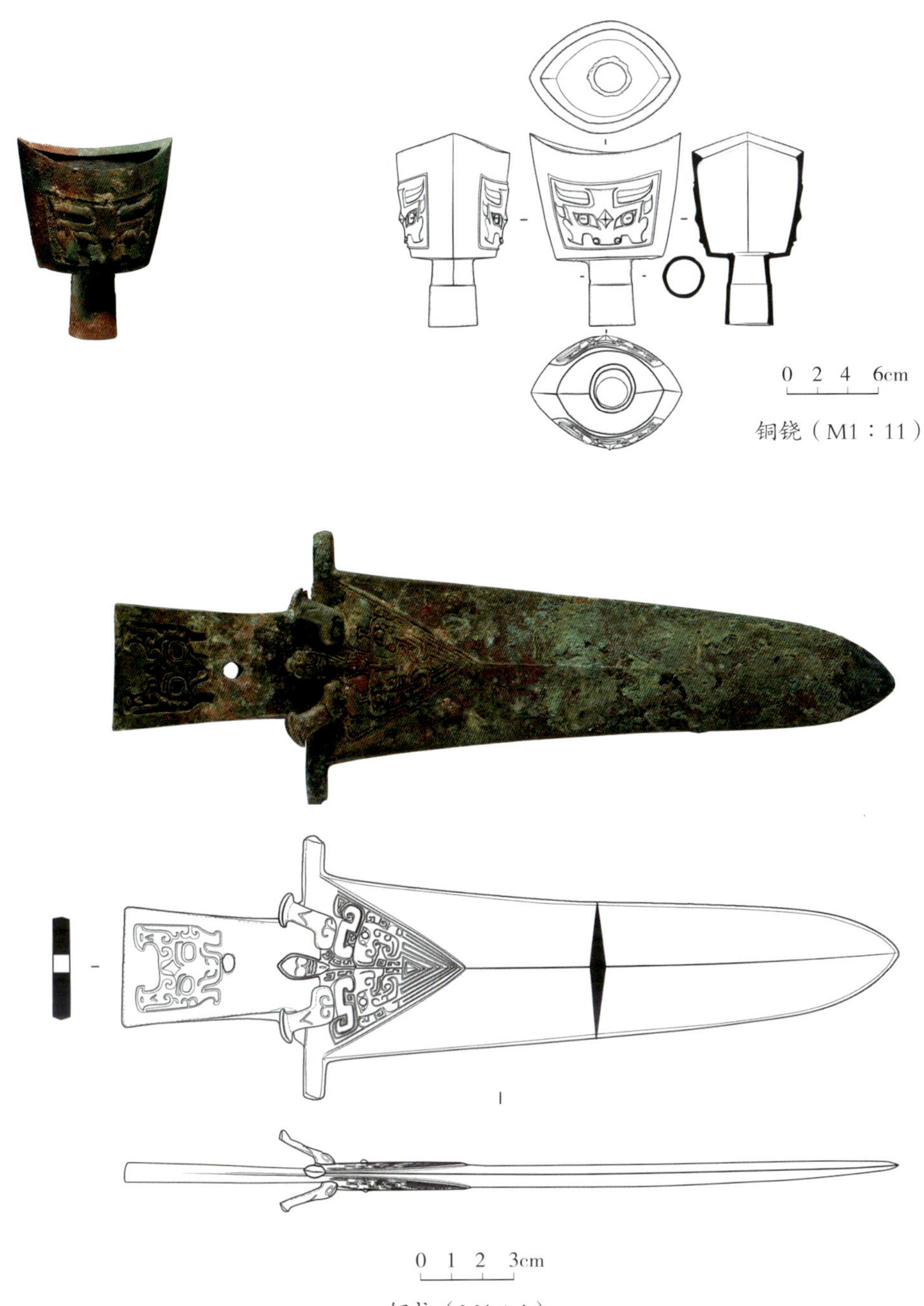

铜铙（M1：11）

铜戈（M1：1）

面饰最具特点。两种器物相伴而出，数量均为 14 件，可以断定，兽面饰为胄饰。

标本 M2：8，铜兽面饰。正面为高浮雕简化兽面，兽面长角、大眼、小耳，正视似牛面。宽大的牛角一直向后弯曲延伸至耳部以上，“臣”字形大眼，大而圆的眼球凸出于器表，两眼中间为菱形鼻，眼的左右两侧各有一桃形小耳，在相当于嘴的部位，则露出带胄者的面孔，在兽面周围分别留有八个穿孔。耳上有“十”字纹。正面比较光滑，背面则有较多铸造时的糙面，并有加

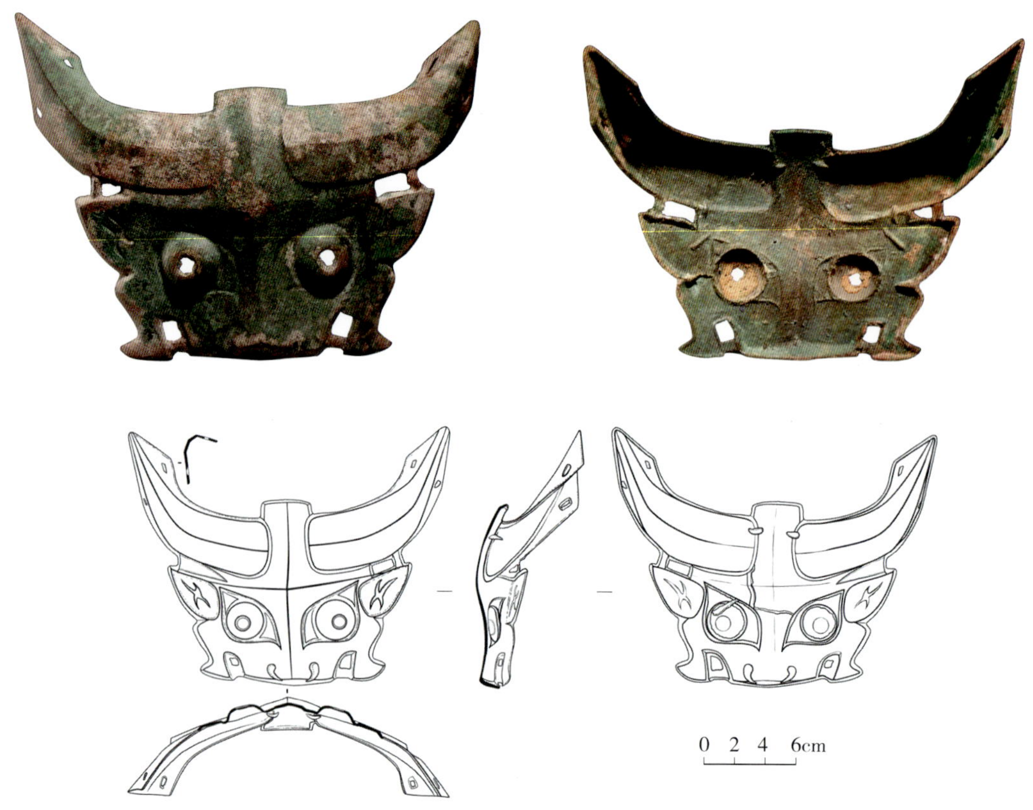

铜兽面饰（M2：8）

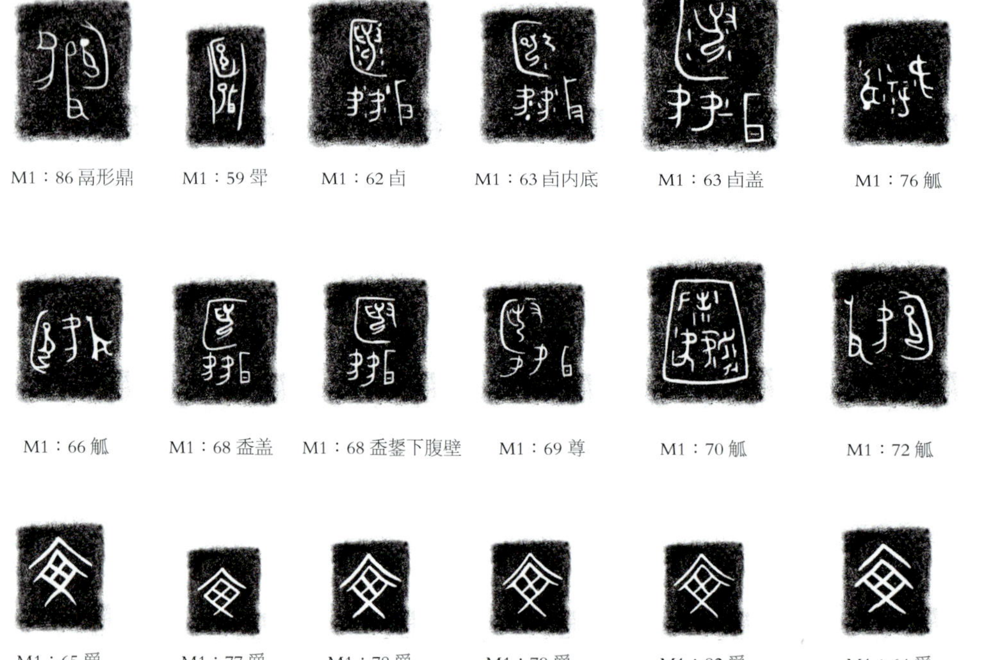

M1 出土铜器铭文

强筋。通高16.3厘米，上宽20.8、下宽12厘米，厚0.09~0.22厘米。重261.1克。

酒务头墓地出土器物主要是殷墟常见类型，尤其是青铜器、玉器等，时代最早为殷墟三期偏晚阶段，最晚至殷墟四期。

四、结语

闻喜酒务头商代墓地最为重要的发现是在M1出土所有青铜容器及3件铙上均发现族氏铭文，有“[illegible]”“[illegible][illegible]”“匽[illegible]”“匽[illegible]”“[illegible][illegible]”等。“[illegible]”出现在6件爵鋬内器壁，阴铸；“匽[illegible]”“[illegible][illegible]”出现在其余23件器物上，基本为阳铸。“匽”与“[illegible]”为同字异体。

晚商时期，除东方外，商王朝其他三方的势力范围都在收缩，尤其是相当于殷墟三、四期时，中原黄河以南地区，特别是洛阳以西地区几乎没有晚商遗存的发现，山西南部同样也是鲜有晚商遗存的发现。闻喜酒务头墓地的发现，填补了运城盆地晚商遗存的空白。同时表明，商代晚期运城盆地北部、中条山西北一带曾活跃一个具有军事实力的贵族群体。

结合晚商时期政治地理结构状况，在商王朝疆域以西、西北部分布大量与商王朝呈敌对关系的诸多方国。酒务头墓地与此前发现的浮山桥北墓地、灵石旌介墓地的墓主人，主要担负着为商王守边疆、防御西部敌对势力的作用。这些墓地所处位置基本就是晚商时期商王朝实际掌控范围的西部边缘。

综上所述，酒务头墓地为“匽”族家族墓地，时代为殷墟三期至四期。墓地的发现不仅填补了运城盆地无晚商遗存的空白，同时为研究晚商时期政治地理结构及西部经略等方面提供了重要资料。

■ 撰稿：白曙璋、高振华

陕西省澄城县
刘家洼东周芮国遗址

工作单位：陕西省考古研究院、渭南市博物馆、澄城县文化和旅游局

一、引言

刘家洼遗址位于陕西省渭南市澄城县王庄镇刘家洼村西。2016 年底因遗址内墓葬被盗而发现。2017～2021 年，经国家文物局批准，陕西省考古研究院与市、县相关文博单位组成联合考古队对其进行抢救性发掘。发掘出土了大量珍贵文物和铭文材料，初步厘清了遗址的范围、布局、文化面貌和性质，认定该处为芮国后期的一处都邑遗址。

二、遗址布局与认识

勘查确认遗址总面积约 3 平方千米，西、南、北三面以自然冲沟为界，西北角东西向的人工壕沟大体衔接自然冲沟，东面由一条南北向长约 1500、宽 3、深 2.5～3 米的人工壕沟与外相隔，壕沟南、北两端与自然冲沟相接，从而形成以自然冲沟和人工壕沟相连组成的一个几近封闭的大型遗址区，东西长 2000 米，南北宽 1500 米。穿遗址区中心而过的鲁家河将遗址分为东、西两区，构成了类似于周公庙、孔头沟等关中地区西周大型贵族采邑类聚落的分布格局。遗址区内可采集到丰富的周代文化遗物，断崖上可看到这一时期的灰坑、陶窑及夯土等遗迹。

在遗址东区中部的位置，调查和勘探发现有一面积 10 余万平方米的城址。城址西临鲁家河河道，夹于南北两条自然冲沟之间，自河东黄土塬边缓缓以降，延至河边的二级阶地之上，上下落差约 80 米。一周由夯土所筑的基台和垣墙相衔，形成一个基本封闭的不规则城区，位置居中，地势险要。夯土墙断续残存总长约 340 米，各处宽窄不一，约 2～3 米，局部残高 2 米。夯层厚约 7 厘米，夯窝直径 3～4 厘米。城址内采集到陶鬲、盆、罐、豆、三足瓮等春秋时期陶器残片，勘探发现大量灰坑和板瓦等建材堆积。此城应是刘家洼遗址的高等级人群居住区。

城址之外的遗址东、西两区，都勘探发现了居址和墓地。已确认的墓地有 4 处，共 210 余座墓葬，位于东区的有 3 处，西区 1 处。两座“中”字形国君墓位于东Ⅰ区内，其余墓区墓葬皆为长方形竖穴土坑墓，但规模、大小有别。墓地的边缘或附近都分布有居址。

三、发掘主要收获

在了解遗址布局的同时，对西区和东Ⅰ区 2 处墓地进行了全面发掘，东Ⅱ区墓葬正在发掘中。其中，西区墓地发掘墓葬 44 座、马坑 1 座，探明马坑 1 座。东Ⅰ区墓地发掘墓葬 71 座、马坑 1 座，探明车马坑 2 座。东Ⅱ区墓地共发现墓葬 44 座、车马坑 2 座、马坑 5 座。除东Ⅰ区 2 座“中”字

东Ⅰ区 M1 全景

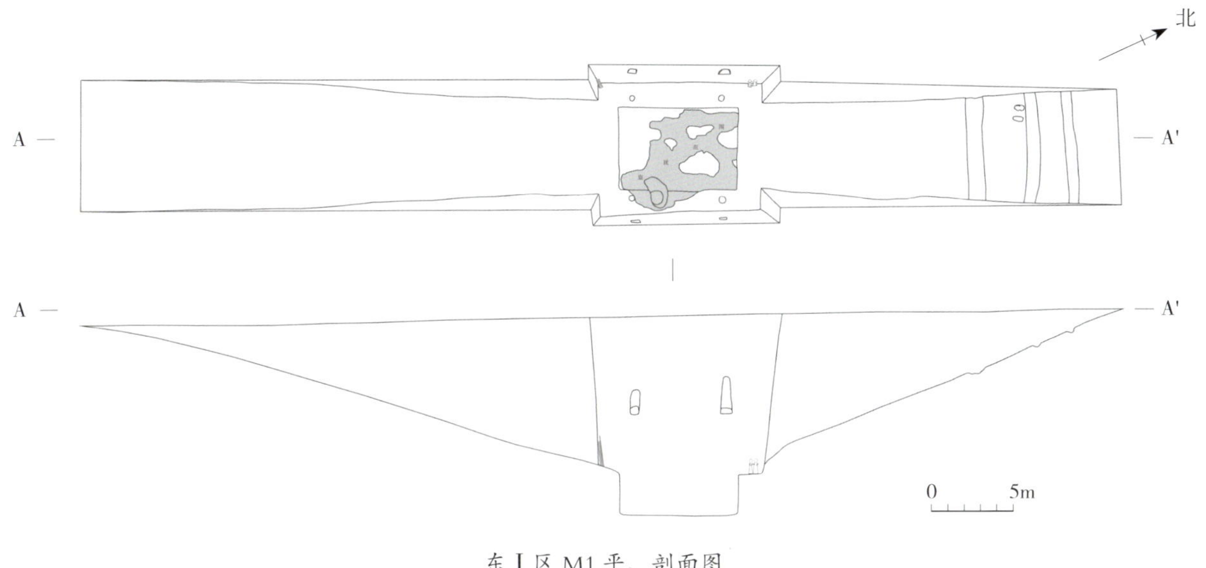

东Ⅰ区 M1 平、剖面图

东Ⅰ区 M2 铜鼎出土情况

彩绘木俑(东Ⅰ区 M1 二层台出土)

形大墓与带壁龛殉人竖穴土坑大墓 M3 外，其余墓葬均为南北向的长方形竖穴土坑墓，绝大多数为墓口面积 15 平方米以下的普通中小型墓，最小的墓口面积仅 2.14 平方米；东Ⅱ区有 2 座墓葬（编号 M1 与 M2）墓口面积均接近 30 平方米，远远超过其他墓葬。截至目前，已完成这两座规模较大的墓葬及其他 15 座中小型墓的发掘清理工作。中小型墓，西区墓地最大的墓墓口面积 12.5 平方米，最小的仅 1.7 平方米，10 平方米以上的共 9 座；东Ⅰ区最大的 22 平方米，最小的 0.9 平方米，10 平方米以上的 17 座。墓主人绝大多数头朝北，个别朝南，中型墓以仰身直肢葬式为主，小型墓尤其是不足 3 平方米的多仰身微屈肢葬式。普遍使用木质棺椁葬具，大墓均为一椁双棺，中型墓一椁一棺，小型墓单棺。除 M3 外均无壁龛、腰坑遗迹，亦未见殉人、殉牲现象。主体与两周时期周系墓葬的特征保持了明显的一致性。

大墓和部分中型墓虽遭严重盗掘，但仍发掘清理出大量青铜器，以及金器、玉器、铁器、陶器和漆木器等珍贵文物。加上此前追缴的东Ⅰ区墓地被盗文物，总计 1000 余件（组）。青铜器主要包括礼乐器、兵器和车马器，以及中型墓中多见的丧葬仪器铜翣；金器既有器物装饰构件，也有人体装饰器物；铁器包括铜柄铁剑和铁矛，数量不多，但很重要，这是中原地区又一年代偏早的铁器；玉石器主要是常见圭、玦，及少量的琮、璧等。尤为惹眼的是大中型墓中多随葬有精美的漆木器，如钟磬架子、几案、豆等。

两座“中”字形大墓均遭严重盗扰，人骨不存，墓主葬式不明，出土随葬品多寡有别。M1 劫后残留各类随葬品总计 240 件（组），重要的包括二层台上的 2 件彩绘木俑及 1 束木柄，东侧棺椁之间的 2 件铜簋，南部与西部棺椁间的 2 组 10 件石编磬及磬架、2 套残存 9 件的铜编钟，以

铜编钟

石编磬

金虎

M1 出土器物

编钟（东Ⅰ区 M1：181）拓片

铜钲（东Ⅰ区 M1：188）拓片

东Ⅰ区 M3：66 芮公鼎及铭文

及 1 件铜铎、1 件漆木建鼓和 2 件铁矛。M2 保存状况相对较好，出土各类文物 400 件（组）。主要包括 7 件鼎、1 件簋、1 件盘与 1 件鍑共 10 件铜容器；2 套编钟、编磬残留及钟虡、磬架，4 件建鼓、1 件陶埙、1 件疑似木质琴瑟类乐器。特别是西侧钟架保存较好，长达 5.3 米，上有镶嵌蚌饰的木雕漆绘图案，下伏圆雕兽形虡座，甚为壮观。另外，惹人注目的还有 1 件长 2、宽 1.3 米的三栏床榻的遗存，四角为铜构件；1 件长约 1.4 米的金首铜鐏权杖，权杖头上饰蟠螭纹。除此，两墓都出土有大量的车马器，不少兵器与少量玉器。最关键的是，M2 椁室东北角建鼓鼓柱铜套上刻有铭文“芮公作器”，下面压着的 1 件铜戈上亦有“芮行人”铭文。据此判断，墓主当为春秋早中期的一代芮国国君。

竖穴土坑大墓 M3，墓口长 7、宽 5 米，与两座“中”字形墓的椁室大小相若。独特之处在于椁室四壁共置 9 个壁龛，每龛内有一名年轻女性殉人，下肢甚屈，身上见朱砂。虽然被盗，仍出土了丰富的随葬器物。重要的有 2 件含有“芮公”的同铭铜鼎、5 镈 9 组的编钟、大量的车马器及 1 件罕见的木格漆绘墙围与漆器。漆器彩绘红黑相间的蟠螭纹，可知与 M2 年代相当。但该墓未发现任何兵器，由此推测墓主可能为 M2 墓主芮

铜鼎（东Ⅰ区 M6：4）

铜鼎（东Ⅰ区 M6：5）

铜鼎（东Ⅰ区 M6：6）

铜壶组合（东Ⅰ区 M6 出土）

铜匜盘组合（东Ⅰ区 M6 出土）

公的夫人。

除了大墓，东Ⅰ区中型墓 M6、M49、M27 随葬品亦很丰富。其中 M27 与 M49 出土有青铜器铭文资料，M27 两件鬲口沿上铸有“芮太子白”等铭文，为判定墓地性质提供佐证。东Ⅱ区墓葬保存完整，均未被盗扰，级别最高的墓葬出土 5 鼎 4 簋，另有中型墓出土 3 鼎；而西区墓葬大多数为小型墓，等级最高的只随葬 1 件鼎。从墓葬规模和随葬品丰欠情况均表现出明显的等级区别，墓地应是按照等级不同而有意划分的。

四、初步认识

根据出土器物的形制、纹饰等特征分析，墓地的时代属春秋早中期。据遗址内的夯土建筑、城墙、壕沟、陶范及制陶等手工业遗存，墓葬形制、丧葬习俗等文化特征，青铜礼器七鼎六簋、五鼎四簋等的组合形式，以及芮公、芮太子等青铜器铭文等综合分析，这里当为一处芮国后期的都城遗址及墓地。芮国——这个历史上与周同姓的诸侯国——最后的政治中心，经刘家洼遗址的发掘得以确认，文化面貌得到展示。刘家洼遗址的考古发现，填补了芮国后期历史的空白，也提供了周王室大臣采邑（地）向东周诸侯国演变的典型案例。

大墓出土的金权杖头、青铜鍑，部分中小型墓所出的螺旋状金耳环、金手镯等饰物，洋溢着浓厚的北方草原文化气息。相关墓葬的墓主既有可确认的芮公，亦有与其他中小型墓葬错处的中小贵族或平民。不同文化传统、族系背景的居民共用同一墓地的现象，揭示了芮国后期民族、文化融合的真实图景，呈现出地缘国家的基本特征，是研究周代社会组织、人群结构的最重要材料。

西周、春秋时期诸侯级墓葬中的乐器组合，

基本都是青铜编钟、石编磬各一套。刘家洼“中”字形大墓中的乐器组合均为编钟、编磬各两套。竖穴土坑大墓则发现有五镈九纽编钟配组方式，也是同时期最早的例证。几座大型墓葬还配有多件建鼓、铜鉦、陶埙等，成为目前所知春秋早期墓葬出土乐悬制度中的最高级别。特别是大墓M2，是先秦时期北方地区出土乐器组合最为丰富、单体墓葬中随葬鼓数量最多的墓葬，发现有中国现存已知最早的木琴实物；卷角石磬形态特殊，是之前所未发现的乐器品种，填补了音乐史的空白，为我国古代乐器发展史和音乐考古的研究，提供了最重要的资料。

刘家洼墓地发掘获取并保护了一大批北方地区罕见的两周时期漆木器材料。M2所出四角加有青铜角饰的三栏木床，将中国使用床榻的历史提前到春秋早期。雕纹钟架、磬架和漆木几案、豆、合等器具，是研究春秋时期木作髹漆工艺技术发展水平的珍贵资料。此外，众多金器、铁器的出土，也提供了认识我国古代黄金及冶铁业发展的重要信息。

两周之际，伴随着周王室的东迁，关中东部地区的政治格局也发生了巨大的变化。但既往对两周时期周王室在当地的经略与分封模式的认识较为模糊。刘家洼墓地，时间上接续梁带村芮国墓地，为研究东周时期关中东部诸侯国的存灭概况，与北方其他民族的交流，政治格局变迁，人群流动和地方管理模式提供了绝佳的资料。

公元前771年西周灭亡，芮国是在原宗周王畿之地坚守到最后的姬姓诸侯，公元前640年被秦所灭，由此也拉开了秦国饮马于河，与晋（魏）国长达三百余年拉锯争夺的序幕。刘家洼遗址恰好证实着这一重大历史转变。

■ 撰稿：种建荣、孙战伟

金耳环（东Ⅰ区M34出土）

玉琮（东Ⅰ区M49：3）

玉璧（东Ⅰ区M49：195）

玉鸟（东Ⅰ区M49：196）

湖北省荆州市
龙会河北岸战国墓地

工作单位：荆州博物馆

一、发掘概况

龙会河北岸墓地位于湖北省荆州市荆州区纪南镇雨台村，东邻荆（门）沙（市）铁路，西距楚纪南故城东城垣约600米，西南距荆州古城约7.5千米。中心地理坐标为北纬30°22′21.24″，东经112°12′45.65″，黄海高程31.95米。为配合207国道荆州枣林至郢城段改扩建项目建设，经国家文物局批准，荆州博物馆于2018年对龙会河北岸墓地进行了考古发掘，共清理战国楚墓329座。其中，M324出土了一批竹简。

M324位于龙会河北岸河坡上。墓葬为长方形土坑竖穴木椁墓，方向198°。墓口距地表深0.45米，坑口长5.3、宽3.64米；坑口至坑底

M324墓坑与椁室

M324 头箱器物出土情况

深 3.82 米，坑底长 3.25、宽 1.68 米。葬具为一椁一棺，椁室长 3.14、宽 1.6、高 1.32 米（不含垫木）。椁室内分头箱和棺室两部分，棺长 2.09、宽 0.76、高 0.8 米，为悬底弧棺。棺内人骨腐朽较严重。

M324 出土随葬品有陶鼎、簠、敦、缶、壶、盂、豆、罍，漆木豆、瑟、镇墓兽，铜剑、戈、戟、镞和竹简共 23 件（套），放置于头箱和棺外两侧。从器物特征推断，墓葬年代大致在战国中期。

二、竹简内容

竹简置于 M324 头箱，出土时已散乱。通过室内清理揭取，竹简共计 324 枚，大部分较为完整，少量残断，简文字迹有的已脱落，有的被污渍掩盖，给清理和保护工作增加了很大难度。根据竹简形制和字体，初步判断竹简内容分为两类。

1. 第一类简文内容主要是楚国军事礼仪。

此类简较长，整简长约 44 厘米，字体飘逸。简文先追述楚庄王、成王、惠王、简王和声王等楚王在即位后的某年举行“大蒐”礼仪活动。接着，简文详细记录了“王”（即楚悼王）在八月辛酉之日和献马之月甲午之日举行“大蒐”礼仪活动的全过程。据此推断，简文内容可能为记录楚王在春、冬两季举行的一种类似文献记载的“大蒐”礼仪活动，疑与《春秋》桓公六年“秋八月壬午，大阅”和《左传》“秋，大阅，简车马也”中的“大阅”以及“春蒐、夏苗、秋狝、冬狩”等内容相关。

如 269 号简：“庄王即立（位）十又五［岁］，乃春䖒于蔑。”䖒，又见于望山桥 M1 出土的卜筮祭祷简“罷禱于䖒王，戠（特）牛”，根据卜筮祭祷简的特点，从内容来看，“䖒王”，显然应指某位楚王。因此，根据文字构形特点及内容，我们将此字释为“肃”，在简文中表示“楚肃王”。

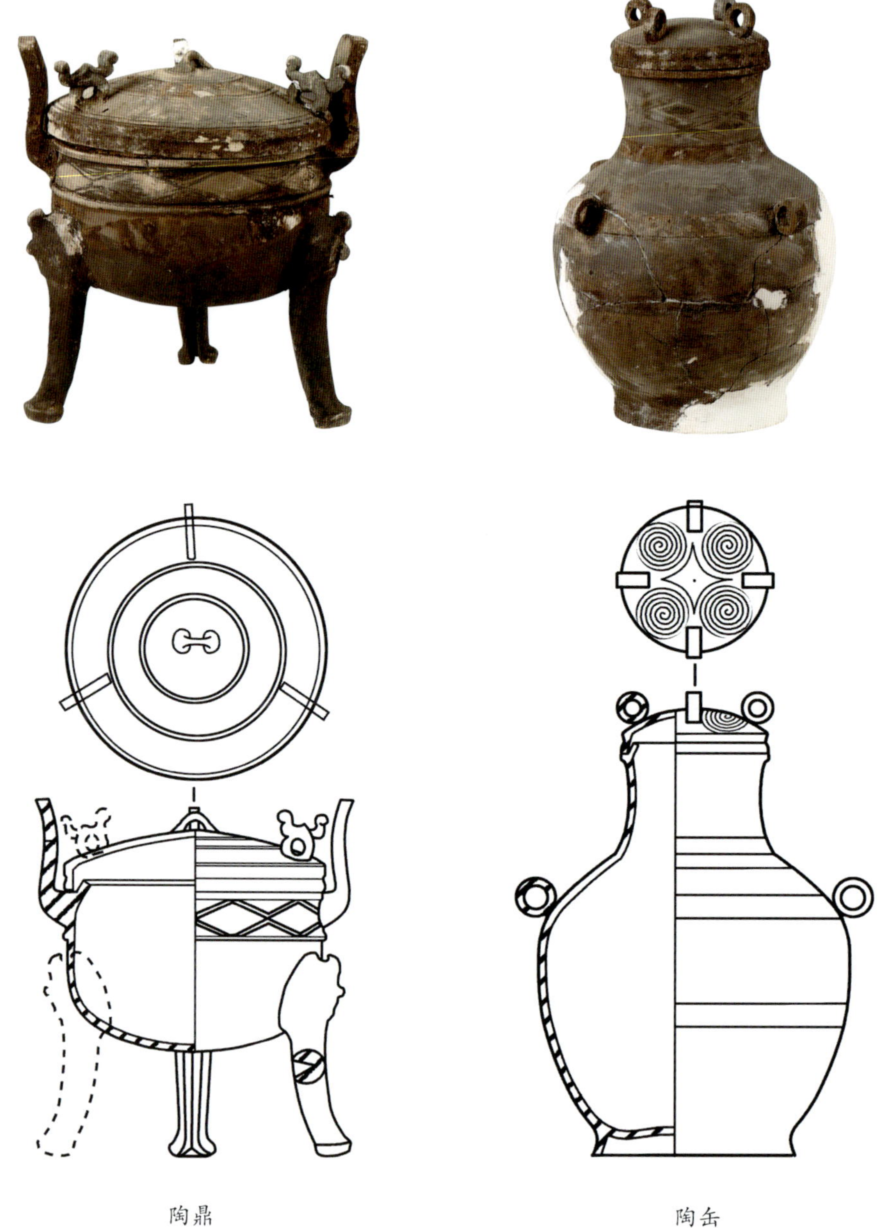

陶鼎　　陶缶

“肃”和“蒐”古音相近可通，故上举简269中的“𣪠”可以读为“蒐”。简文中的“蔑”又见于清华简《系年》简131，清华简整理者已指出“蔑”属郑地。因此，简269大概是说楚庄王在其十五年的春季，于蔑地检阅车马。简文应与《左传·宣公十年》（楚庄王十五年）“楚子伐郑。晋士会救郑，逐楚师于颖北”相关。大家都很熟悉《春秋》：“宣公十二年（楚庄王十七年）春，楚子围郑，夏六月乙卯，晋荀林父帅师及楚子战于邲，晋师败绩。”《春秋》宣公十二年所记之事正是发生于楚庄王十七年的“邲之战”，“楚子”就是简269中的楚庄王。楚庄王十七年的“邲之战”，是晋楚争霸中的重要事件，由此推想，就不难理解简269楚庄王于十五年在“蔑”地检阅车马了。

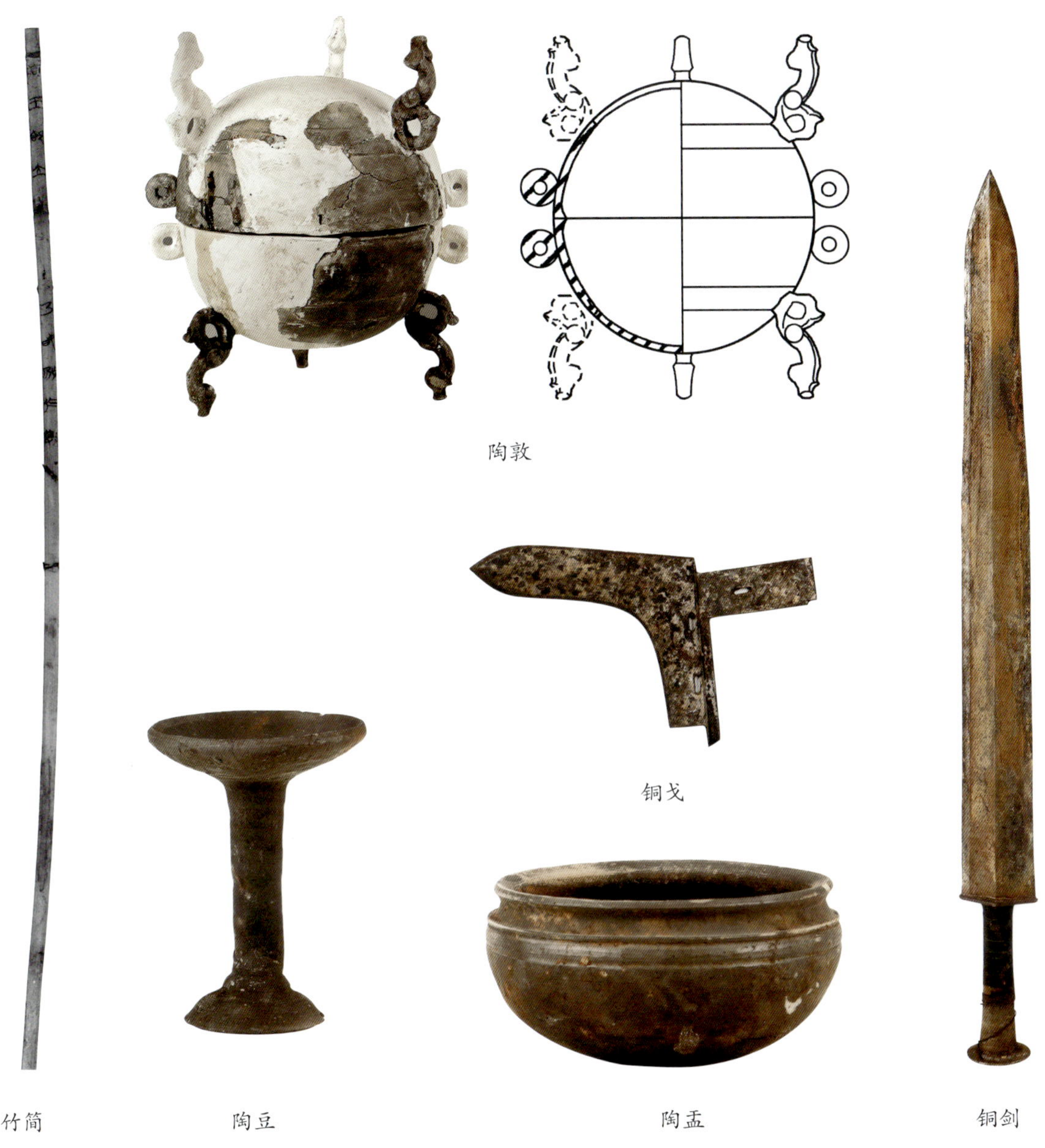

陶敦

铜戈

竹简 陶豆 陶盂 铜剑

简文还有关于楚国军事制度的内容。如简90："八月辛酉之日王处于大宫。"《左传·隐公十一年》："郑伯将伐许，五月，甲辰，授兵于大宫。"杜预注："大宫，郑祖庙。"因此，简90中的"大宫"就是楚祖庙，表示楚国的军事礼仪活动亦在祖庙举行。又如简97"行鼓以进，严以从事"，可与《左传》宣公四年"楚子与若敖氏战于皋浒……鼓而进之，遂灭若敖氏"的记载以及上海博物馆藏战国楚竹书《陈公治兵》简13"鼓以进之，鼙以退之"等互相参照，是认识和了解楚国军事制度的重要内容。

简文还涉及楚国的祭祀礼仪，可与楚墓出土的卜筮祭祷简中的祭祀活动相参照。如简262记述了晉层之月，先单独对"文王"用"大牢"进行亯祭，然后再对成王、庄王、共王、康王、灵王、競坪王用“大牢”进行亯祭。楚墓出土的卜筮祭祷简中对楚王的祭祷多用“戠牛”，如上举望山桥M1出土的卜筮祭祷简，而新蔡葛陵楚墓出土的卜筮祭祷简中对楚王的祭祷有用“大牢”的记载，可与简262相参照。有关祭祀用牲与祭祀行为的内容，还见于简266“閔一犬”、简285“祀大门二犬”。类似的内容亦见于楚墓出土的卜筮祭祷简，如包山M2简233有“閔于大门，一白犬”。除了祭祀用牲的“犬”相同外，表示有关祭祀行为的“閔”同样值得关注。包山简中的“閔”字，或读为“磔”，《史记·封禅书》：“作伏祠，磔狗邑四门，以御蛊菑。”《礼记·月令》：“大难旁磔”，疏云：“旁谓四方之门，皆披磔其牲以禳除阴气”；或读为“伏”，《周礼·秋官·犬人》：“凡祭祀，共犬牲，用牷物，伏瘗亦如之。”郑玄注引郑司农云：“伏谓伏犬，以王车轹之。”M324出土楚简中此字的再次出现，有助于对该字意义的全面认识与解读。

竹简内容在全面呈现楚国军事礼仪的同时，还有关于楚国车马及兵器装备等方面的记录。尤其是竹简内容还涉及楚国的祭祀礼仪，反映了《左传》“国之大事，在祀与戎”。M324出土的战国楚简，是认识楚国军事礼仪、军事制度以及楚国历史的重要资料。

2. 第二类简文内容主要是“书”类文献。

此类简稍短，整简长约41厘米，字体较规整。简文记载有周武王与周公旦的内容，类似《尚书》《逸周书》等“书”类文献。

如201号简：“□□武王是□，视王吴（虞）德，王亓永思（使）元弟㫗作辅，以旟（捍）王家，是永休。”简文中的“武王”应指周武王，“元弟”指周公旦。简文“使元弟㫗作辅”大概可以与《逸周书·周书序》“武王疾……命周公辅小子”相参照。“以捍王家”类似于西周铜器铭文中的“死司王家”（康鼎《殷周金文集成》2786）和“谏辥王家”（大克鼎《殷周金文集成》2836）。出土战国竹简中亦有类似语句，如清华简《周武王有疾周公所自以代王之志》（《金縢》）简11“勤劳王家”、《皇门》简3“勤卹王邦王家”和简5“勤劳王邦王家”，今本《尚书·金縢》亦作“勤劳王家”。

按照《汉书·艺文志》的分类，“六艺略”中的“书”，包含《尚书》与《逸周书》。近年，学界习惯把出土简牍资料中与《尚书》或《逸周书》有关的内容，统称为“书”类文献。因此，我们把M324出土的此类竹简亦称为“书”类文献。李学勤先生曾指出：“除了伏生一系和古文《尚书》之外，《逸周书》就说明当时还有很多流传的《书》。”龙会河北岸墓地M324出土的战国楚简“书”类文献，大致印证了这一看法。M324出土的“书”类文献，可能就是战国时期在楚地流传的“书”。

随着出土简牍中有关“书”类文献资料的不断丰富，为相关问题的研究提供了契机。这些埋藏于地下两千多年的文本未经扰动，保留了先秦时期的原貌，对于《尚书》《逸周书》的真伪、文本的复原和“书”类文献的早期流传，以及增进对“书”类文献内涵与性质的了解等相关研究，都将带来有益的探索。

■ 撰稿：蒋鲁敬

湖北省荆州市胡家草场墓地

工作单位：荆州博物馆

一、发掘概况

胡家草场墓地位于荆州市纪南生态文化旅游区岳山村，中心地理坐标为北纬30°22′26.92″，东经112°14′19.08″，西距秦汉时期的郢城遗址980米。2018年，为配合纪南文旅区项目建设，荆州博物馆在胡家草场墓地发掘古墓葬18座，其中西汉墓11座，东汉墓3座，宋、明墓各2座。西汉墓M12出土了一批漆木器、简牍等111件（套）文物。

M12为长方形土坑竖穴木椁墓，方向353°。葬具一椁一棺，椁室分为头箱、边箱、棺室和足箱。墓葬遭盗扰，但是头箱内盛放简牍的两个竹笥基本保持原貌，简牍保存较好。简牍编号共4642个，内容分为岁纪、历日、法律文献、日书、医方、簿籍、遣册等7类。

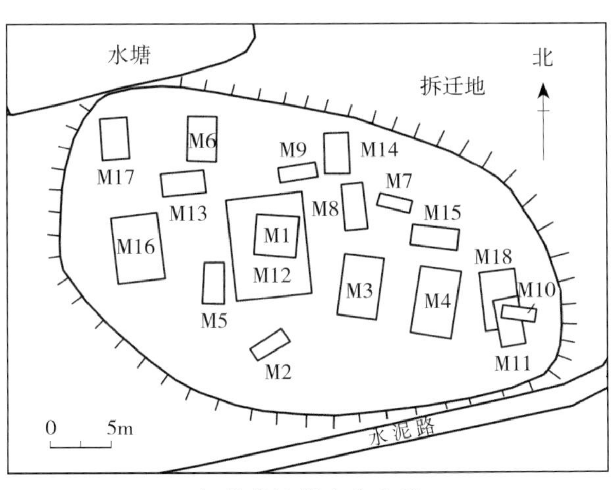

胡家草场墓地平面图

二、简牍数量与内容

1. 岁纪简

共165枚。按照竹简形制分两组，卷题“岁纪”单独写在一枚宽简的正面。第一组记秦昭王元年（前306年）至秦始皇时的大事。每年一简，单栏书写。有的年份记月日，有的则不记月日。据《史记·六国年表》“独有秦记，又不载日月，其文略不具”，简文可能与“秦记”有关。与《史记》相比，所记大事言简意赅，有不少可以补充或订正《史记》的地方。

第二组记秦二世胡亥至汉文帝时的大事。每年一简，按月分栏书写。汉大事记部分可能与《汉书·艺文志》中《汉大年纪》五篇有关，如简18：“九年，七月，以丙申朔，朔日食，更以丁酉。”对比《汉书·高帝纪》九年“夏六月乙未晦，日有食之”，可知简18简文所记为汉高帝九年之事。不同的是，简文所记日食时间（七月丙申），比《汉书》记载要晚一天。因朔日发生日食，又将朔日改为丁酉。这是首次发现因日食而更改历法朔日的记载，刷新了我们对古代朔日概念和历朔安排

胡家草场墓地全景

的认识。

2. 历日简

含“历”和“日至”两种文献，共 203 枚。历简 101 枚，首简简背有卷题“历”，正面记十月至后九月月份名，其余竹简分栏书写一年各月朔日干支。日至简 102 枚，首简概述“立冬、立春、立夏、立秋”四个节气对应的月份，简背记元年刑德所居方位；第二支简正面书写“冬至、立春、春分、立夏、夏至、立秋、秋分、立冬”，简背有卷题“日至”。“历”和“日至”两类简文时间跨度皆从公元前 163 年下推至公元前 64 年，长达一百年，为探索古代历法推算与节气设定提供了长时间段的可靠研究资料。

历简 3501“廿二：乙亥 乙巳 甲戌 甲辰 甲戌 癸卯 癸酉 壬寅 壬申 辛丑 辛未 庚子”和简 666“卅：己丑 己未 戊子 戊午 戊子 丁巳 丁亥 丙辰 丙戌 乙卯 乙酉 甲寅 甲申”分别与随州孔家坡（汉景帝后元二年，前 142 年）和银雀山（汉武帝元光元年，前 134 年）历日各月朔日干支完全一致。

日至简 593“卅：丙戌 壬申 丁巳 癸卯 戊子 甲戌 甲申 乙巳”中的“丙戌 壬申 戊子 甲戌”与银雀山历日“冬至、立春、夏至、立秋”四个节气干支完全一致。

3. 法律文献简

主要含律典和令典，计 3000 多枚。律典三卷。第 1 卷未见卷题，含告、盗、亡等 14 律；第 2 卷卷题“旁律甲”，含田、朝、户等 18 律；第 3 卷卷题“旁律乙”，含外乐、蛮夷等 13 律。3 卷皆有目录，目录分别有小结“凡十四律”“凡十八律”和“凡十三律”。新见律名有外乐律、蛮夷诸律。

外乐律规定了乐师及学习各种乐器的学子人数、乐舞学子的选取标准、舞人及学子的表演仪态、乐舞人数、教授人员和学子的待遇。如简2518、2506：

武德舞用卌八人，其廿四人卒。·文始舞用六十四人，其卅二人卒。

五行舞用八十人，其卌人卒。·教舞员十人。

《史记·孝文本纪》："高庙酎，奏武德、文始、五行之舞。"《汉书·礼乐志》："高（祖）庙奏武德、文始、五行之舞，孝文庙奏昭德、文始、四时、五行之舞，孝武庙奏盛德、文始、四时、五行之舞。"与史书对照，简文所记当是高庙的奏舞。

"外乐"之职不见于《史记》《汉书》，仅见于秦封泥。胡家草场外乐律为首次发现，其内容又可与史书相印证，加深了对西汉宗庙乐舞制度的认识。

蛮夷诸律则针对蛮夷而实施，涉及分封、拜爵、徭役、賨赋、除罪、朝见等事项。简2636详细记录了蛮夷受田的标准和依据：

"蛮夷邑人各以户数受田，乚平田，户一顷半，乚山田，户二顷半，阪险不可貇（垦）者，勿以为数。"

简2621、2630规定蛮夷长可以通过"入禾粟"的方式保存戎葬之俗，对蛮夷的统治恩威并用。

蛮夷长死，欲入禾粟戎葬者乚，许之。邑千户以上，入四千石；不盈千户，入二千石；不盈百户，（2621）入千五百石；不盈五十户及毋邑人者，入千石。（2630）

令典两卷。第1卷卷题"令散甲"，含令甲、令乙、令丙、令丁、令戊、壹行令、少府令、功令、蛮夷卒令、卫官令、市事令。第2卷未见卷题，含户令甲等26个令名。两卷皆有目录，目录分别有小结"凡十一章""凡廿六章"。

4. 日书简

约490枚。分五卷，卷题"五行日书"和"御疾病方"首见。

如第3卷"五行日书"有"五行之时"篇（拟名）：

木之时从大晨至蚤（早）食。（1631壹）火之时从蚤（早）食至东中。（1626壹）土之时从东中至莫（暮）市。（1624壹）金之时从莫（暮）市至人郑（定）。（1625壹）水之时从人郑（定）至大晨。（1623壹）

简文将一日分为大晨至蚤食、蚤食至东中、东中至暮市、暮市至人定、人定至大晨五个时段，分别与木、火、土、金、水相配，在我国现存文献中罕见，而在日本阴阳道文献《簠簋内传》有类似记载，推测应源于我国古代的选择术。

5. 医方简

约450枚，另有4件木牍。按照形制，可分

M12墓坑和椁室盖板

M12出土竹简

竹简旁律甲目录　　竹简旁律乙目录

竹简蛮夷律　　竹简律典目录　　竹简令典目录

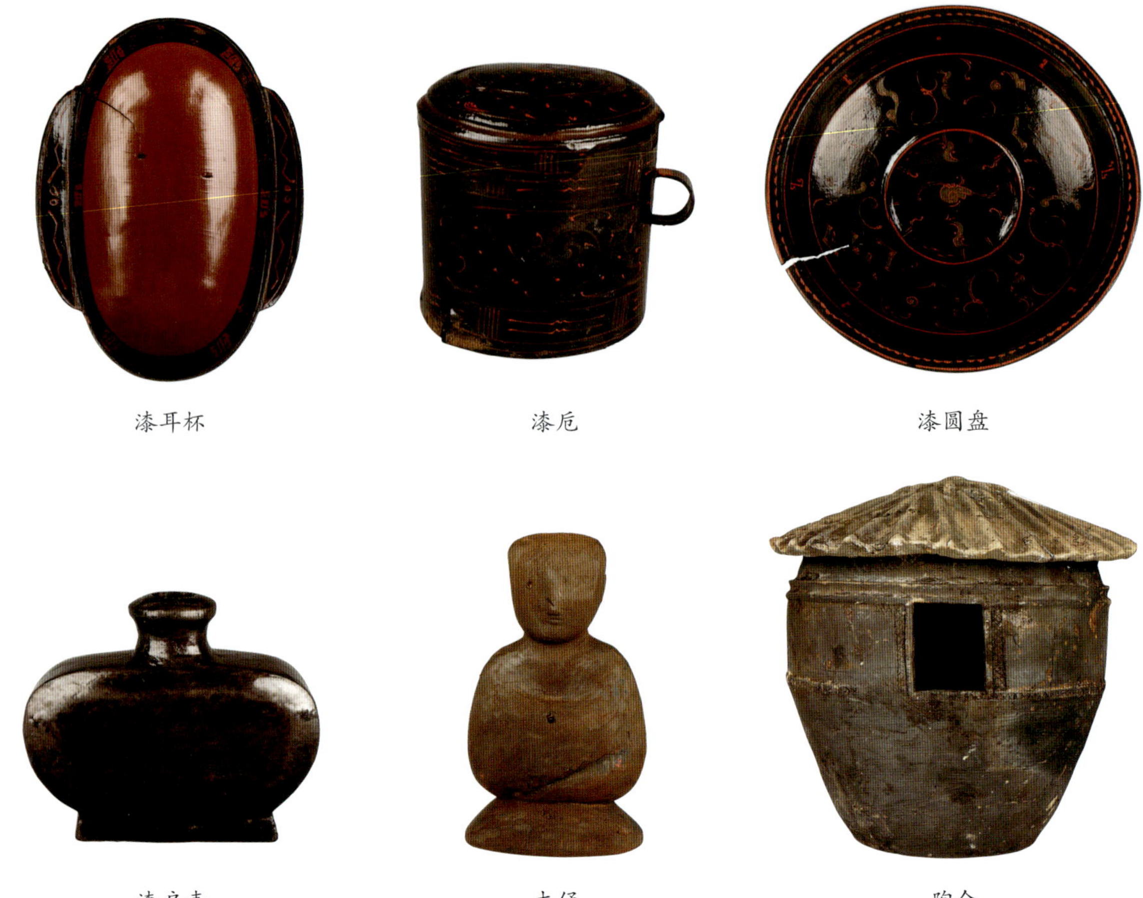

漆耳杯　漆卮　漆圆盘

漆扁壶　木俑　陶仓

为两卷。

第 1 卷目录由 10 支简组成，记 45 个方名，涉及农业种植、牲畜饲养、巫祝术、病方等。整体来看，这篇医方的汇编经过统一规划，应是已知出土资料中时代最早、体例谨严的医方文献。

第 2 卷目录由 6 支简组成，记 30 个方名，为治疗瘕、痹、厥、水、心腹等各种疾病的医方。除对致病原因、病症的描述外，还详细记录药物形态、生长环境、制法及服用药物注意事项等。

简 843：

治水、肤胀、面盈、胻肿、腹大、嗜卧方。治大戟、甘遂乚，礜乚，大黄各一合，芫华半合，并和，以酏丸，大如梧实。

简 839：

泽桼，其叶类柳、赤茎，析之，其汁白而出茎中，居好生水畔若泽旁。

简 851：

人壮者以六，其次以五，老弱以四……

6. 簿籍简

分为木简和木牍，木简 60 多枚，木牍 2 件。内容为物品价值和出入钱的记录。

7. 遣册简

120 多枚。所记器物大多可以与出土器物相对应。

三、简牍价值与意义

岁纪始自秦昭襄王，终于西汉文帝，所记皆为国家大事，未见墓主私人事宜，很可能是官修史书。目前科学发掘出土的秦汉简中仅此一见，如然，则为编年类史书编纂体例研究提供了一个可靠的范本，具有极其重要而独特的史学价值。

法律文献简与已公布的同类出土文献相比，简上有目录、小结，是出土资料中数量最多、体系最完备的西汉律典范本，有助于进一步厘清传世文献所载“正律”与“旁章”间的关系。新见律名有外乐律、蛮夷复除、蛮夷、蛮夷杂、蛮夷士、上郡蛮夷闲等六种律，这些新内容填补了史书及之前法律简牍文书的空白，对西汉礼仪制度、少数民族政策的研究极其重要。令典此次为首次发现，有望开启汉令分类、编辑与令典形成研究的新篇章。

“历”和“日至”卷题皆为首次发现。与已出土的历日简相比，此次出土的历日简数量最多、年代跨度达百年，前所未见，尤其是日至简是首次出土的以八节注历的历谱，这些新发现将为我们研究西汉天文、历法以及历谱文本编制提供不可多得的宝贵资料。

日书形制各异，内容除与以往所见秦汉日书有相同篇目之外，同时也出现不少新篇，如雷、家等篇。“雷”篇由 8 支简组成，简下部为“雷”与“土、木、风、火、石、金、鬼、水”所对应方位的组合图，上部为雷在各个方位的吉凶，在出土文献中为首次发现。再如《五行日书》卷一共 20 余篇，三分之一多的篇幅与五行关系密切，且大多是第一次见到，如五行之时、五行十日、五保日、五日鬼、五行报、五时、五日干支表，等等，这恐怕也是卷题命名为《五行日书》的原因所在。另外新见的还有太阴、犬罼、岁饥等数篇。这些新发现大大丰富了我们对于日书内涵的认知，并有助于推进有关秦汉日书文本编纂与流传的讨论。

部分医方与东汉末张仲景撰写的《金匮要略》中的“经典名方”在药物组成和功用主治上都十分接近，如医简中有以甘遂、大戟、芫花为主药治疗水症的方剂，即与仲景方中“十枣汤”的组成与功用基本吻合，这将把传世经方的临床应用历史提前三百余年。简文记载的较多新见医药名物以及后世医方中常用的药物如“黄连”“甘遂”等，在已知出土医学文献中均属首见，为探究早期中医“经方”的学术源流、本草学的起源以及相关医药名物的训诂等，都提供了有重大价值的新资料。

“岁纪”最后一简记汉文帝前元十六年（前 164 年）大事，“历日”第一支简对应的年代都为汉文帝后元元年（前 163 年）。根据出土器物形制，结合竹简记载，初步判断 M12 属西汉早期，不早于汉文帝后元元年（前 163 年）。

胡家草场 M12 出土简牍数量大，种类多，年代明确，为秦汉时期历史、政治、法律、民族、礼制、历法、医药、数术的研究，提供了丰富系统的新资料。

■ 撰稿：李志芳、蒋鲁敬

陕西省西安市 北里王汉代积沙墓

工作单位：西安市文物保护考古研究院

一、发掘概况

北里王汉代积沙墓位于西安市长安区韦曲街道北里王村北侧，千林郡小区二期用地范围内。墓葬地处鸿固原北麓，西北距汉长安城遗址 14.1 千米，东距汉宣帝杜陵 6.3 千米，南距西汉张安世家族墓 2.3 千米，其周边分布有翠竹园汉代壁画墓、羊头镇汉墓、曲江池汉墓、瓦胡同汉墓等一批西汉时期高等级墓葬。为配合千林郡小区基本建设，经国家文物局批准，2018 年 6 月至 12 月，西安市文物保护考古研究院对墓葬进行了抢救性考古发掘工作。本次共发掘“甲”字形大型积沙墓 2 座，出土陶器、釉陶器、原始瓷器、铜

M1、M2 全景

M1 甬道西部器物出土情况

器、铜钱、铁器、玉石器等各类随葬器物 200 余件（组）。

考古发掘进场前，墓葬所在区域大部分原始地面已被下挖至 4.5 米深，仅 M1 墓道上部区域尚存部分原地表，两座墓葬墓道东部已被破坏不存，墓圹内积沙也已经全面暴露。M1 墓道东部上方地层堆积保存相对完整，内涵较为丰富，可分为 3 层，第 2、第 3 层内有大量绳纹板瓦、筒瓦、云纹瓦当等建筑材料残片，推测原地表或有与墓葬相关的墓园建筑遗迹。

二、墓葬介绍及出土器物

两座墓葬坐西朝东，并列分布，墓圹后壁平齐，方向一致，为 95°。其中 M1 位于北侧，由斜坡墓道、甬道、墓圹和砖椁四部分组成，东西长 38.5 米。墓道可分为敞口墓道和砖券墓道两部分。敞口墓道东部已被破坏，残存部分长 3.5、

M1 出土“宜春侯”墨书砖

铜三足炉（M1：2）

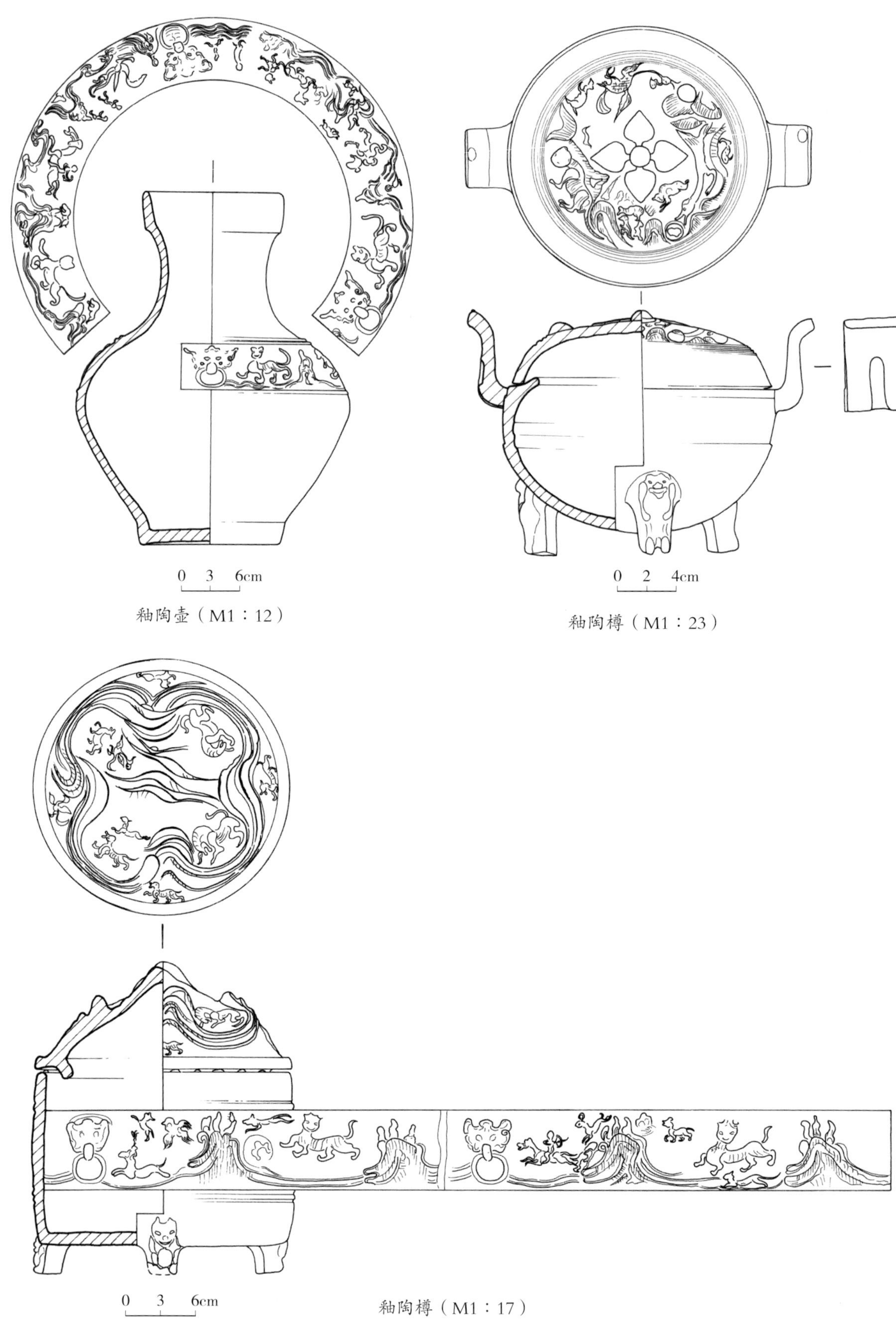

釉陶壶（M1：12）

釉陶樽（M1：23）

釉陶樽（M1：17）

M2 砖椁内部情况

M2 墓道南侧东耳室器物出土情况

西宽 6.08、深 6.8 米，斜坡底，内填五花夯土，墓道西壁深 2.5 米处有一级台阶。砖券墓道为土洞砖券结构，长 23.2 米，墓道西端有四层砖封门。墓道和砖椁之间有甬道，甬道分为砖券甬道和木结构甬道两部分，全长 5.74 米。其中，砖券甬道在东，为土洞砖券结构；木结构甬道在西，连接砖券甬道与砖椁，由两侧竖板和顶部的横板构成，剖面呈“门”字形，木板内壁涂朱砂。

M1 墓圹上部已被破坏不存，残存部分为竖穴结构。墓圹开口呈长方形，东西长 13.4、南北宽 11.6 米，现存深度 9.3 米，原深应在 14 米左右。四壁可见两级台阶，第二级台阶以上四壁壁面光滑平整，放坡较大，东北、西北角有对称分布的脚窝；第二级台阶以下四壁近乎竖直，壁面未经修整，较为粗糙。墓圹内填满积沙，墓圹四角有倾倒积沙所形成的辐射状冲击痕。墓圹南部与第

鎏金铜铺首（M2：29）

釉陶鼎盖（M2K1：87）

铜昭明镜（M2D8：7）

釉陶仓（M2K1：64）

二级台阶近平齐处放置有一横排墓砖，北接砖椁，南至墓圹南壁第二级台阶下，墓圹西南角近第二级台阶处亦堆有磨制砖数块，似为修建砖椁所余。

墓圹现口下深 3 米处正中为砖拱椁室，砖椁平面呈长方形，由基础、内外双重椁和东西封门等五部分构成，均由磨制砖砌成。基础建在 2.5 米厚的积沙之上，为 12 层磨制条砖错缝砌成的长方形台状，高 1 米。砖券椁室建于基础之上，直壁为磨制条砖横向错缝平砌，券顶为磨制楔形砖对缝砌成。砖券可分内外两层，内 2 层、外 4 层砖，内外层券顶之间有宽约 0.1 米的间隙。砖椁西端有 3 层、东端有 1 层横向平砌砖封门，砖封门直接建于积沙之上，东侧封门外壁与木结构甬道内壁相同，亦涂朱砂。砖椁外与椁内底平齐处积沙中有大量磨砖所形成之粉末，推测砖椁建筑成型后外壁经过找平与打磨。

M1 砖椁内部随葬物品几乎被盗掘一空，仅存残陶片和铁棺钉数十枚和大小铜钱百余枚。随葬品主要出土于甬道内，有釉陶壶、樽、罐、鼎，原始瓷壶，铜熏炉、盆、车马器和陶砖雕等 33 件（组）。在木结构甬道北部有一漆木箱痕迹，边长约 1 米，漆木箱上镶有铜泡钉、铜环等，表面绘制几何纹、动物图案等。在砖椁东封门东侧出土有墨书砖 1 件，铭曰“此五十二宜春侯椁馀□”，为该墓墓主人身份的判定提供了重要参考。

M2 位于南侧，由斜坡墓道、墓圹、砖椁和墓道两侧的 4 个耳室组成。长斜坡墓道平面呈梯形，残长 25.9 米，墓道西端距现地表深 6 米。墓道内填五花夯土，为平头小圆夯平层夯筑。墓圹为竖穴土坑结构，上部已被破坏不存，现开口近方形，口大底小，现存两级台阶，边长约 12.5、深 8 米。墓圹现口下深 3 米处正中为砖拱椁室，砖椁距墓圹四周距离相等，砖椁东西长 5.3、高 3.94 米，东、西两端各有 3 排砖封门。砖椁亦分为内外两层，外层椁由普通条砖与楔形砖砌成，砖未经磨制；内层椁则全部为磨制砖，内椁内壁遍涂朱砂。

釉陶壶（M2K1：62）

釉陶壶（M2K1：74）

釉陶壶（M2K1：79）

椁室内可见有红地白彩彩绘木棺残片。砖椁基础为由 12 层砖错缝砌成的长方形台状，基础与墓圹底之间有 1 米厚的积沙。在砖椁东端南、北两侧与墓道之间有木板痕，仅有两侧立板，无上盖板，板痕西接砖椁外壁，东插入墓圹东壁的凹槽内，上至砖椁起券处，下与椁室底齐。M2 墓道的南、北两侧各有 2 个耳室，耳室底与墓道底部平齐，均为长方形拱顶土洞结构，砖封门、砖铺地。

M2 椁室被多次盗掘，盗洞内出土有铁剑、铜镜等文物，砖椁内出土有玉鼻塞、玉肛塞、铜“五铢”钱、铜剑格、铁棺钉等。耳室中出土随葬品，其中北侧东耳室内随葬模型车马器，耳室南部铺地砖下有一南北向长方形坑，内葬有牛、羊、猪、狗等动物骨骼。北侧西耳室较小，内仅见少量黑色漆器残片，推测原或随葬漆木箱类物品。南侧东耳室出土有釉陶壶、罐、鼎、盆等器物 80 余件。南侧西耳室出土有小型铜戈、铁剑等兵器模型，铜模型车马器和骨签、铁环等。

两座墓葬墓圹之间有一拱顶土洞结构甬道，土洞北口下方稍打破 M1 第二级台阶，在回填后经过仔细修整，外面光滑，南口下部填五花土，壁面未经修整，上部用条砖封填，土洞内填五花土。

三、初步认识

北里王 M1、M2 布局整齐，两墓墓圹后壁平齐，中间仅有 1.5 米隔梁，墓葬中间有土洞甬道，从上述迹象推测，两座墓葬的建造应经过认真的规划设计，其建造时间较为接近，M2 或稍晚于 M1，但 M2 建造时 M1 应尚未下葬回填。两座墓葬均出土有鼎、壶、仓、樽、罐、盆等釉陶器和“五铢”钱。M1 出土釉陶器器体较大，釉面呈墨绿色；M2 出土釉陶器有大、中、小之分，釉色有黄绿、墨绿之分；釉陶鼎、壶、樽、罐等器装饰有斗兽、四神、射猎、山峦等题材的模印图案，这类器物主要流行于西汉晚期至新莽时期的西安地区墓葬中。两座墓葬出土有大、小“五铢”钱共 4000 余枚，未见新莽时期钱币。综合分析，这两座墓葬时代应为西汉晚期。

据史料记载，西汉时期受封为“宜春侯”者有卫青长子卫伉、长沙定王刘发之子刘成、汉昭帝时期丞相王䜣共 3 人。其中王氏宜春侯传国年代与墓葬时代最为接近。其始封时封邑仅 808 户，后受益于参与废黜刘贺拥立宣帝的政治事件，加封 300 户，后坐法被削 500 户，封邑仅存 608 户。至孝侯王咸时期，因其女为王莽妻，王莽篡位以后，“宜春氏以外戚宠”。结合墓葬规模宏大、营造精细等因素，我们推测这两座墓或许是宜春孝侯王咸夫妇或釐侯王章夫妇合葬墓。

鉴于两座墓葬形制的特殊性，基于就地保护的理念，本次发掘工作止步于两墓砖椁，并未对墓葬砖椁进行拆除，砖椁以下部分仅进行了解剖式发掘。发掘完成后，考古队对砖椁内部进行了支撑处理，对封门进行了复原。2019 年 6 月，相关部门完成了两座墓葬的保护性回填工作。

本次发掘的两座墓葬规模大、等级高、做工细致、建造精良，墓主信息较为明确，代表了西汉晚期京畿地区高超的建筑工艺水平，反映了墓主人较高的政治地位和经济实力，蕴含西汉晚期长安城内政治、经济、丧葬文化等多方面信息。墓葬发掘过程中发现的一系列可以反映墓葬建造、回填过程的遗迹现象，为我们研究与复原汉代贵族“预做寿墓”和列侯的丧葬过程提供了新的视角。同时，也有助于对汉代墓葬的建造程序与防盗技术等方面研究的开展。

■ 撰稿：朱连华

陕西省西安市
南郊焦村十六国墓葬

工作单位：西安市文物保护考古研究院

一、发掘概况

2010年，为配合基本建设，西安市文物保护考古研究院对西安航天基地进行了考古勘探，发现古墓葬27座，其中有两座十六国时期大型墓葬（编号M25、M26）。墓葬位于今西安市南郊航天民用产业基地开发区，东邻神舟三路，西邻雁塔南路，南邻工业二路，北邻航天中路。这里地势高爽，汉代称鸿固原，汉宣帝后称小陵原，唐代以后称少陵原。小陵原当浐河与潏河（古称樊川）之间，长约20千米，宽6~10千米，海拔470~630米，高出西安城区100~200米。自古以来就是理想的墓地之选。自汉代、北朝至隋唐以来，有汉宣帝杜陵、宣帝许皇后墓、西汉大司马张安世家族墓地和唐代长孙无忌、杜如晦、郭子仪等家族墓地。可谓汉唐时期高官贵族的大型墓葬区。

经国家文物局批准，2018年1月至2019年4月，西安市文物保护考古研究院对这两座墓葬

M25 全景

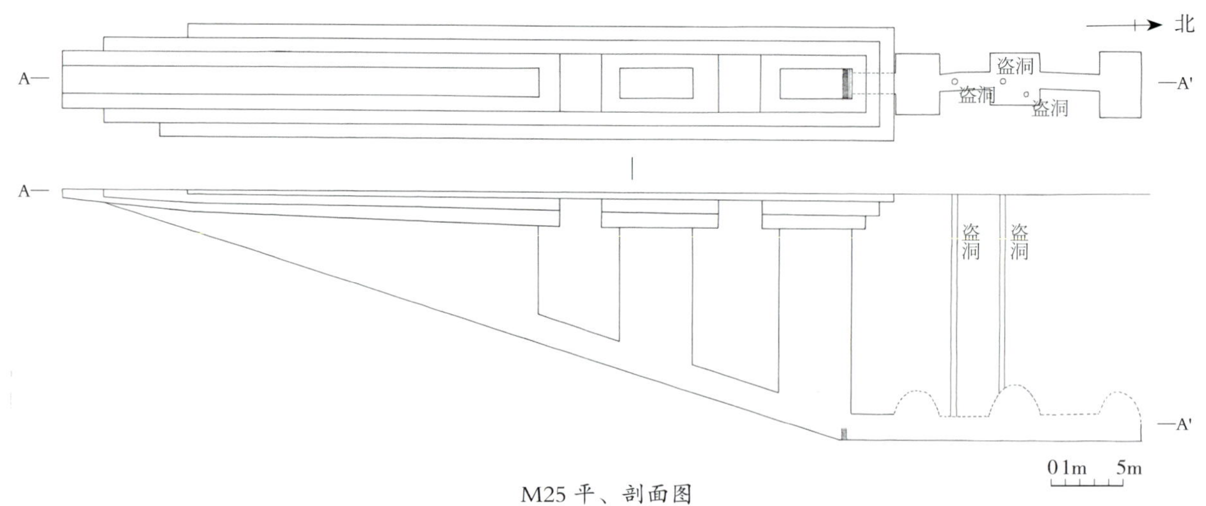

M25 平、剖面图

进行了考古发掘。

发掘过程中，多次召开研讨会，根据专家的意见，均采取大揭顶的方式，依次对墓道、墓室进行发掘清理。对出土器物及残存壁画做了现场保护，对具备揭取条件的壁画进行了揭取。

二、墓葬介绍

M25 为长斜坡墓道土洞墓，坐北朝南，由墓道、第一过洞、第一天井、第二过洞、第二天井、第一甬道、前室、第二甬道、中室、第三甬道、后室等组成。墓葬原开口已遭破坏，现存墓道开口长 60、宽 8~8.16 米。墓道东、西、北三面各置 3 层生土台阶，每层台面宽约 1 米。第一过洞长 5.8 米，第一天井长 5.3、宽 2.2 米，第二过洞长 6.2 米，第二天井长 5.2、宽 2.2 米，第一甬道长 3.1、宽 1.28 米。在第一过洞、第二过洞及第一甬道上方各有 1 处土雕建筑，应是模仿厅堂房屋建筑，象征三进院落。建筑面阔三间，中间雕板门，两侧各雕一直棂窗并涂彩绘，底部台廊上有彩绘装饰，屋后正中雕一直棂窗。土雕建筑门框以上的屋顶部分已无存，第一甬道上方的土雕建筑保存较差（或仅存南半部）。第一甬道南端有砖封门。墓室由南向北依次为前、中、后三室，中间由第二、第三甬道相连。墓室平面均呈长方形，四角均有生土雕成的柱础和方形角柱，可能为穹隆顶或四角攒尖顶。墓室四壁均有壁画装饰，保存较差，可见仪仗图、翼兽图及部分题记。前

M25 第一过洞洞顶土雕建筑正面

室长 3.2、宽 4.5 米，第二甬道长 3.6、宽 1.2 米，中室长 3.7、宽 3.8 米，第三甬道长 4.2、宽 1.2 米，后室长 2.9、宽 4.2 米，墓底距现地表 18.5 米。

该墓曾遭多次盗扰，本次发掘共清理随葬器物 68 件。其中第一甬道出土陶武士俑 4 件，前室出土陶合欢帽俑、陶进贤冠俑、釉陶马、陶马、石器、铁钩等 19 件，第二甬道出土釉陶罐、釉陶几、釉陶壶、釉陶方形扁壶、陶罐等 9 件，中室出土釉陶灯碗、釉陶灯座、铁器、银饰、铜钱、铜柿花、金箔饰、骨饰等 9 件，后室出土陶十字髻女俑、陶狗、陶猪、陶羊、陶牛、陶鸡、陶井、陶灶、陶碗、铜簪、铜带钩等 27 件。该墓出土的陶合欢帽俑、陶十字髻女俑是关中十六国墓葬中的典型器物。第一甬道出土的陶武士俑形体较大，推测应为镇墓类陶俑。第二甬道出土的绿釉陶器具有明显的南方因素，应受到东晋的影响。

M25 前室东壁壁画

M26 位于 M25 以西 32 米处，为长斜坡墓道土洞墓，坐北朝南，由墓道、第一甬道、前室、侧室、第二甬道、后室等组成。该墓亦被盗扰，出土随葬器物 12 件。墓葬原开口已被破坏，现存墓道长 54.4 米，东、西、北三面各置 3 层生土台阶。第一甬道长 3.6、宽 1.8 米，出土陶骑马俑。前室方形，边长 3.3 米，出土陶九盘连枝灯、陶罐、青砖帐座、铜帐钩、铁帐钩。侧室位于前室东侧，

M26 墓室

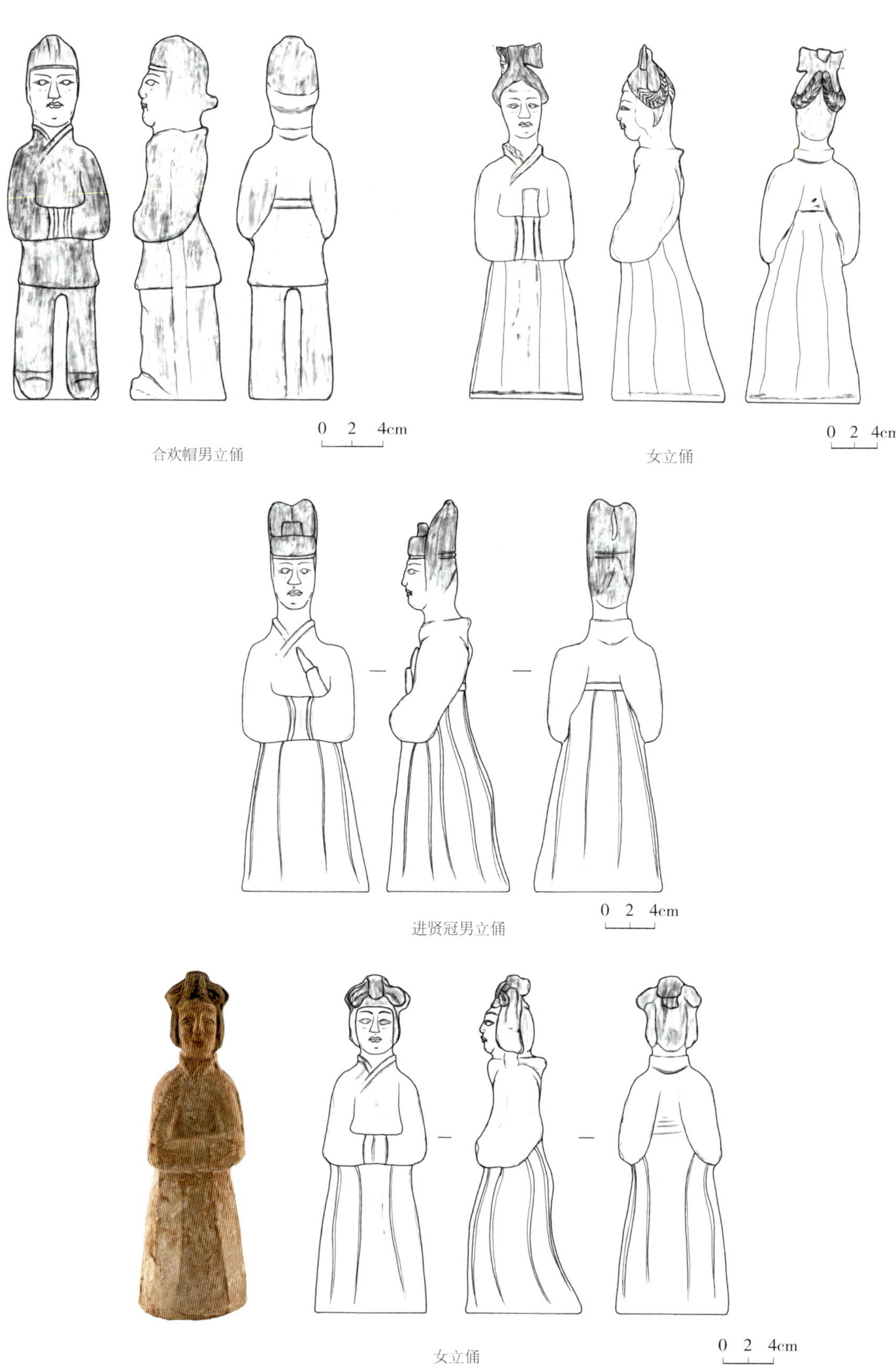

合欢帽男立俑

女立俑

进贤冠男立俑

女立俑

M25 出土陶俑

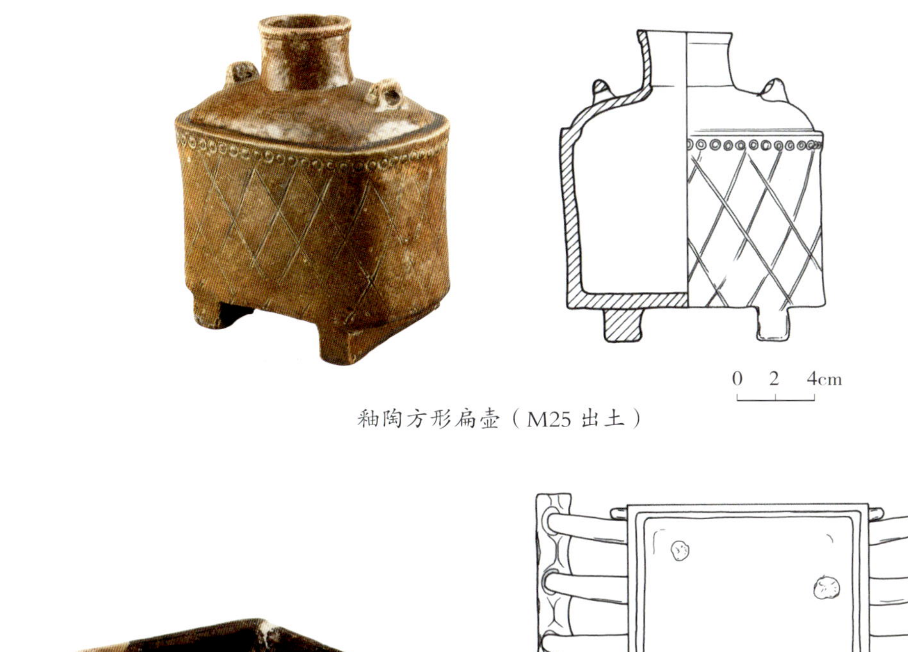

釉陶方形扁壶（M25 出土）

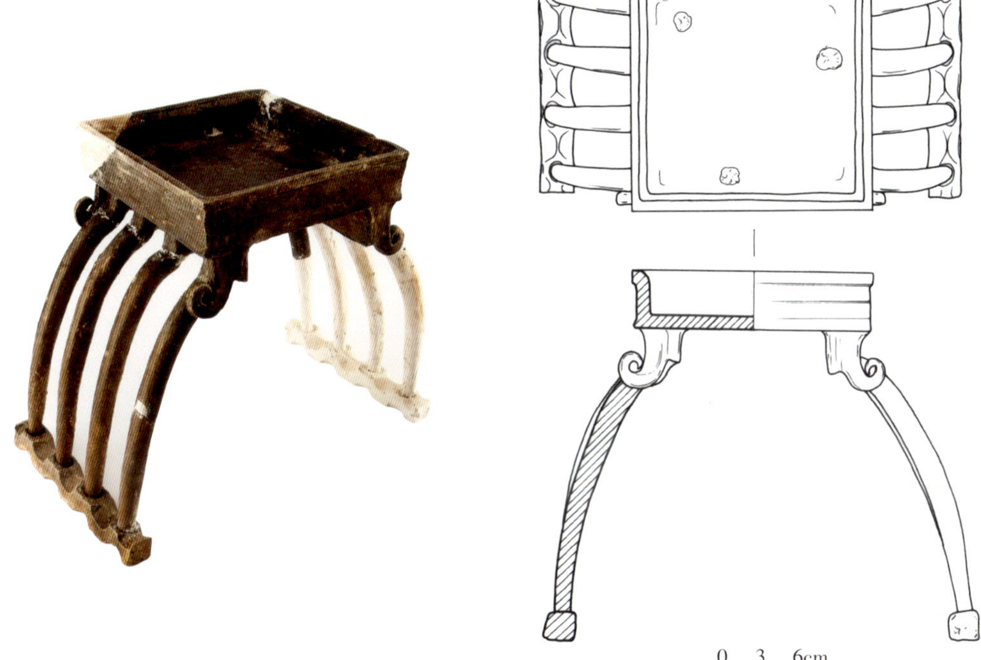

釉陶几（M25 出土）

进深 2、宽 1.1、高 1.4 米。第二甬道长 2.4、宽 1.6 米。后室亦为方形，边长 3 米，出土铁镜。墓底距现地表 13.6 米。

三、小结

焦村十六国墓位于小陵原西北部，西北距汉长安城 17.7 千米，东北距杜陵 6 千米。墓葬结构相对完整，随葬器物较为丰富，具有重要的学术价值。M25 是目前发现的十六国时期墓葬中规模最大、等级最高的墓葬。墓壁绘有壁画，在已发现的关中地区十六国墓葬中极为罕见。该墓地的发现与发掘，为进一步认识十六国时期墓葬提供了证据，也为十六国时期墓葬形制、埋葬制度的研究积累了实物资料。

■ 撰稿：辛龙、郃紫琳、王毅、宁琰

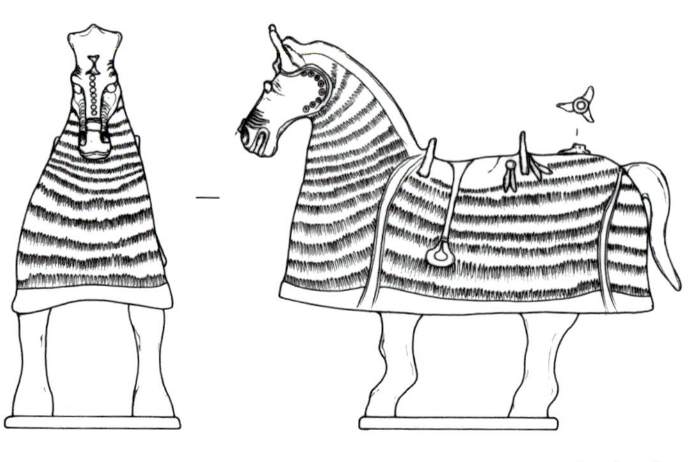

釉陶马（M25 出土）

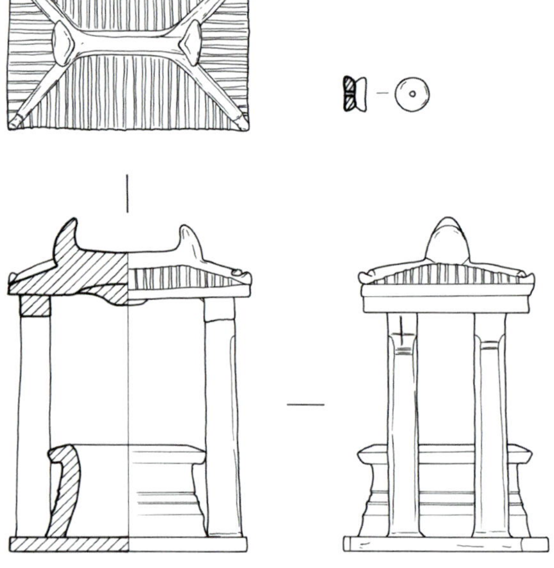

陶井（M25 出土）

青海省都兰县热水墓群 2018 血渭一号墓

工作单位：中国社会科学院考古研究所、青海省文物考古研究所

一、工作缘起

热水墓群位于青海省海西蒙古族藏族自治州都兰县热水乡境内。墓群分布于察汗乌苏河南北两岸，墓群的分布范围地理坐标为北纬36°08′01.48″～北纬36°11′05.64″，东经98°14′25.87″～东经98°21′28.77″，海拔在3400～3500米之间。墓葬一般倚山面河，主要分布在山脚缓坡地带和黄土层深厚的冲积扇台

2018 血渭一号墓全景

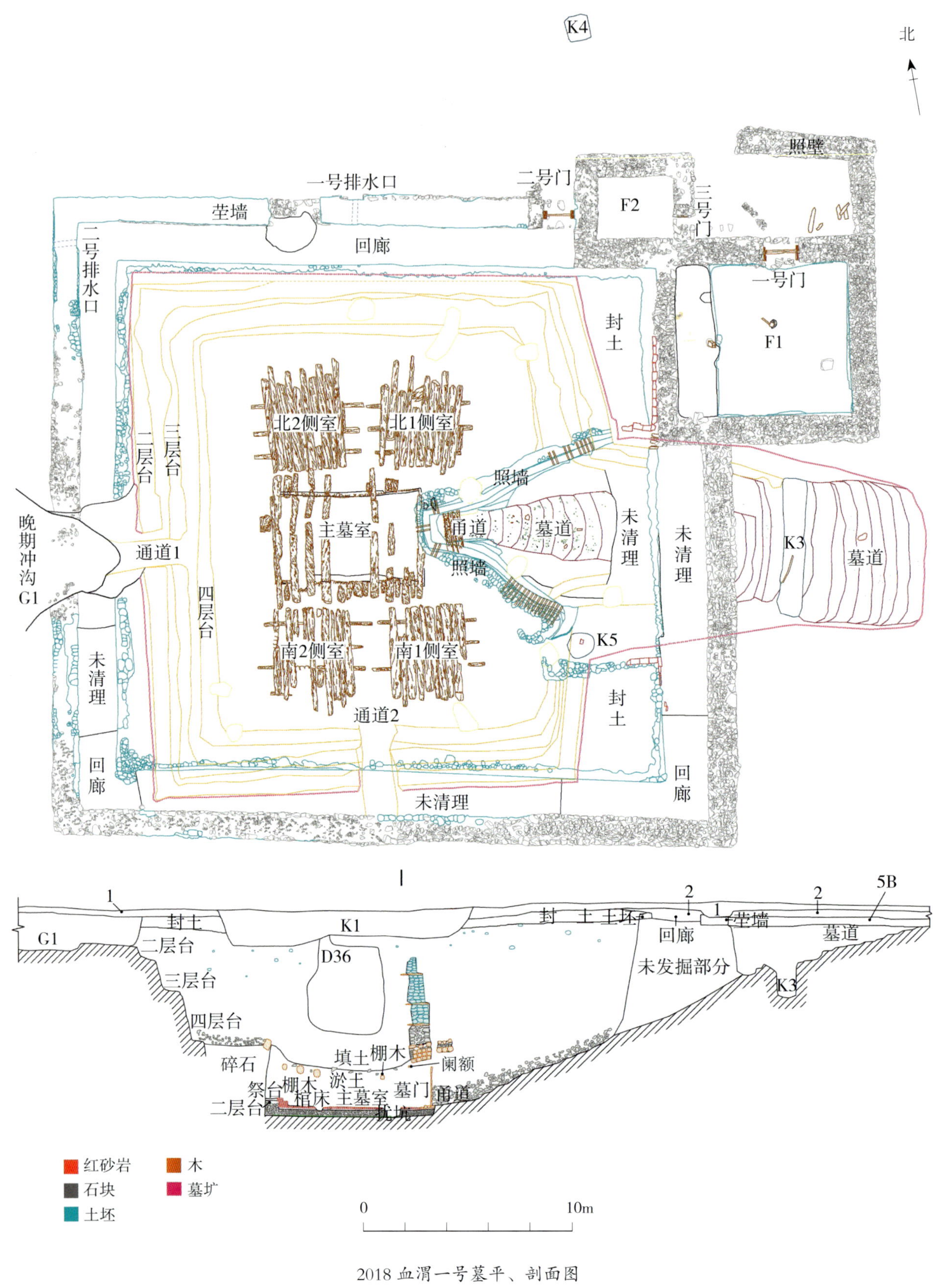

2018 血渭一号墓平、剖面图

地。整体分布呈枝叉状，总面积达 9 平方千米。1982 年，青海省文物局的考古工作队（青海省文物考古研究所前身）首次发现都兰热水墓群并随即展开考古工作，发掘的“血渭一号墓”后来被文化部认定为“全国六大考古新发现”。都兰唐代（吐蕃）热水墓群多年的发掘收获颇丰，但还有诸多学术问题需要解决，如墓葬分布范围不清楚、墓葬数量不准确、墓葬类型及时代不确切、保护范围不明确等。

2018 年震动全国的“3·15”热水墓群被盗案破获，缴获涉案文物 646 件。经国家文物局批准，中国社会科学院考古研究所和青海省文物考古研究所组成联合考古队于 2018 ~ 2020 年进行考古发掘。本次即发掘编号为 2018 血渭一号墓的被盗墓葬。2018 血渭一号墓位于察汗乌苏河北岸，西邻 2007QM1，西距“血渭一号墓”400 多米。墓葬位于山前二级台地上，背山面河，地势北高南低。为推动热水墓群的考古发掘与保护，热水墓群的考古中作被列入“考古中国”之“青海都兰热水墓群考古”项目获得大力支持。

针对热水墓群历年发掘的情况，热水联合考古队制定了科学的考古工作方案与计划，以 2018 血渭一号墓发掘为切入点，以搞清热水墓群的布局为目标。在新的考古理念与方法的指导下开展工作：（1）遵照大遗址考古工作规范，建立统一的分级控制网和记录系统。建立热水墓群地理信息系统，对热水墓群进行整体区划和全面测绘，采取全覆盖虚拟布方，完善测控网。（2）将区域调查与重点发掘相结合，用聚落考古学的方法探寻该区域历史上游牧民族的聚落形态。除重点对 2018 血渭一号墓进行科学考古发掘外，还对察汗乌苏河两岸进行区域调查，新发现城址 1 处，确认佛教遗存 1 处，加上河两岸的墓群，构成三位一体的游牧民族聚落形态。（3）积极开展多学科合作。充分运用科技考古手段，如采用 RTK、全站仪、无人机等进行测绘、记录，开展树木年轮、三维建模、动植物考古、古 DNA、金相分析等检测、鉴定，全面、翔实、准确地记录和提取相关信息。（4）贯彻发掘和保护展示相结合的新理念。边发掘边保护，为将来遗址展示奠定基础。（5）运用多种方式开展公共考古。

二、墓葬形制与结构

经发掘确认，2018 血渭一号墓规模宏大、结构复杂、体系清晰。该墓为木石结构多室墓，由地上和地下两部分组成。地上为墓园，平面呈方形，由茔墙、祭祀建筑、封土、回廊组成。地下部分由墓道、殉马坑、照墙、甬道、墓门、墓圹、殉牲坑、墓室等组成。

墓园地势北高南底，南北高差 1.6 米。平面近方形，由茔墙围合，东西长 33、南北宽 31 米。墓园东北隅有祭祀建筑，墓园内有封土和回廊。

茔墙平地起建，基础石砌，上部为土坯垒砌而成，在北墙、西墙均发现砌筑茔墙时预留的排水口，显然墓园营造是有设计和规划的。茔墙之内有覆斗形封土，封土四周由土坯墙围合。回廊介于茔墙与封土之间，是围绕封土的通道，宽 1.4 ~ 2.04 米。北茔墙和东茔墙上有供出入的门址，北茔墙的门址保存较好。

祭祀建筑位于墓园东北隅，由两座石砌房址（编号 F1、F2）组成。房址平面均呈长方形。一号房址东西长 10.9、南北宽 9.84 米，北墙开门，门外有曲尺形石砌照壁，房址内有堆放在一起的五块羊肩胛骨，还有插入地面的方形木柱。这些遗存与文献记载相吻合，是重要的祭祀遗存。二号房址位于一号房址西北侧，边长 5.6 米，应为守陵人的居址，东墙开门。

2018 血渭一号墓墓室结构

墓道位于墓圹东侧，呈台阶状，墓道两侧有生土二层台，墓门与墓道之间为甬道；墓道内发现殉马坑，殉有 6 匹公马。甬道为石砌的平顶结构，顶上平铺有双层棚木，其上有土坯垒砌而成的照墙。

墓圹平面大致呈方形，东西长 20.1 ~ 21、南北宽 25.5 米。墓圹与封土不完全重合，墓圹西、南二壁有通道，墓圹四壁有内收的四个生土台阶，台阶均不太规整，上铺青石碎块。在四层台位置，整个墓圹内平铺有 0.4 ~ 1 米厚的砾石层，推测为防盗设施。墓圹填土中发现殉人和殉牲坑。殉牲坑平面呈长方形，四壁由土坯垒砌，由立柱、横梁和棚木搭建而成，东侧有门道和台阶与墓道二层台相通。殉牲坑内殉有牦牛、黄牛、岩羊、马鹿、绵羊、山羊等。殉牲分层堆放，在坑底有木鞘铁剑一把。

照墙介于墓道与墓圹间，平面呈不规则形，基础砌石，石层间有穿木，基础之上由土坯垒砌，内收三层台，每层间均铺有成排穿木。照墙顶部与填土、封土分界处持平。

墓室为木石结构，由 1 个主室和 4 个侧室组成，与文献“墓作方形……其内有五殿，四方墓形自此始”“在陵内建神殿五座”等记载相吻合。墓室平面均为长方形，平顶。顶上平铺棚木。四壁石砌，砌石中间平铺有木梁。主室呈东西长方形，东西长6.8、南北宽4.25米，在主墓室东、西两壁各保存四个木质斗拱构件，其中东壁墓门北侧还保存有立柱。主室设有东西向棺床，用红砂砖平铺，并放置棺椁。棺床西、南、北三面有二层台，西边二层台上有祭台，台上放置漆盘等。棺床下有防潮的木炭层。在棺椁周边发现大量琉璃串珠，推断棺椁上原来有帷幕。在棺木上均有彩绘和贴金。主室内绘有壁画，多已剥落，局部保存有白灰地仗和黑红彩。主墓室内发现一男一女两个个体的人骨，经鉴定男性 50 ~ 60 岁，身高 1.66 米；女性 40 岁左右，身高 1.58 米。

侧室位于主室的南、北两侧，每侧各有两室。与主室以过道相连，过道内设有木门。侧室平面呈东西长方形，东西长 3.4、南北宽 2.4 米。侧室间有隔墙，侧室底部有木地栿，四角及各壁中间均有立柱和替木支撑顶部的过梁。根据出土遗物判断南 1 侧室可能为庖厨。北 2 侧室发现有架空的木床，出土大量的皮革、织物。其余各侧室盗扰乱严重。

主墓室结构

殉牲坑 K4

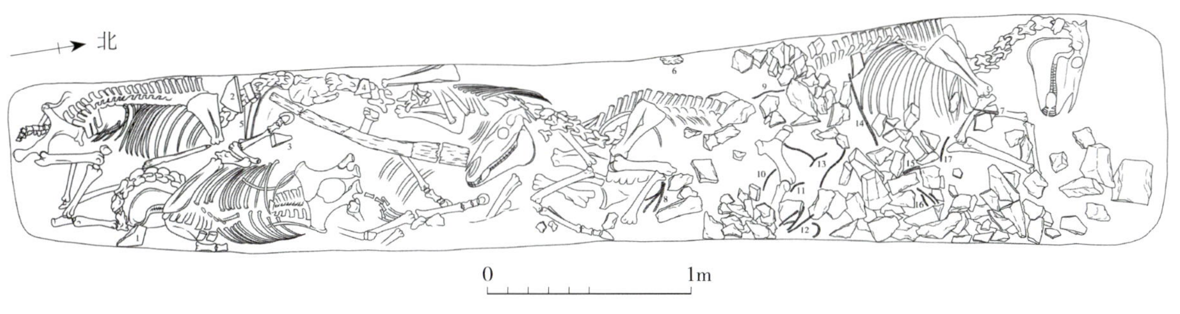

墓道殉马坑 K3

1~4. 红砂岩　5. 胸攀　6. 铁器　7. 木钉　8 ~ 17. 红柳枝

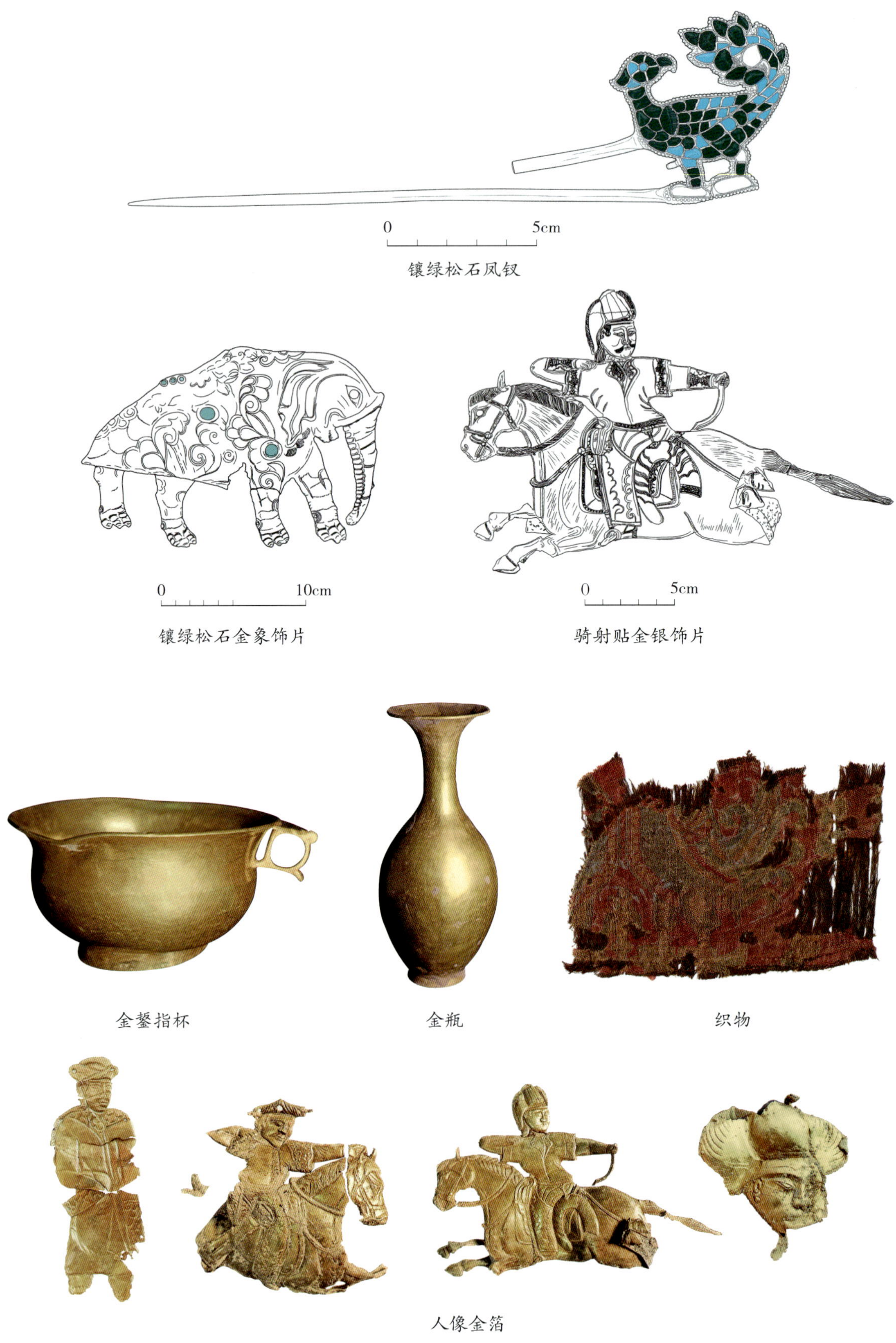

镶绿松石凤钗

镶绿松石金象饰片

骑射贴金银饰片

金錾指杯

金瓶

织物

人像金箔

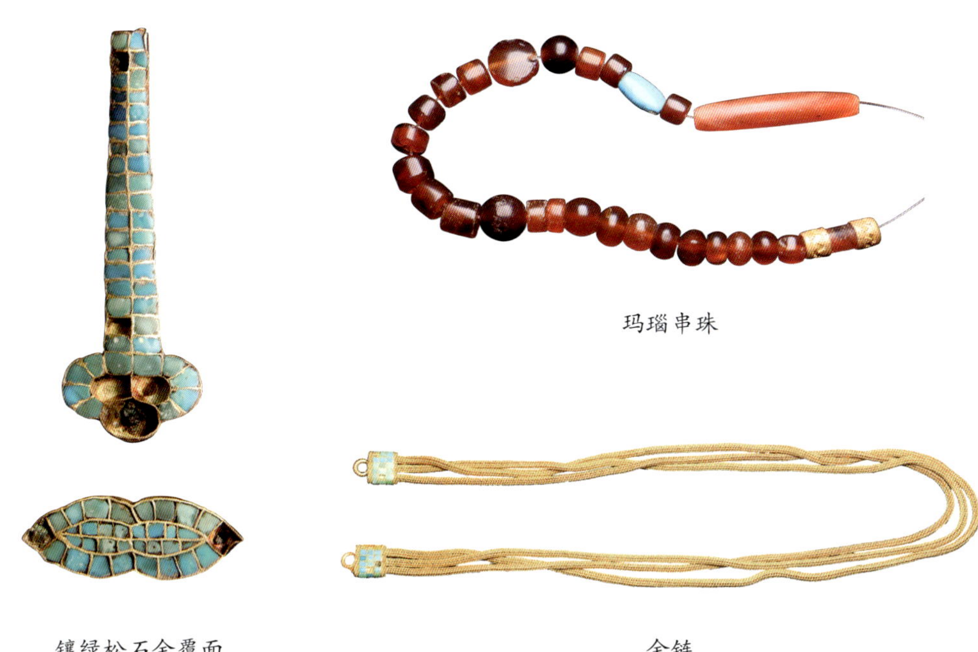

玛瑙串珠

镶绿松石金覆面

金链

三、出土遗物

随葬品有金器、银器、铁器、漆木器、皮革、丝绸、玉石、海螺等，达2200多件。金器有金胡瓶、錾指杯、金链子、带饰、杏叶等。银器有印章、银盘等。铜器有容器及铠甲片、各构件上的铜饰等。铁器主要为铁甲胄。漆器有漆盘、甲片等。木器以马鞍、小型斗拱模型为主。玉石器有玛瑙、琉璃珠、水晶和大量的黑白石片等。皮革以皮靴为主，丝绸品种多样。另外在祭台上的漆盘内发现未碳化的葡萄籽若干。

出土物中较为重要的是一枚印章，银质，方形，边长1.8厘米，上刻骆驼和古藏文。藏文经释读意为“外甥阿柴王之印”。

四、结语

根据墓室出土的金器、丝织物等，结合棚木树木年轮测定，推断该墓的年代在8世纪中期左右（树木年轮测定为744±35年）。

印章的出土，为墓主人身份的认定了提供重要信息。根据印章释读可知，墓主人是阿柴王，即吐谷浑王。以外甥相称，这是吐蕃时期吐谷浑与吐蕃政治联姻而形成的甥舅关系。根据墓葬的树木年轮测定，推测该墓葬建于吐蕃赤德祖赞（704～755年）在位时期，墓主人自称外甥，与敦煌文献记载相吻合。

从墓葬形制看，该墓葬结构完整、体系清晰，是一座吐蕃化的吐谷浑王陵。地上陵园和祭祀建筑在热水墓群属首次发现，与文献记载的吐蕃赞普的陵上祭祀相吻合；地下为长斜坡墓道的五室墓，墓室为木石结构，与吐蕃文献《贤者喜宴》所载的五神殿相吻合；同时在墓道、墓圹内发现殉马坑和殉牲坑，也属典型的吐蕃苯教丧葬仪轨，具有明显的吐蕃化因素。但祭祀用羊肩胛骨、墓道东向带台阶，彩绘木棺以及随葬马具、带具等，又带有明显的吐谷浑文化特征。整体来看，这座墓葬在文化面貌上吐蕃化明显，在墓葬制度上已经纳入吐蕃王朝的统治体系，但在葬俗上还部分地保留了本民族特征。

通过动植物考古、食性分析、古DNA等技

印章

银立凤饰片

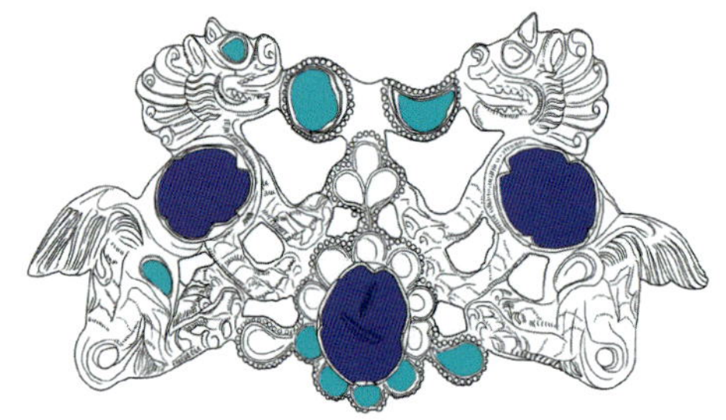

双狮日月金牌饰

术对发掘出土的动物骨骼、人骨、葡萄籽等进行深入研究，对了解热水墓群的人种、族属以及生业模式有重要意义。发掘出土的马具、铜甲、铁甲、漆甲等，与文献“人马俱披锁子甲，其制甚精，周体皆遍，唯开两眼，非劲弓利刃之所能伤也”记载相吻合，这有助于研究该地区的手工业生产工艺、生产技术、组织形态等。敦煌古藏文《赞普传记》记载，赤德祖赞时期“民庶、黔首普遍均能穿着唐人上好绢帛矣”。发掘出土的大量丝织物，其织造工艺和纹样具有多源性，实证都兰是丝绸之路上重要的中转站。

2018血渭一号墓的考古发掘，是多单位、多学科合作的成功案例。通过区域调查为热水地区的聚落形态探索提供新视野。通过科学发掘，确认该墓为热水墓群发现的结构最完整、体系最清晰、墓室最复杂的高等级墓葬，是热水墓群墓葬考古研究的重要发现。其中发现的墓园祭祀建筑、殉牲坑、五神殿的墓室结构、壁画、彩棺，出土的大量精美遗物等，对研究唐（吐蕃）时期热水地区的葬制葬俗及唐帝国与少数民族关系史、丝绸之路交通史、物质文化交流史等相关问题具有重要价值。

■ 撰稿：韩建华、白文龙、甄强

被盗文物

青海省乌兰县泉沟吐蕃时期壁画墓

工作单位：中国社会科学院考古研究所、海西蒙古族藏族自治州民族博物馆、乌兰县文体旅游广电局

一、工作缘起

泉沟墓地位于青海省海西蒙古族藏族自治州乌兰县希里沟镇河东村东2千米，处于希里沟盆地东缘的低矮山丘之间，山丘多为石山，又有高大的沙山。山丘脚下分布有大量现代墓葬，吐蕃时期墓葬多分布于坡梁之上。泉沟又名泉水湾，发源于这些山丘之间，自东而西流经墓地。泉沟一号墓修建于泉沟北侧300米处一座独立山丘的东侧斜坡上，北纬98°32′1.7″，东经36°55′13″，海拔3022米。由于泉沟墓地历经多次盗扰，面临严重威胁，经国家文物局批准，2018～2019年，由中国社会科学院

泉沟一号墓墓坑及墓顶

考古研究所、海西自治州民族博物馆和乌兰县文体旅游广电局联合对该墓葬进行了发掘和迁移保护工作。鉴于该墓葬为青藏高原首次发现的吐蕃时期壁画墓，墓葬中又出土了极为重要的珍贵遗物，对于吐蕃时期的考古研究以及青藏高原丝绸之路的考古研究具有相当重要的学术价值，国家文物局遂将其纳入 2019 年度“考古中国”项目。

二、墓葬概况

泉沟一号墓形制为带墓道的长方形砖木混合结构多室墓，墓道东向，一半为斜坡，一半为带梯道的竖穴式，总长约 11 米。墓圹平面大致为方形，开口部分东西长 13、南北宽 11.3、深 9.9 米，底部东西长 9、南北宽 8 米。在距墓圹口部深 3.08 米的墓圹北侧填土内埋葬有一殉葬武士，仰身直肢葬式，腰佩箭囊，肩侧有木弓遗迹，足部有殉葬羊骨，身下及周边铺设大石块为葬具。

墓顶由 1 ~ 2 层方形柏木搭建而成。其上堆有 1 米深的大石块层和 0.5 米深的碎石层；墓门外竖 3 根柏木桩封堵，门框内又横插 5 根方形柏木桩封堵，防护措施相当严密。

墓室总平面为长方形，由前室、后室和两侧室构成。墓道和墓门沿其北壁开设。前室左、右、前壁用大青砖垒砌，顶部为单层柏木搭建，土坯铺就墓底。前室内长 3.6、宽 3.2、高 2.3 米；后室四壁皆为方形柏木垒砌，顶部用两层柏木垂直交错搭建，底部青砖铺就。室内长 3.8、宽 3.3、高 2.3 米。

前室砖墙和后室柏木墙表面均绘壁画，剥落较严重。前室前壁墓门侧壁画内容为牵马迎宾武

前室东壁牵马迎宾图

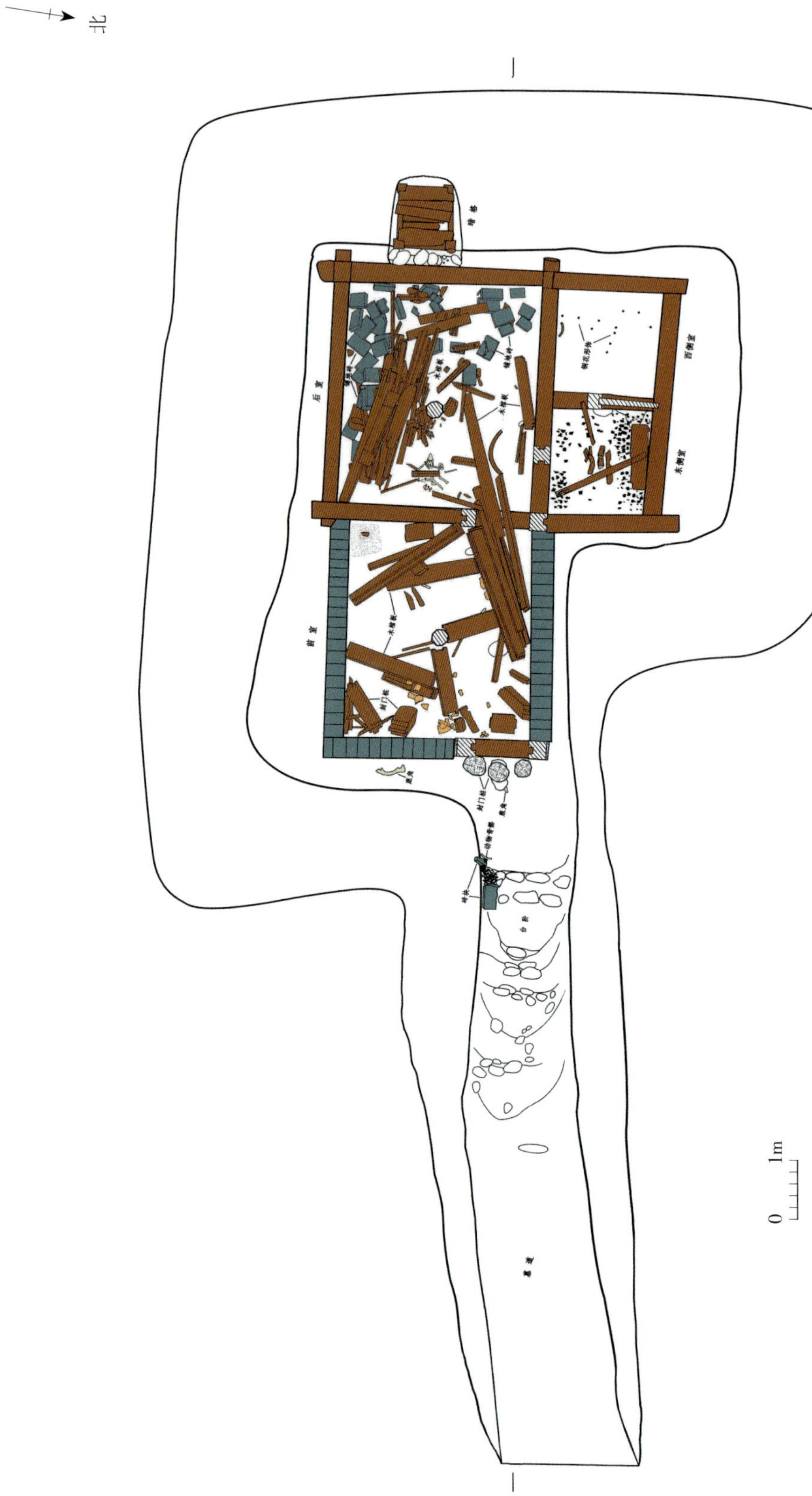

泉沟一号墓平面图

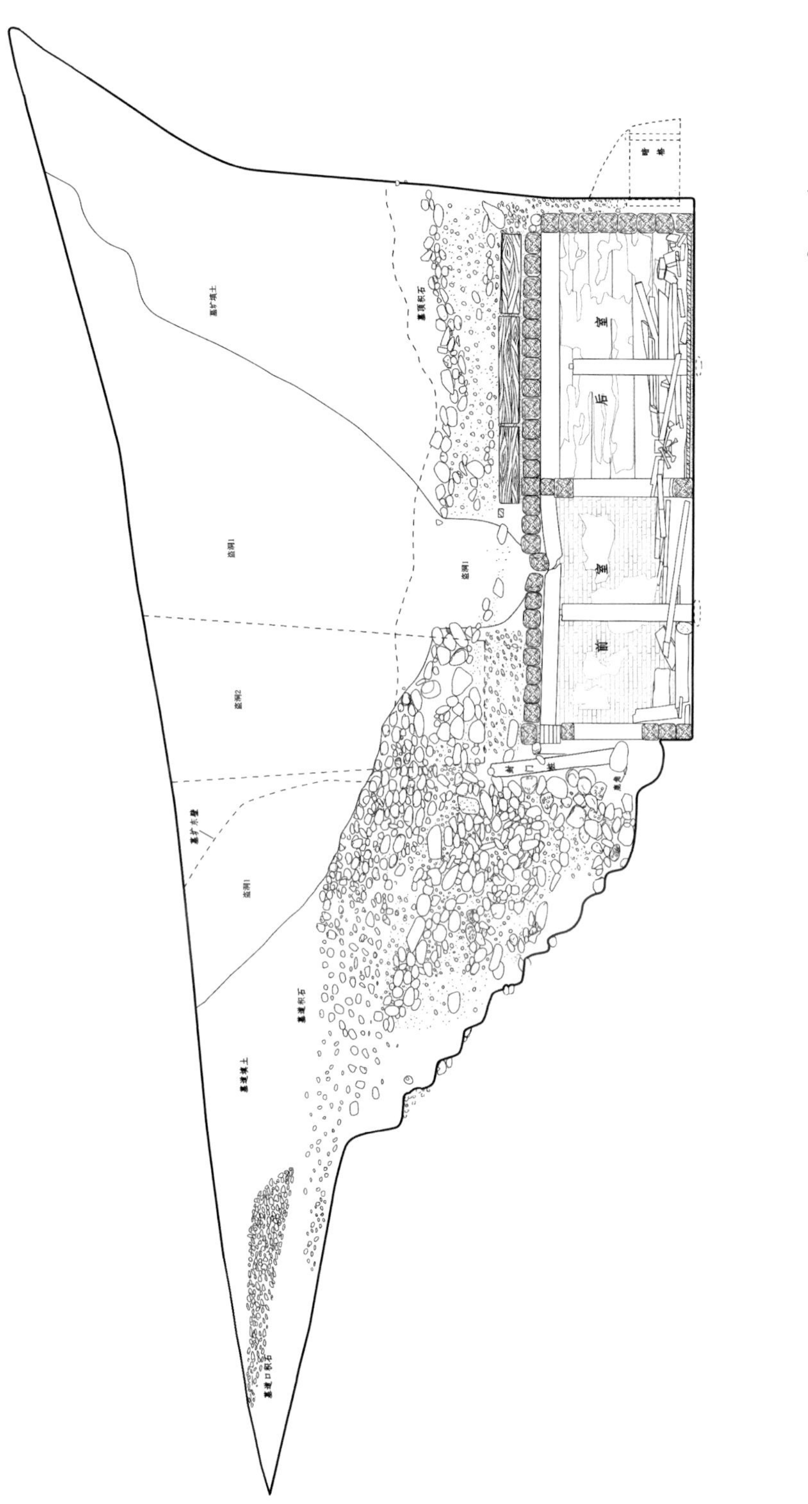

泉沟一号墓剖视图

士，其余壁面原绘有狩猎、宴饮、舞乐等内容，但损毁严重。顶部描绘各类飞禽走兽、祥龙飞鹤。后室四壁绘有放牧动物、帐居宴饮、汉式建筑、山水花卉等内容，顶部描绘日月星辰、神禽异兽、祥龙飞鹤等图像。各室的墓门框上彩绘宝相花图案。前后室内中央各立一根八棱立柱，表面彩绘有莲花图案。

两小侧室东西并列于主室北侧，总平面为长方形，内长 3.8、宽 1.8、高 2.3 米，墓顶和四壁皆用方形柏木搭建。侧室内不见壁画和彩绘。

三、出土遗物

墓室内发现大量彩绘漆棺构件，应该为双棺，棺表髹黑漆，再施彩绘，内容有骑马行进人物、兽面、飞鸟、花卉、云团及几何图案等内容。人骨堆积散乱，可见至少 2 具骨骸，应为夫妻合葬墓。随葬品有丝织物残片、嵌绿松石金银带饰、铜筷、铜饰件、铁器残块、漆木盘、陶罐残片、玻璃珠、粮食种子和动物骨骼等。

暗格木箱内鎏金王冠和金杯

墓圹底部在后室木椁外侧坑壁上，发现一处封藏一暗格，高 1.3、宽 1.2、进深 1.3 米。暗格内放置一长方形木箱，箱内端放龙凤狮纹鎏金王冠和镶嵌绿松石四曲錾指金杯，木箱下铺有粮食种子，供奉和珍藏的意味突出，可见是墓主人最为珍视的、兼具神圣性的重要物品。鎏金王冠饰双龙，两侧各饰一立凤，后侧护颈饰双狮，周身镶嵌绿松石、蓝宝石、玻璃珠等，冠前檐缀以珍珠冕旒。錾指金杯有四曲杯体和方形圈足，装饰富丽，技艺精湛，融合唐朝、中亚和吐蕃之风于一体，以往出土的同类器物中无出其右者。

四、结语

根据出土物和壁画内容、风格，可以推测泉沟一号墓年代为吐蕃时期，碳十四测年显示为公元 7 ~ 8 世纪。考虑到唐墓壁画中木构建筑题材通常流行于 7 世纪后半叶到 8 世纪中期，该墓年代可以进一步限定为 663 年（吐蕃占领时期）至 8 世纪中期之前。

泉沟一号墓是迄今为止在青藏高原发现和发掘的唯一一座吐蕃时期壁画墓，不但具有吐蕃时期墓葬的普遍共性，同时也兼具青海地区的本土特征。墓葬选址在地势较高的山坡之上，俯瞰开阔的河流谷地，这与西藏和青海地区其他吐蕃时期墓地选址理念基本一致。由于地表破坏严重，无法断定是否存在一定规模的封土堆，但从遗留的扰土堆积来看，应该不存在典型吐蕃墓葬所流行的梯形石围结构。斜坡墓道朝向东方，也与典型的吐蕃墓葬墓道朝向所依高山之巅的规律有别，这可能体现了一种源自于本土的丧葬传统。

吐蕃时期墓葬中殉牲现象比较普遍，但在泉沟一号墓葬中并不突出，仅在墓门外发现一些鹿角，在侧室内发现较多的羊寰椎骨，象征性比较明显。墓圹内完整的殉人遗迹在其他吐蕃时期墓葬中非常

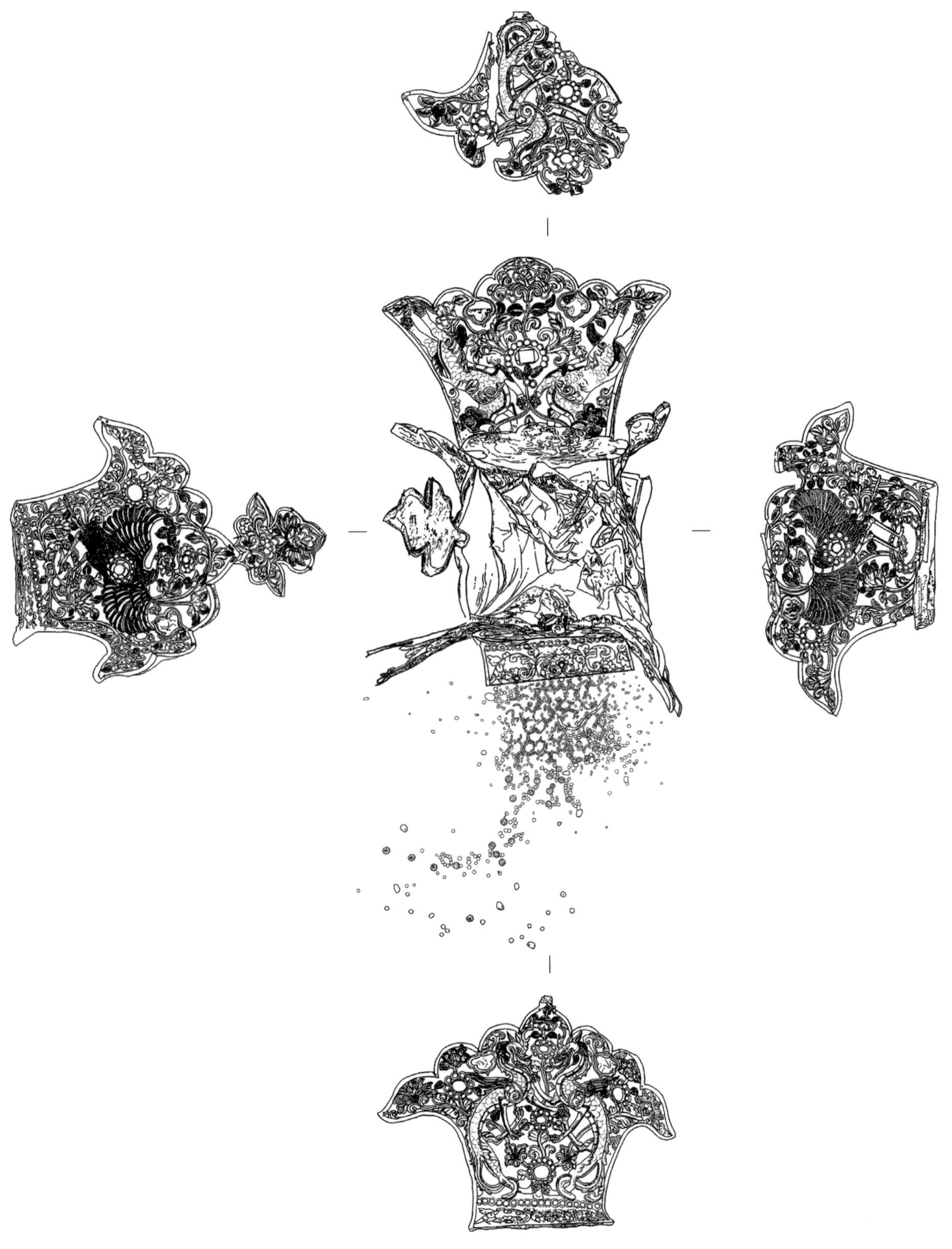

鎏金王冠上视图及各侧面视图

少见。殉人身材高大，配备兵器，并有殉葬羊骨，可见具有一定的地位，并非奴仆或俘虏，符合唐代文献记载中的吐蕃君长首领以“共命人”殉葬的习俗。但殉人的仰身直肢葬式与典型吐蕃墓葬中流行的侧身屈肢葬式有别，当属本地所固有的葬式。

墓室为砖木混合的多室墓结构，各墓室的功能有明显的划分，并依据其重要性差异进行区别对待。墓室在选材和加工上经过精心的筹划和设计，营建过程遵循了比较成熟的套路和方法，这暗示墓葬主人应该拥有比较高的社会地位。吐蕃时期高等级墓葬多采用多室墓形制，并综合利用包括柏木、青砖、土坯、石材等多种建筑材料，这在都兰热水吐蕃时期墓地体现尤为明显。

泉沟一号墓葬的壁画在内容和表现形式上，都与内地唐墓壁画有非常密切的关联性。根据对内地唐墓壁画的研究来看，目前发掘的唐代壁画墓墓主人身份较高，多为皇室贵戚和高官大臣。墓主为三品以上高官的唐墓中，大都绘有仪卫壁画。泉沟一号墓葬在前室墓门口也绘制仪卫图，其中牵马侍卫的带旒旌旗、“虎韔豹韬”形制、圆领长袍服饰和一手曲臂握拳执于胸前的仪态，都与神龙二年（706 年）的唐章怀太子墓和懿德太子墓壁画仪卫图一致，只是数量规模不同。在青海地区习见的吐蕃时期棺板画上，尚未出现过类似仪卫图像，因此可以推测该壁画反映的是唐朝高级贵族所匹配的仪卫礼制，在吐蕃贵族阶层内似未广泛流行。墓室顶部描绘的祥龙飞鹤、日月星辰和飞禽走兽，在本地棺板画中也很少出现，而在唐朝的高等级壁画墓中则很常见。其中天象图据分析仅出现在三品以上的唐朝官员壁画墓

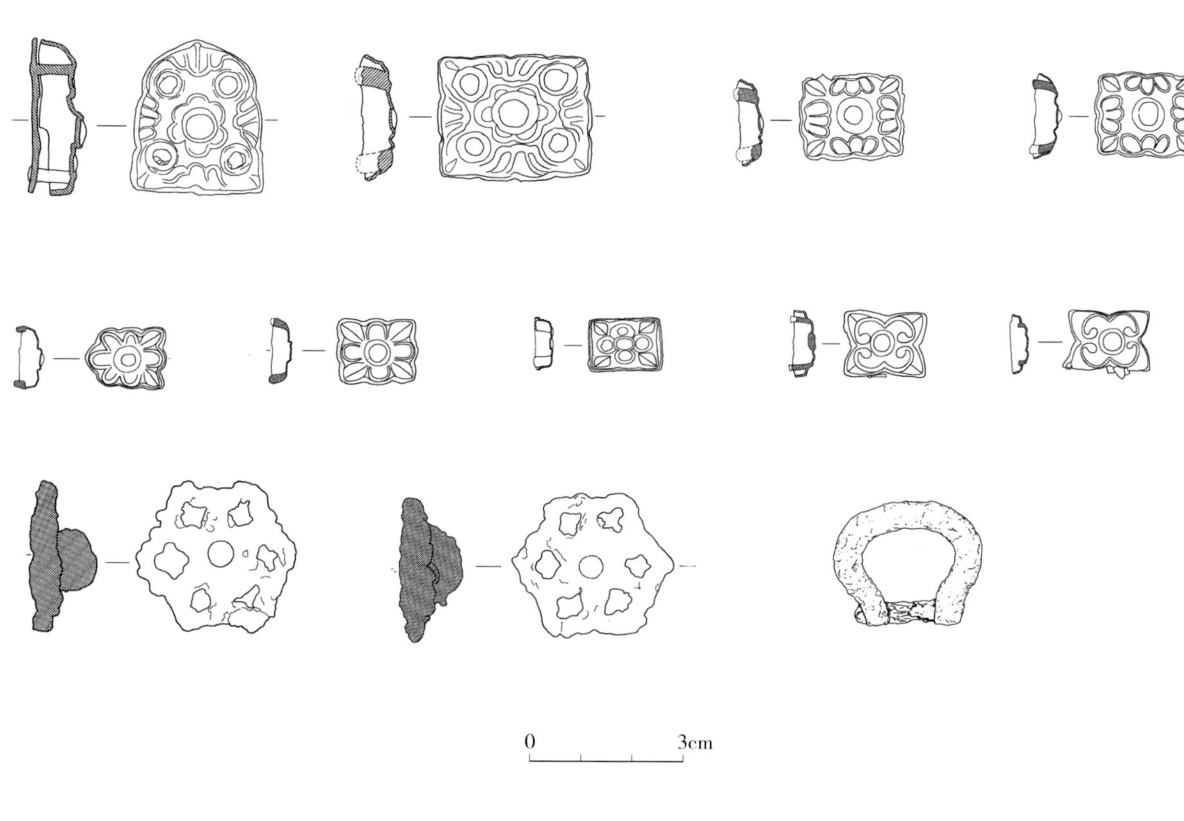

金银带饰和铜花形饰

中，与墓葬级别关系尤为密切。

壁画中有不少反映本土游牧民族生活的场景。舞乐宴饮、（驱赶）进献动物、帐居生活等内容在青海地区吐蕃棺板画中有较多表现，几乎所有人物都饰有“赭面”，部分人物头戴典型的吐蕃缠头装，但仅仅大致勾勒轮廓和填充颜色，不如棺板画上描绘得细致和多样。从表现手法上看，人物形象多肥壮健硕、线条流畅、比例协调、晕染得当，色彩多红、黑，少量蓝、黄、白等，这些特征也与本土棺板画有很大的差异。或许可以推测，绘制壁画的画师很有可能来自唐朝境内，壁画所表现的内容借鉴了唐朝的仪卫制度和丧葬观念，并用唐朝所流行的娴熟技法描绘高原地区的人物形象和生活场景。由此也可推知，该墓葬的主人可能是一位对唐朝文化高度认同的吐蕃贵族。

彩绘漆棺的发现同样证明了唐朝和吐蕃文化的融合。唐朝高等级墓葬中木棺多髹黑漆或红漆，不见有彩绘内容，而青海地区吐蕃时期棺板画多直接施以彩绘，不见髹漆。其主要原因可能是髹漆工艺复杂，原料匮缺，在棺木这种大件木制品上髹漆尤为不易，且造价高昂，非一般贵族所能承担。综合考虑彩绘内容和风格等多种因素，该彩绘漆棺不排除是唐朝境内制作、经长途运输到本地的可能。

暗格的设置迄今为止在别处极为罕见，可能是为该墓葬所专门设置，

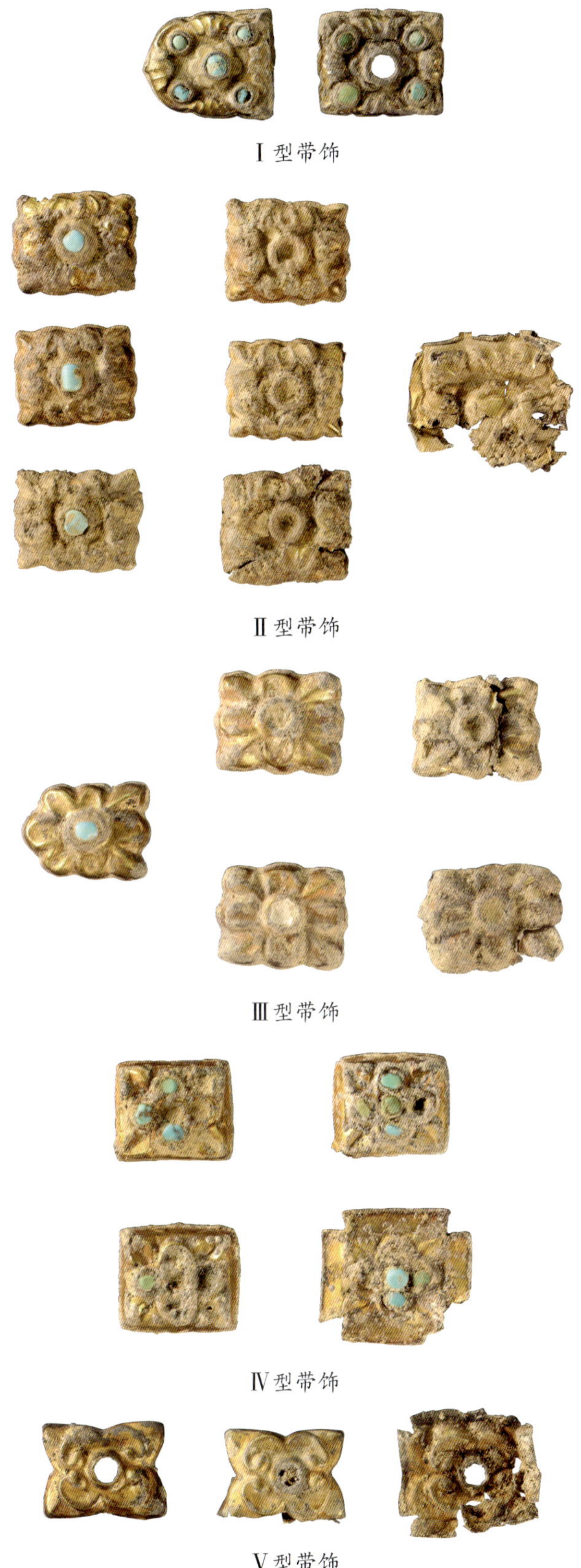

Ⅰ型带饰

Ⅱ型带饰

Ⅲ型带饰

Ⅳ型带饰

Ⅴ型带饰

镶嵌绿松石四曲鎏金錾指杯

并非通行的墓葬配置，这说明暗格内所瘗藏的物品对墓主人来说具有异常独特的价值。龙凤狮纹鎏金王冠的形制与常见的吐蕃赞普缠头冠不同，但也具备吐蕃时期金银器装饰的典型特征，如镶嵌大量绿松石、装饰立凤和对狮题材、以丝织物作衬底等。龙的整体造型与唐朝内地相仿，但肩生双翼的特征在中原内地同时期的龙图像上基本不见，而在吐蕃金银器、棺板画和敦煌吐蕃时期洞窟壁画上非常常见。

同时，该王冠也与唐朝皇帝的礼冠有明显的共同之处，尤其是冠前檐所缀珍珠冕旒，乃是中原王朝统治者所戴冕冠的重要组成部分，是其身份地位的象征，这在敦煌壁画和绢画的唐王图像中多有表现。《旧唐书·舆服志》载，唐制天子冕冠中衮冕最为重要，“衮冕，金饰，垂白珠十二旒，以组为缨，色如其绶”，“贵贱之差，尊卑之异，则冠为首饰，名制有殊，并珠旒及裳彩章之数，多少有别”。依唐制，侍臣衮冕也有垂旒，但皆以青珠为饰。而敢于将龙图像饰于冠冕之上者，绝非普通公卿臣僚。结合墓葬形制、壁画内容、殉葬特征等推测，该墓葬主人很可能与吐蕃时期当地的王室有密切关系，或即王室成员之一。据文献记载，吐蕃在663年征服吐谷浑地区后仍然保留了吐谷浑的王室体系，并将其纳入吐蕃的官僚系统。但由于文字资料的缺乏，墓主人的具体身份、族属为何，尚有待于进一步的分析。从文化面貌上来看，墓葬表现出浓厚的唐朝文化和吐蕃文化的双重影响，对于研究青海地区多民族文化的形成过程具有重要价值。

■ 撰稿：仝涛、孟柯、毛玉林、陶建国、辛峰

辽宁省医巫闾山辽代帝陵遗址

工作单位：辽宁省文物考古研究院、锦州市文物考古研究所、北镇市文物处

一、工作缘起

辽代帝陵考古是辽代历史和考古研究最重要的内容之一。据《辽史》等记载，辽代显、乾二陵埋藏于医巫闾山，但具体位置不明。早在20世纪30年代，历史学家金毓黼先生便亲自深入医巫闾山调查，认为辽宁北镇琉璃寺遗址就是东丹王陵。1970年，北镇龙岗子村意外发现了耶律宗政墓和耶律宗允墓，证实这里就是辽乾陵陪葬墓地。1980年，辽宁锦州市文物工作队在北镇富屯乡发现了新立遗址、琉璃寺西山遗址等一批重要辽代建筑遗址。这些发现为探寻辽代显、乾二陵提供了重要线索。

琉璃寺遗址TJ1上层台基南壁包石

2012～2013年，辽宁省文物考古研究所开展了医巫闾山辽代帝陵专项考古调查，陆续新发现了偏坡寺、骆驼峰、坝墙子等一批重要辽代遗址。结合以往研究成果，初步确定位于医巫闾山中段东麓的北镇二道沟和三道沟为辽代帝王陵区兆域。2014年，为进一步明确医巫闾山辽陵的具体位置与范围，搞清两陵的形制与布局，辽宁省文物考古研究所编制了《医巫闾山辽代遗址考古工作计划（2014～2018年）》，获得国家文物局批准。按照工作计划，2014～2018年先后调查并发掘了新立遗址、琉璃寺遗址、洪家街墓地、小河北墓地等多个重要遗址，考古工作取得重大收获。

辽显陵是东丹王耶律倍和世宗耶律阮的陵寝。辽乾陵是景宗和睿智皇后的陵寝，天祚帝在辽亡之后迁葬于乾陵旁。辽显、乾二陵陵区范围一致，位于医巫闾山中段东麓以辽宁北镇二道沟、三道沟为核心的一个较大区域。

二、辽显陵遗址

辽显陵主要由陵园、陪葬墓地和奉陵邑等几部分构成，陵园是核心。显陵陵园位于北镇二道沟最深处以琉璃寺遗址为中心的山谷，目前发现了两座陵寝建筑遗址、一座亭台遗址、一处陵墙和一段神道。

琉璃寺遗址 TJ1 出土石栏板

琉璃寺遗址为东丹王耶律倍陵寝建筑址。遗址位于北镇市富屯街道龙岗子村西北约2.7千米，遗址四周筑有石围墙，平面呈不规则形，面积约3.5万平方米。围墙建于周围山坡上，唯一门址位于东南方，现为一宽阔豁口，宽约40米。遗址地势由东南向西北逐渐抬升，调查发现了14座阶梯状人工台地，台地筑有建筑台基。遗址有明显的中轴线，主要建筑依中轴线纵深布置，组成一个前后三进的院落。附属建筑分布于遗址南半部的边缘地带。

目前清理了位于中轴线上的两座最重要的建筑台基，编号为TJ1和TJ2。TJ1位于第三进院落中部，是一座高等级复合勾栏台基，分为上、下两层，台基周壁都由加工整规的条石包砌，方

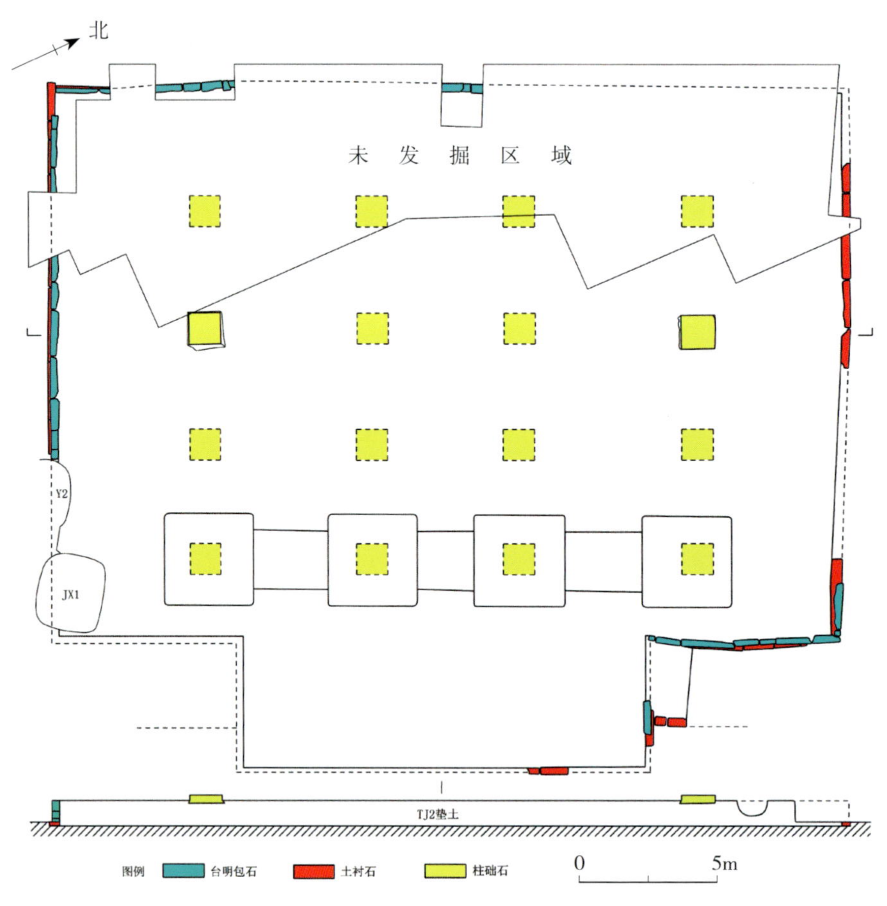

琉璃寺遗址 TJ2 平、剖面图

琉璃寺西山遗址 TJ1 包石

向 114° 。下层台基平面长方形，南北长 32.3 米，东西宽 30.8 米，东南角发现一处石踏道。上层台基平面为正方形，边长 19.1 米。台明东部较宽阔，推测这里建有月台和踏道。台明顶部地面已遭破坏。出土建筑构件有棕红色琉璃筒瓦、绿琉璃檐头筒瓦和重瓣团状莲花瓦当、三彩兽头、灰陶板瓦、滴水、兽头等，还出土了望柱、蜀柱、华板、地栿、螭首、狮首等石构件。TJ2 位于第二进院落中后部，由殿身、月台和踏道组成，平面呈“凸”字形，方向与 TJ1 相同。殿身平面呈长方形，南北长 29.1 米，东西宽 20.4 米。依据现存的磉墩及原位柱础石推测，主殿面阔及进深均为三间。月台位于殿身东部，平面呈长方形，南、北两侧有对上的石踏道。出土建筑构件中灰陶质占绝大多数，有龙纹瓦当、兽面瓦当、龙纹滴水、筒瓦、板瓦等。

琉璃寺西山遗址为辽世宗陵寝建筑址。遗址位于琉璃寺遗址西南约 500 米，坐落于一座小山顶上。遗址四周筑有石围墙，平面呈曲尺形，南北向，面积约 7000 平方米。围墙用石块干垒而成，东墙中部有大门，北墙西部有小角门。石

新立遗址周边地貌

新立遗址

踏道。南部月台较大，应为台基的正面。石踏道皆用加工规整的石条砌成。出土瓦件以灰陶质为主，也有较少量的棕红琉璃和绿琉璃瓦件，还出土了石螭首。

二道沟亭台遗址位于琉璃寺西山遗址东部约150米处，地处一座小山丘顶部，下临谷地，视野辽阔。遗址平面近方形，边长13米，四边用条石包砌台基，台基中部发现5块方形素面柱础石，边长约70厘米。遗址内还发现了灰色布纹瓦等。

显陵陵墙位于琉璃寺遗址西南约400米的山间谷口，当地俗称“坝墙子”。这里两山对峙，中通一径，东西向的人工石墙把谷口封堵住。墙体用石块干垒而成，两端延伸到山坡峭壁上，全长80米，宽2米，残高1～3米。

琉璃寺遗址东南的板石沟内发现一段显陵神道，可识别部分长约200米，路面平坦，用不规则形的青色大石板铺成，呈“之”字形在山坡上穿行。板石沟是三道沟南侧的一条支沟，在三道沟与二道沟之间。根据这段神道可知，辽代由山谷外奉陵邑至琉璃寺遗址的神道应从三道沟进入山谷，向西拐入板石沟内，翻过山梁后到达琉璃寺遗址。

显陵陪葬墓至少发现2座。龙岗M4在北镇市富屯街道龙岗子村村内，2012年因被盗进行了抢救性清理。龙岗M4为一座砖石混筑多室墓，由墓道、墓门、甬道、左右耳室、前室和主室组成，墓葬全长约26米，墓向135°。前室平面为长方形，盝顶，地面铺重瓣团状莲花纹方砖。主室平面近方形，边长约3.8米，墓壁和墓顶全部用绿琉璃条砖砌筑。地面铺青白色石板，主室后半部置青白色石板砌筑的棺床。墓内未出土纪年遗物。龙岗M4与辽耶律羽之墓的主室均用绿琉璃砖砌筑，且墓葬形制基本相同，但墓内装饰更奢华。推断

围墙内地势较平坦，发现7个建筑台基，编号为TJ1～TJ7。TJ1位于遗址中南部，正南北向，是最大的一座建筑台基，台基四周用加工规整的条石包砌。大殿平面为方形，边长21.4米，勘探发现大殿上至少还保留20个柱础石，南起第一排柱础石北部发现一排东西向的石条，横贯殿身。推断大殿面阔五间，进深五间。大殿南、北面各有一个长方形月台，月台东、西两侧有对上的石

墓葬年代与耶律羽之墓相当。小河北M3位于北镇市富屯街道新立村小河北村民组北约700米的山坡，为一座多室砖墓，由墓道、天井、墓门、甬道、墓室和耳室组成，全长约18米。主室平面为八角形，紧贴墓壁有木椁。主室北部横置一长方形砖砌棺床，方砖铺地。墓内出土墓志一合。据志文分析，墓主人为辽齐国王耶律隆裕的仲孙、豳王耶律宗熙的仲子耶律弘义，葬于重熙十七年（1048年）。志文载该墓“归葬显陵”。

显陵奉陵邑称显州。据历史文献地理考证，北镇市驻地广宁镇古城址即辽显州城。北镇老城区内至今还保存两座高大的辽代八角十三层密檐实心式砖塔，即崇兴寺双塔，是辽代重要州城的标志。广宁镇古城被现代城区覆盖，目前尚未开展相关考古工作。

三、辽乾陵遗址

辽乾陵主要由陵园、陪葬墓地、奉陵邑三部分组成。陵园又由陵门、陵寝建筑、玄宫、佛寺、石窟寺、陪葬墓地等构成。辽乾陵陵园范围为包括北镇二道沟、三道沟和四道沟在内的巨大环抱形山谷，三道沟为内陵区，二道沟与四道沟为外陵区，呈双重环抱之势。目前辽乾陵陵园内发现了一处陵寝建筑遗址、两座玄宫、一座佛寺遗址和一座小型石窟寺遗址。

新立遗址是辽乾陵陵寝建筑址和帝、后玄宫所在地。遗址位于北镇市富屯街道新立村樱桃沟村民组西北，平均海拔约120米。陵寝建筑址分南、北两部分。北部为主体（编号新立JZ1），是一座由正殿、殿门和四周廊庑围合的廊院建筑。新立JZ1平面为长方形，东西宽78.4、南北长94.6米，方向150°。出土瓦件绝大多数为绿色琉璃件，证明新立JZ1为一座满铺绿琉璃瓦的高等级建筑。正殿上出土了铺地花斑石、契丹小字和汉字玉册残块等高等级遗物，推断新立JZ1为陵寝建筑的核心——享殿遗址。南部建筑规模较小（编号新立JZ2），经勘探发现了3座房址和2大片房址外的砖墁地面，地面采集遗物全部为灰陶质建筑构件，推断为附属建筑。

享殿遗址西南侧和北侧各发现一座大型墓葬，编号为新立M1和M2。两座墓葬与享殿遗址均相隔不足10米。新立M1墓圹平面呈“甲”字形，由墓道、天井和墓室等组成，墓圹全长83.7米，墓向178°。新立M2墓圹平面呈球拍形，由墓室和墓道等组成，墓圹全长44米，墓向172°。解剖发现墓道两壁用青砖和土坯包砌，底部用双层方砖砌筑台阶。据墓葬规模、形制和所处位置推断，新立M2为景宗玄宫，新立M1为睿智皇后玄宫，属帝、后同茔异穴合葬。

佛寺遗址位于新立遗址西北约1.9千米的骆驼山上，由骆驼峰遗址、偏坡寺遗址、亭台遗址

新立遗址一号基址（JZ1）

新立遗址一号基址（JZ1）正殿及北部区域平、剖面图

几部分组成。偏坡寺遗址为寺庙主体，在骆驼山东坡上。遗址外围砌筑石围墙，平面近三角形，门址在石墙南段中部，总面积约 3.3 万平米。遗址内发现 10 余座建筑台基，台基外围都用石块包砌。一号台基（TJ1）为核心殿址，位于遗址中部，东西面阔 40、南北进深 30 米，台基高约 3 米。台明上发现 20 块大型柱础石，推测台上建筑面阔五间、进深四间。遗址内采集的建筑构件有粗绳纹砖、灰陶筒瓦、板瓦、檐头板瓦以及大型莲瓣纹柱础石等。

绿琉璃凤鸟（T2507 ③：77，新立遗址出土）

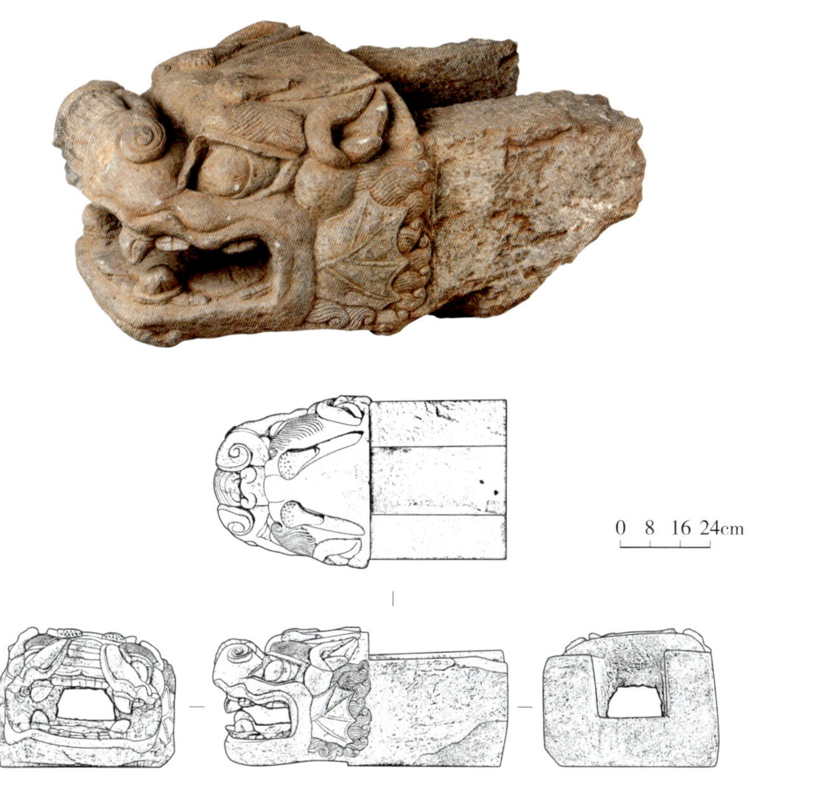

石渠首（排水件：1，新立遗址出土）

绿琉璃脊筒子

绿琉璃筒瓦

绿琉璃兽面纹瓦当

绿琉璃檐头板瓦

铺地花斑石

契丹小字和汉字玉册

新立遗址出土遗物

骆驼峰遗址位于骆驼山山顶，其东坡下即为偏坡寺遗址。调查发现建筑台基12座，均用石条或石块包砌，内填黄土及石块。面积较大的台基上发现了灰陶瓦碎片，台上应有地面建筑物，较小的台基仅起倚护上层台基的作用。12座台基沿山顶南北一线分布，分为南、北两组，两组之间有石踏道和木栈道相连。遗址选址于高山绝顶之上，地势险峻。偏坡寺遗址与骆驼峰遗址毗邻，两者一上一下，彼此之间可通视，应有密切联系。

亭台遗址位于偏坡寺遗址东南约160米处的梁头。遗址上发现8块覆盆式柱础石，裸露于地表。柱础石南北4排，东西4列，集中在四角。柱网平面为方形，边长7.2米，推测为一座单开间的亭台式建筑。遗址内发现大量灰色板瓦、筒瓦、檐头板瓦等建筑构件。

新立石刻遗址是附属辽乾陵的一座小型石窟寺。遗址位于新立遗址东侧距离约740米的山坡上，遗址利用山梁上突兀的一座小孤山作为底座，四周用石块包砌，顶部削平，形如烽火台。底座的西北角辟一石门，是唯一的出入口。平台顶部南北长约20、东西宽14米，上筑一南一北两间房屋。北室平面为长方形，室内东西长6.85、南

骆驼峰遗址

新立石刻造像龛

洪家街墓地 M4 全景（韩德让墓）

北宽 4.27 米。南室分成东、西两间。东小室较大，北壁并排雕刻坐佛三尊，胁侍两尊，西壁北端雕天王像一尊，均具有辽代造像风格。

辽乾陵陪葬墓地已发掘 4 处，即洪家街墓地、小河北墓地、龙岗墓地和高起堡墓地。洪家街墓地位于北镇市富屯街道富屯村洪家街村民组西北的山坡，地处三道沟沟口，西北距离新立遗址约 2.6 千米。考古发掘砖室墓 4 座，出土墓志 3 合，证实其为辽代大丞相韩德让家族墓地。小河北墓地位于洪家街墓地西南约 500 米的坡地上，发掘砖室墓 5 座，出土墓志 1 合，推断其为辽齐国王耶律隆裕家族墓地。龙岗墓地位于北镇市富屯街道龙岗子村村内，地处二道沟沟口。勘探发现砖室墓 8 座，清理 4 座，出土墓志 3 合，证实其为辽秦晋国王耶律隆庆家族墓地。高起堡墓地位于北镇市鲍家乡高起堡村西北 2.5 千米的山坡上。考古发掘墓葬 1 座，出土墓志 1 合，墓主为辽广陵郡王耶律宗教，志文称“附葬于乾陵之西麓”。

辽乾陵奉陵邑称乾州。据历史文献地理考证，北镇市小常屯城址即辽乾州城。城址位于北镇市老城区西南约 2 千米，平面呈长方形，城墙虽颓坍，但仍清晰可辨。城内地势平坦，表面散布大量沟

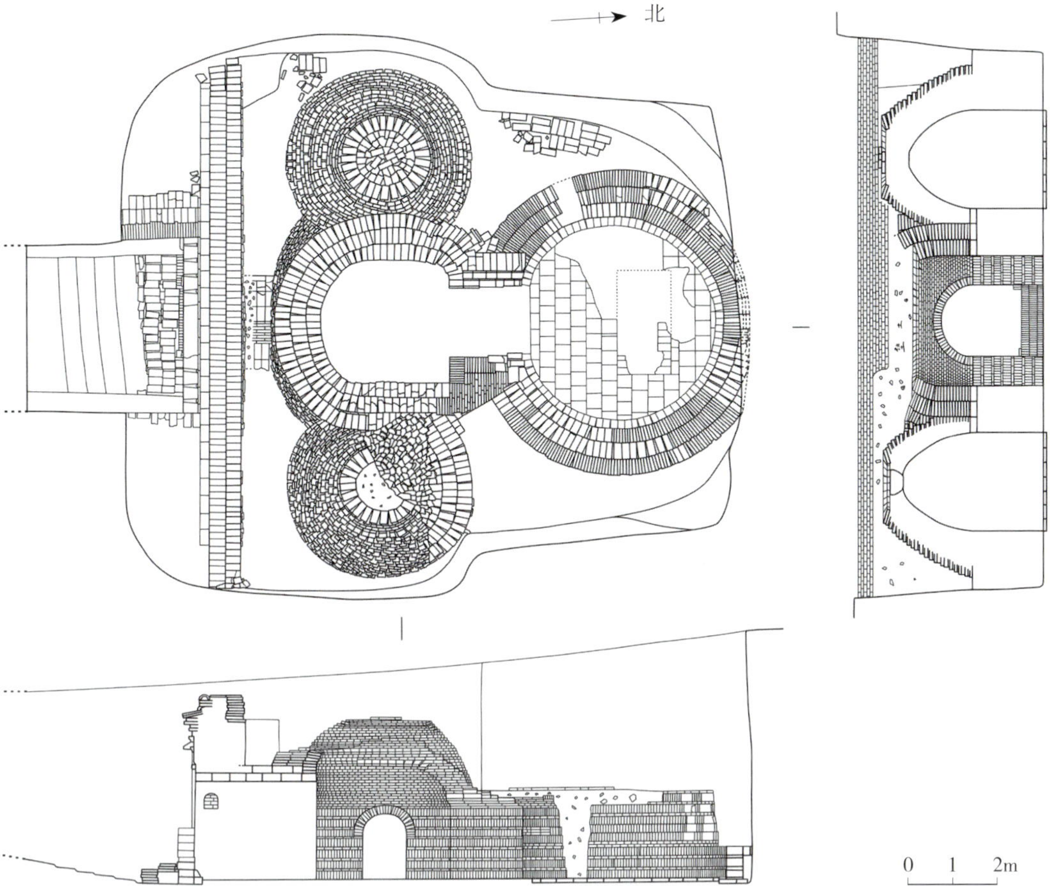

洪家街 M4 平、剖视图

纹砖、琉璃瓦和辽代陶瓷片。小常屯城址目前尚未开展考古发掘工作。

四、结语

辽显、乾二陵合称为“医巫闾山辽陵”，2019 年国务院公布为第八批全国重点文物保护单位。通过连续数年的考古工作，发现了由 20 余处遗址和墓地组成的医巫闾山辽代帝陵遗址群，破解了数百年的历史谜团，填补了辽代陵寝研究的空白，取得了突破性成果。

依据考古新发现，基本明确辽显、乾二陵陵园的范围、形制与布局。确定辽代显、乾二陵陵

洪家街 M4 墓道及墓门（南—北）

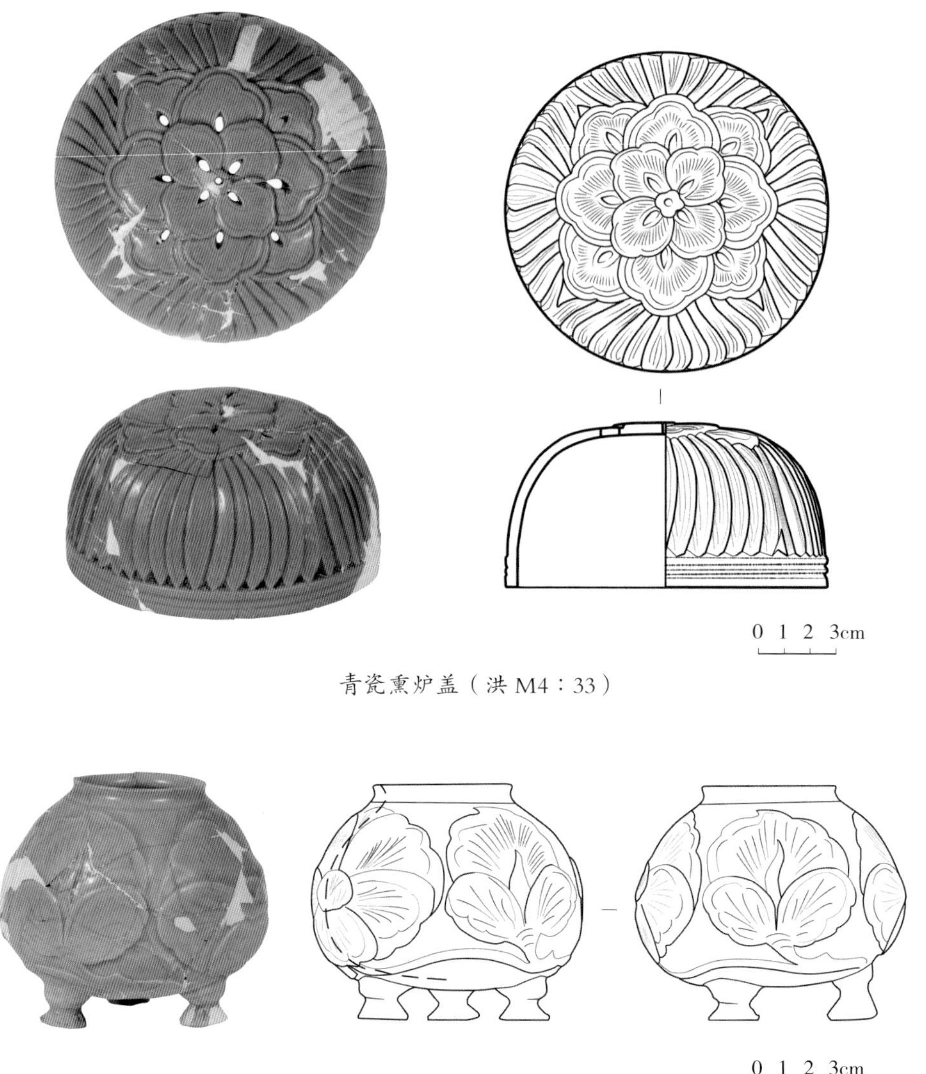

青瓷熏炉盖（洪 M4：33）

青瓷三足罐（洪 M4：30）

园位于辽宁北镇二道沟、三道沟和四道沟构成的环抱形山谷。新立遗址一号基址为辽乾陵陵前享殿，新立 M2 为辽乾陵玄宫，新立 M1 为睿智皇后玄宫。琉璃寺遗址为辽东丹王陵陵寝建筑，琉璃寺西山遗址为辽世宗陵寝建筑。洪家街墓地、小河北墓地和龙岗墓地是医巫闾山辽代帝陵的三处重要陪葬墓地。

考古发掘出土了一批重要辽代遗迹和遗物，为辽代考古和历史研究提供了宝贵资料，具有重大学术意义。新立遗址一号基址作为辽乾陵陵前享殿遗址，其建筑形制特殊，开启了辽代中、晚期帝陵陵园布局的新规制，对后代帝陵制度产生了重要影响，对我国古代陵寝制度研究有重要价值。

■ 撰稿：万雄飞、苏军强、徐政

“南海 I 号”沉船的打捞和发掘

工作单位：广东省文物考古研究所、国家文物局水下文化遗产保护中心

一、工作缘起

“南海 I 号”沉船 1987 年发现于广东省台山、阳江交界海域，国家先后组织开展过多次水下搜寻、物理探测、水下考古调查与发掘等工作。2007 年在多次水下考古工作基础上，我们空前地以整体打捞方式进行作业，完成钢沉箱静压下沉和水下穿梁后把 5500 吨的钢沉箱包裹的“南海 I 号”古沉船及其船货整体起吊出水，最后采用气囊拉移的方法平稳移入专门为之建造的广东海上丝绸之路博物馆内。“南海 I 号”沉船整体打捞的成功，开辟了水下文化遗产保护的新模式和新领域，颇具典型性，对中国乃至世界水下文化遗产保护事业具有示范意义。

整体打捞后，沉船保存环境不断改变，沉箱结构材料的力学性能和承重能力受严重威胁，诸多原因迫使我们必须尽快进行考古发掘及相关保护。经多方努力，2012 年即开始组织场馆改造，建设发掘平台，架设机械运载天车，引入现代化车间工程管理运作系统，架起光源稳定可控的平行光源灯阵，采用最先进精确的测绘技术和各种影像、三维模型等数据采集模式，建设了配套现场考古发掘的文物保护实验室等，建成世界最大最先进的现代化考古实验室。2013 年底“南海 I 号”沉船保护发掘工作全面启动，2015 年完成沉

2015 年底暴露的沉船基本轮廓

2019 年船货清理完成再后期处理去掉支护沉箱和船体的钢梁、钢管后的正摄影像

2019 年“南海Ⅰ号”沉船船内清理完后正摄影像、三维激光点云数据和线图的融合

船本体及船货以上的堆积清理，基本暴露出船体隔舱板以及船舱内未被扰乱的整齐摆放的船货堆积。此间的清理用田野考古的发掘方式见证了沉船沉没下压，到海水激荡冲击扰乱，海生物侵蚀，淤泥掩埋，再到意外发现，水下调查、发掘，到最后打捞的整个过程，同时也为水下考古沉船考古甚至陆地田野考古发掘提供了很有意义的对比借鉴和经验。

“十三五”期间，“南海Ⅰ号”沉船的保护发掘工作被列入“考古中国”项目，在该项目的支持下，2019 年底“南海Ⅰ号”沉船基本完成了船舱内船货的清理工作。在船货不断清理，船舱逐渐清空隔板受力改变的同时，船板在自身结构脆弱及自重较大情况下容易崩坏坍塌，此间考古队联合广州打捞局在船舱内对船板实施钢结构支架的支护。随后转向船外海泥及散落遗物的清理工作，2020 年度发掘工作基本完成原计划清理外围海泥堆积，以及同时完成船体内外支护系统的建设等工作。共完成泥土外运约 100 车，每车约 400 箱，共约 600 立方米。船体外侧板的泥土考古挖掘已经完成了约 43%，古船外侧板露出面积约 51%，外板临时支护也根据泥土考古发掘和古船外板露出情况及批准的施工方案进行，临时支护估计完成 47%。在整个考古发掘和临时支护作

进入水晶宫后的沉箱

业过程中，均对钢沉箱、古船、临时支护钢支架等进行测量监控，结果显示目前古船和临时支护体系均在稳定状态。基本完成了既定的发掘、保护和支护工作目标，为船体下一步脱盐保护争取最大时间。

二、遗迹概况

上部淤泥和部分凝结物清除后，沉船表面轮廓基本暴露。船体结构较为完整，船型扁肥，船艏平头微起翘，两侧船舷略弧曲，艏艉部弧收，具有一定的型深，但艏艉部分受损残缺，舵楼等上部建筑、日用生活物品和舵杆、桅杆等断裂散落，右后部微倾斜下沉。船残长约 21.91 米，最大船宽约 9.87 米，分布轮廓面积约 179.15 平方米。左右两舷侧板为多重板搭接结构，主要为三重板结构，左船舷强力甲板或称舱面甲板结构保存较好，船内各隔舱板也有不同程度暴露，已发现 14 道木质隔舱板，舱壁板上部残损，下部保存较好，已发现 13 道横向隔舱。隔舱最宽的是艏舱 1.93 米，最窄的是第十三舱 0.83 米。在隔舱间还存在以舵、桅为中心左右对称的两道首尾纵向小隔舱和货物隔板。沉船表层艔板绝大多数无存，部分隔舱间保留有艔板痕迹，如第十舱左半部残存一片约 2 米 ×1.68 米的疑似艔板。第六舱有保存较好的桅座以及厚重的桅面梁，第十三隔舱与尾舱间的隔舱板中部发现舵孔一处，残存部分呈半月形，较厚重，外孔径 0.66、内孔径 0.26 ~ 0.36 米，两侧尾封板为倾斜结构。尾部左右两端发现装载瓷器船货的小舱室各一处，以舵孔为中心呈对称布局，分别距离舵孔 1.5 米，整体呈燕尾状结构。

从已发掘暴露的船体结构判断，该沉船属于我国古代三大船型的“福船”类型，是宋代造船史上不可多得的标本。

三、出土遗物

第十二舱内船货

“南海Ⅰ号”沉船内发掘提取的文物种类丰富，主要有陶瓷器、铜铁器、金银器、漆木器、钱币、朱砂、动植物残骸、植物果核等。同时还包括反映埋藏环境与沉船关联的大量海洋生物残骸以及不同历史时期的遗留物。清理发现的金银器、铜环、钱币、锡器、漆木器、朱砂和部分瓷器等散落于各舱室上表面及四周，原有装载位置和方式不明，且数量相对较少的漆木器、金银饰品、锡碗等，是否为贸易船货，值得关注。因而，其中既有船货，还有船上的生活用具及旅客所携带的贸易用具或随身物品等。船艏至船艉各船舱表面显露的船货主体状况较为清晰，除甲板以上主要装载铁锅和铁钉外，舱室内主要为码放整齐的各类瓷器，部分

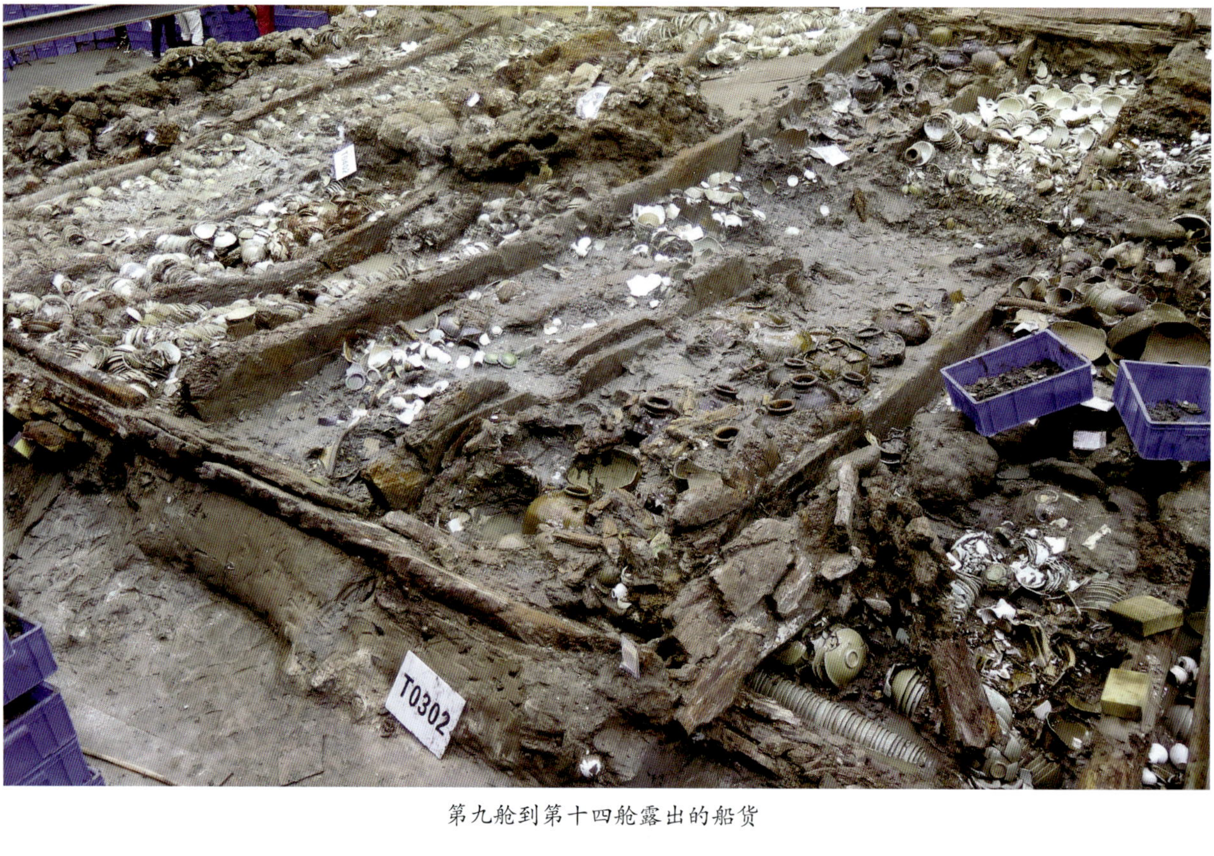

第九舱到第十四舱露出的船货

桅座

舱室上部码放铁锅和铁钉。

截至2019年上半年，基本完成船舱内文物的清理，共发掘文物171600件（套），其中瓷器约158600件（套），金器188件（套），银器198件（套），铜器（部分为铜钱、铜环）196件（套），铁器13件（套），铅锡金属器60件（套），竹木漆器98件（套），石玉玻璃器26件（套），材质不明274件（套）。另外提取船木139块，标本2931件（木材标本

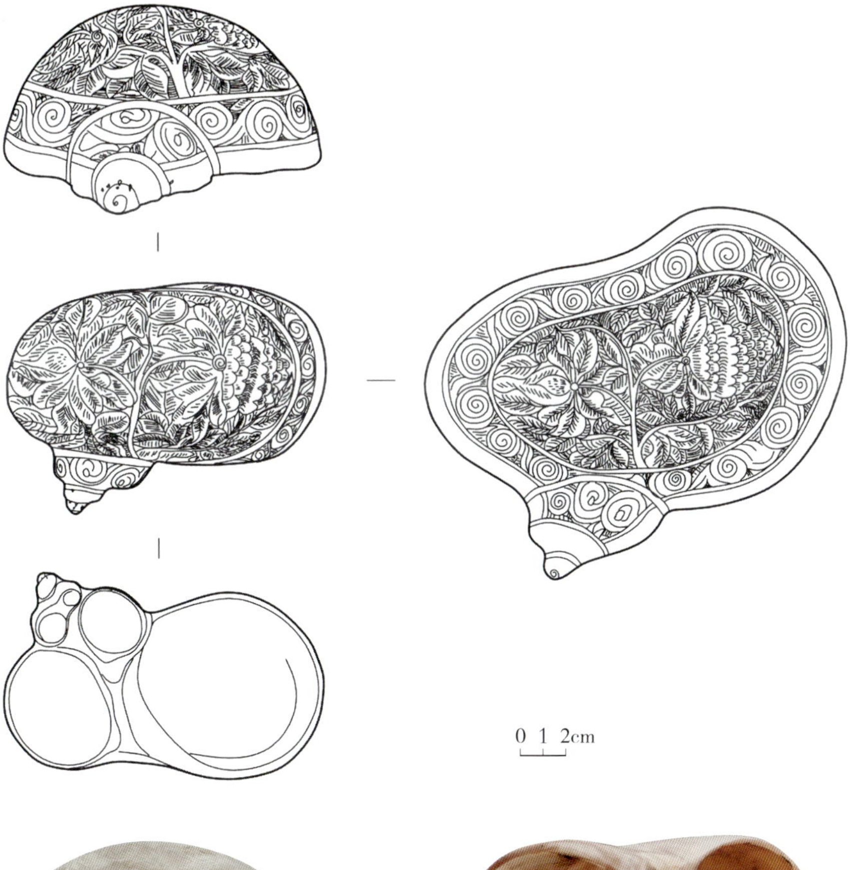

0 1 2cm

刻花螺壳

389件、铜钱标本663件约23000枚，另有一大块凝结物未拆解）、骨骼标本446件，朱砂标本303件、铜环标本123件、果核标本337件、种子标本26件、漆器标本79件、珠子标本403件、杂项标本162件，铁器凝结物124吨。

船内各舱货物品种及装载具有一定的规律，已提取出来的船货基本面貌越来越清晰，且新发现了一批器物类型。船货构成丰富，瓷器种类、样式、窑口等在原来出水发现基础上更加充实，几乎囊括了当时南方主要窑口与瓷器种类，大部分产自江西、福建和浙江，为南宋南方瓷器研究提供了一大批年代性质明确的标准器。金、银、铜、锡器和漆木器等其他发现也更加引人注目，尤其以一些器形较为特殊的外销瓷器、浓郁异域风格的金饰品和剔犀、剔红漆器等更加值得考究。

四、结语

“南海Ⅰ号”沉船发现的铜钱中最晚年号为南宋早期孝宗时期（1174～1189年）的“淳熙元宝”款，还有据相关金页、银铤及瓷器推测该沉船应属南宋中晚期。其后又发现一件德化瓷罐上有“癸卯”年墨书，南宋淳熙癸卯年为1183年，此后至下一个癸卯年前的六十年间，南宋王朝还有十个年号，皆未发现相关铜钱或纪年文书，可推测该沉船出航应在1183年或更晚。恰又与福建“九日山”1183年石刻遥相呼应，其中关联有待进一步研究。

“南海Ⅰ号”沉船沉没地处古代“海上丝绸之路”必经之地。“南海Ⅰ号”沉船大量的贸易瓷器是为适应不同市场需求的外销品种，不同文化的审美、器形、工艺等也对中国瓷器产生了巨

金瓔珞胸佩

绿釉褐彩长颈瓶

“韩四郎”金叶子

青白釉婴戏纹碗

漆盘

“癸卯”纪年青白釉印花双系罐底墨书

大的影响；铁器、铜器、丝绸等手工艺制品以及日常生活用品业已成为输出的主要货物；大量金、银、铜币的出现，显示出宋代高度发达的商品经济已涉及海外贸易体系，再现了南宋海洋活动的繁荣景象。

“南海Ⅰ号”沉船作为一个相对独立而又结构完整的水下遗存，其蕴藏的信息总量极为庞大。在此优越的发掘条件下，我们引入聚落考古理念，将“南海Ⅰ号”沉船作为某一时间节点上高度浓缩的聚落形态，对海洋沉船的埋藏环境、古代贸易活动和海上生活、沉船遗址的海洋生态、古代中外生物交流等进行综合研究。我们的保护发掘正是在无限接近全面提取揭露这些庞大的信息，这正是最初整体打捞的构想和初衷，同时也对水下考古学科建设和发展具有重要的现实意义。其发现及打捞发掘工作前后历经近三十年，也是我国水下文化遗产保护发展的一个缩影，见证了我国水下考古学科从无到有，再到成熟壮大的发展历程。

■ 撰稿：肖达顺

考古中国

重大项目成果（2018～2020）

ARCHAEOLOGY CHINA ACHIEVEMENTS OF MAJOR PROJECTS